WANSHAN SUSONG ZHONG
SIFA JIANDING ZHIDU YANJIU

完善诉讼中
司法鉴定制度研究

朱旭光　郭　华／主编

人民法院出版社

图书在版编目（CIP）数据

完善诉讼中司法鉴定制度研究 / 朱旭光，郭华主编．
—北京：人民法院出版社，2017.10
ISBN 978-7-5109-1915-2

Ⅰ.①完… Ⅱ.①朱…②郭… Ⅲ.①司法鉴定-司法制度-研究-中国
Ⅳ.①D926

中国版本图书馆 CIP 数据核字（2017）第 242107 号

完善诉讼中司法鉴定制度研究

朱旭光　郭华　主编

责任编辑：李安尼
出版发行：人民法院出版社
地　　址：北京市东城区东交民巷 27 号（100745）
电　　话：（010）67550579（责任编辑）　67550558（发行部查询）
　　　　　65223677（读者服务部）
客服 QQ：2092078039
网　　址：http://www.courtbook.com.cn
E-mail：courtpress@sohu.com
印　　刷：汉印印刷有限责任公司
经　　销：新华书店

开　　本：787×1092 毫米　1/16
字　　数：215 千字
印　　张：14
版　　次：2017 年 10 月第 1 版　2017 年 10 月第 1 次印刷
书　　号：ISBN 978-7-5109-1915-2
定　　价：42.00 元

主编简介

朱旭光，山东滕州人，现任山东省泰安市中级人民法院党组书记、院长，二级高级法官。中国政法大学、山东农业大学、山东政法学院兼职教授。曾任山东省滕州市人民法院党组书记、院长，枣庄市中级人民法院党组副书记、副院长。主持完成国家级课题1项、省级课题6项，发表论文多篇。

郭华，山东枣庄人，中央财经大学教授、博士生导师，法学博士，中国社会科学院法学研究所博士后，兼任中国行为法学会司法行为研究会副秘书长。主持了最高人民法院、最高人民检察院、教育部、司法部、公安部、团中央等课题。出版《鉴定结论论》《鉴定意见证明论》《鉴定意见争议解决机制研究》《专家辅助人制度的中国模式》等专著10部；主编、参编法学专著、教材30余部。在《法学研究》《政法论坛》《现代法学》《法学》《法律科学》《法令月刊》等海内外刊物上发表学术论文100余篇。

撰稿人简介

李伟，山东枣庄人，中央财经大学法学院副院长，副教授，法学博士。参著《模范刑事诉讼法典》等著作多部，译有《美国宪法上律师帮助权》《合理怀疑的起源》，发表论文多篇。

肖承海，吉林镇赉人，中国政法大学刑事司法学院侦查学研究所所长，副教授，法学博士，日本名古屋大学访问学者，兼任北京市刑侦学研究会理事。主编《刑事侦查学》《侦查学总论》等教材，在《法学杂志》等刊物发表论文多篇。

刘振红，河南商水人，安阳师范学院人事处处长，教授，法学博士。出版《司法鉴定：诉讼专门性问题的展开》等专著，在《人民法院报》《中国司法》等刊物发表论文多篇。

张海鹏，山东泰安人，法律硕士，山东省泰安市东平县人民法院党组书记、院长。历任泰安市中级人民法院审监庭副庭长、行政庭庭长、审委会委员、研究室主任。参与《审判管理的构建》《刑事附带民事研究》《行政案件管辖机制创新研究》等多项省市级调研课题。

于建平，山东莱州人，法律硕士，山东省泰安市中级人民法院刑事审判第三庭庭长。两次承担全国法院重点调研课题，四次在全国法院学术讨论会上获奖，十余次在山东省法院各类学术讨论会上获奖。

雷澎，内蒙古化德人，山东省泰安市中级人民法院技术室主任。发表论文 10 余篇，《法院对外委托工作的现状分析及应对策略》《对流拍财产变卖工作的思考》在全国法院司法技术论文评选中获奖。

仉磊，山东新泰人，法律硕士，山东省泰安市中级人民法院民四庭副庭长，多次在全省法院优秀裁判文书、典型案例、优秀司法建议、优秀调解案例评选中获奖，主持参与了涉外商事、劳动争议、农业承包案件等审判实务调研并在省级期刊发表。

刘庆伟，山东临朐人，法学硕士，山东省泰安市中级人民法院研究室副主任。参与了两项全国法院重点调研课题和四项全省法院重点调研课题，在《河北法学》《中国少年司法》《中国审判》《山东审判》等刊物发表论文20余篇。

刘健，山东新泰人，法学硕士，山东省泰安市中级人民法院民一庭法官助理，参与了两项全省法院重点调研课题，在全省法院行政审判年度论坛征文等活动中获奖，在《人民司法》《山东审判》等刊物发表论文数篇。

顾亚慧，河南驻马店人，中央财经大学法学院诉讼法学专业硕士研究生。参与了《司法鉴定意见证据评价系统研究》《人民监督员立法专题研究》等课题，在《研究生法学》《黑龙江政法管理干部学院学报》等刊物发表论文。

陈春祺，江苏盐城人，中央财经大学法学院诉讼法学专业硕士研究生。参与了《食品安全法律问题研究》《司法鉴定意见证据评价系统研究》《人民监督员立法专题研究》等课题，在《黑龙江政法管理干部学院学报》等刊物发表论文。

前 言

2005年2月28日，十届全国人民代表大会常务委员会第十四次会议通过了《关于司法鉴定管理问题的决定》（以下简称《司法鉴定管理决定》）。自《司法鉴定管理决定》实施十多年来，原来存在的“司法鉴定与审判工作职能部分，存在自审自鉴、影响判决公正性等问题”业已解决，而影响“司法鉴定客观性、科学性和准确性”，“多头鉴定、重复鉴定的现象”，“有的案件因鉴定问题久拖不决，损害了当事人的合法权益，影响了司法活动的公正与效率”等问题并未消弭，此外也引发了鉴定争议，造成案件处理更加复杂，甚至酿成恶性事件。这些问题是否是原来固有的问题，其现象未能消弭的缘由在何以及为何鉴定制度未能达到预期的效果？对于诸如此类的问题需要对诉讼中的鉴定进行实证调研，通过实证调研发现现存的问题是否还是原存的问题，原来存在的问题有无异化为新的问题，以及在《司法鉴定管理决定》实施过程中是否又出现了一些新的问题。实地调研与分析总结经验为完善诉讼中的司法鉴定制度提供坚实的实践基础。为此，山东省泰安市中级人民法院与中央财经大学于2015年共同申请了最高人民法院“完善诉讼中司法鉴定制度研究”课题并获批准，此项研究成果蕴含了双方共同的智慧结晶。

基于课题的要求与诉讼中鉴定制度完善的诉求，我们针对山东省泰安市中级人民法院及其下辖的泰山区人民法院、岱岳区人民法院、肥城市人民法院展开调研，通过阅卷、座谈以及司法统计等方式，对刑事诉讼、民事诉讼中14 254件涉及鉴定的案件作为调研对象进行研究，在获得了确切数据的基础上进行分析。同时，我们还发现对于完善诉讼中司法鉴定制度研究来说，仅仅对山东省泰安市中级人民法院及其下辖的法院进行总结，发现的问题有可能不是共性问题，况且我们调研的内容主要是2014年至2015年涉及司法鉴定的案件，仅对这些案件进行研究可能不全面。我们对2005年《司法鉴定管理决定》实施前后的情况没有进行调研，而在此方面，福建省厦门市思明区人民法院撰写的鉴定报告曾作了分析，以此作为比对分析的资料可获得较深刻的认识。我们还查找了北京市朝阳区人民法院对《司法鉴定管理决定》实施五年后司法鉴定状况的调查和分析、北京市某某区公安机关的鉴定使用情况及2013年～2015年河南省安阳市民事案件的司法鉴定使用情况，这些资料与调研成果无疑是宝贵的分析资料，可以弥补我们仅调研山东省泰安市中级人民法院及其下辖人民法院的短板，以及仅仅研究部分地区问题带来的建议上的片面性。这种研究模式与分析问题的方法具有以下优势：

一是诉讼中司法鉴定的研究对《司法鉴定管理决定》实施前后、实施五年及其实施十年的状况进行比较，旨在通过时间节点上的问题考察，发现诉讼中司法鉴定在不同时期的变化情况，寻求司法鉴定背后隐藏的一些问题，从而保障调查研究能够发现一些带有规律性的变化，使研究成果更具有可靠性。

二是对于研究的地域而言，山东、北京、福建与河南四个地区，尤其是基层法院的司法鉴定反映出来的问题更具有普遍性，对多地区的样本进行分析使获得的判断更具可靠性，特别是不同地域反映出来的共性问题，对于司法鉴定制度的完善更具有参考价值。

三是我们将法院司法鉴定情况与公安机关的鉴定情况进行了比对分析，从中寻找鉴定在诉讼的不同阶段存在的问题，为充分进行研究提供客观性依据，也为分析问题提供较为全面的材料，保障研究成果的丰满和可信。较为遗憾的是，我们未能对检察机关的鉴定问题予以调研。由于检察机关的鉴定主要集中于侦查或者公诉环节，与公安机关的鉴定具有类似性，即使对检察机关未进行实证调研，北京市某某区公安机关的调研也能够反映侦查的实际情况，这在一定程度上弥补了不足。

目前，有关司法鉴定问题的改革文件为我们完善诉讼中司法鉴定制度提供了政策和法律基础。党的十八届四中全会通过的《中共中央关于全面推进依法治国若干重大问题的决定》确立了“健全统一司法鉴定管理体制”深化改革的方向。2016 年 7 月 20 日，最高人民法院、最高人民检察院、公安部、国家安全部、司法部《关于推进以审判为中心的刑事诉讼制度改革的意见》提出了“完善对证人、鉴定人的法庭质证规则。落实证人、鉴定人、侦查人员出庭作证制度，提高出庭作证率。”2016 年 10 月，最高人民法院《关于民事诉讼证据的解释（征求意见稿）》用十四个条款对司法鉴定问题专门作出规定。2016 年 10 月 14 日，最高人民法院、司法部联合发布了《关于健全司法鉴定管理与使用衔接机制的意见》；2017 年 3 月 17 日，中央政法委作为司法改革的事项又讨论了《关于健全统一司法鉴定管理体制的实施意见》，报送中央全面深化改革领导小组批准，由中办和国办发布。7 月 19 日，中央全面深化改革领导小组第三十七次会议审议通过了《关于健全统一司法鉴定管理体制的实施意见》。基于以上司法鉴定制度改革的规定与司法改革的基本精神，结合在实证调研中发现的问题，我们提出了“完善诉讼中司法鉴定制度”的建议，为中央落实“健全统一司法鉴定管理体制的实施意见”、推进以审判为中心的诉讼制度改革以及在诉讼实践中发挥司法鉴定发现真相的作用，提供实践和理论上的参考。

由于这一成果是在福建省思明区人民法院、河南省安阳地区的人民法院、北京市某某区公安分局以及其他学者研究成果的基础上综合分析而形成，因此，该项成果不仅仅是山东省泰安市中级人民法院与中央财经大学共同研究的结晶，也蕴含着其他学者和研究人员的智慧。可以说，它是我国不同地区调研成果和学者研究的集大成者，是集体智慧的结晶，在此对上述研究部门提供的智慧成果以及所参考的有关学者的学术观点予以诚挚的谢意。

编者

2017 **年** 9 **月**

目　录

第一部分　现实中的司法鉴定实践状况

第二部分　实践中司法鉴定制度存在的问题及原因

第三部分　诉讼中司法鉴定制度的完善设想

第一部分　现实中的司法鉴定实践状况

司法鉴定意见作为证据在诉讼中发挥着重要作用，81.32%的法官认为其对判案影响较大，96.72%的律师认为其对辩护非常重要。[①] 在司法鉴定改革的浪潮中，为探究如何进一步完善诉讼中的司法鉴定，课题组调阅了山东省泰安市中级人民法院及其下辖的泰山区法院、岱岳区法院、肥城市法院的部分案卷，在做好数据汇总的基础上，通过阅卷的方式，以 2012 年 1 月 1 日至 2016 年 4 月 30 日期间的14 254件涉及鉴定的案件为研究对象，对刑事诉讼、民事诉讼中的司法鉴定程序运行现状进行考察与分析。

在调研的同时，也运用了其他学者在此方面的研究成果，将泰安市中院的调研结果与厦门市思明区法院 2004 年～2007 年、北京市朝阳区法院 2009 年～2013 年、[②] 河南省安阳市 2013 年～2015 年的司法鉴定情况[③]及 2005 年 2 月～2007 年 12 月的全国刑事司法鉴定实证调研结果[④]相对比。调研数据兼顾了基层、中级两级法院，既包括民事诉讼中司法鉴定的具体情况，也反映了刑事诉讼中的实践现状。就这几个城市的择取而言，有以下考量：

首先，泰安、厦门、北京三个城市的所处地域和经济发展状况存在共性，均位于经济较发达的东部地区，基于相似的区位优势，存在的鉴定问题有可能具有相通性，便于从中发现一些带有共性的问题。而河南省安阳市的调研结果代表了中部地区司法鉴定的运用现状。尽管此次样本择取无法涵盖西部地区等更广阔范围内的司法鉴定运用状况，但仍不失具有一定

---

① 参见汪建成：《中国刑事司法鉴定制度实证调研报告》，载《中外法学》2010 年第 2 期。

② 参见亓纪：《民事诉讼中鉴定制度失能原因分析—以北京市朝阳区人民法院近五年对外委托司法鉴定案件为样本》，载《法律适用》2013 年 11 期。

③ 关于河南省安阳市基层法院民事司法鉴定制度的调研，共查阅 1305 件民事案件的卷宗，其中龙安区法院 383 件，安阳县法院 467 件，文峰区法院 455 件。

④ 参见汪建成：《中国刑事司法鉴定制度实证调研报告》，载《中外法学》2010 年第 2 期。

的代表性。

其次，从时间节点来看，这些调研成果分别反映了司法鉴定改革在不同时期、不同阶段的情况。2005 年全国人大常委会颁布实施《司法鉴定管理决定》之后，司法鉴定体制的改革如火如荼地进行，步入了司法鉴定制度改革的初期阶段。福建省思明区法院及全国刑事司法鉴定调研的数据与成果恰好对应着该阶段的情况。随时间推移，北京市朝阳区法院的调研结论展现了司法鉴定改革在推进五年后的具体情况，属于司法鉴定制度改革的中期阶段，从中可以总结出这一时期改革中取得的成果与存在的不足。山东省泰安市的调研结果则进一步更新了数据，反映了司法鉴定制度运行的现状，使得数据分析能够紧跟时代发展。

最后，通过不同地区与不同时间节点有关司法鉴定的数据分析、问题整理与原因分析，可以发现司法鉴定在启动、实施、使用三个阶段中存在的问题需要制度来解决，而且这些问题是司法鉴定制度能够解决的问题，而不同于鉴定技术创新这一难题。这为司法鉴定程序的完善与司法鉴定体制的健全中相关建议的提出奠定了坚实的实践基础。

一、司法鉴定实践的总体概况

（一）全国范围内司法鉴定的情况

随着科学技术的发展，司法鉴定在司法实践中的使用越来越频繁，鉴定意见逐渐成为最重要的证据种类之一，在认定案件事实中经常作为最为关键的定案根据。近年来，涉及运用鉴定意见的案件大约占所有案件数量的 11％～12％。①

《司法鉴定管理决定》实施以来，经司法行政部门审核登记的鉴定机构完成的业务量逐年增长，2009 年全国业务量突破 100 万件，2014 年达到

① 根据历年《中国法治建设年度报告》中统计的相关数据，2011 年全国法院共受理各类案件 1221.6 万件，其中涉及司法鉴定的案件数量为 136.6 万件；2012 年全国法院共受理各类案件 1325.4 万件，涉及司法鉴定的为 160 万件；2013 年全国法院受理的案件总量为 1422.8 万件，涉及司法鉴定的是 167.5 万件；2014 年全国法院共受理各类案件 1566.2 万件，涉及司法鉴定的是 185.5 万件；2015 年全国法院共受理各类案件 1951.1 件，涉及司法鉴定的案件达 208 万件；2016 年全国法院共受理各类案件 2303 万件，涉及鉴定的案件为 213.1 万件。也就是说，2011 年受理的所有案件中的 11.2％涉及了司法鉴定，2012 年是 12％；2013 年是 11.8％；2014 年是 11.8％；2015 年是 10.7％；2016 年是 9.26％。

185.54 万件，2015 年达到 193.39 万件，2016 年全国业务量再创新高，完成各类司法鉴定业务 213.15 万件。

图一：2007 年～2016 年全国司法鉴定业务总量图

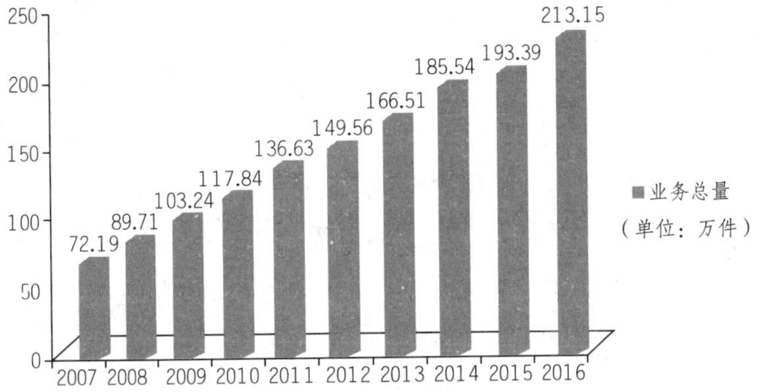

自 2007 年以来，全国司法鉴定业务总量呈现稳步上升的趋势，直观地说明了司法鉴定在诉讼中的作用与日俱增。其中不同鉴定事项的比例存在较大差异，法医类、物证类和声像资料类这“三大类”的司法鉴定业务量占主要部分。2014 年，全国“三大类”司法鉴定业务量为 162.37 万件，占业务总量的 87.51%。从“三大类”各类别业务量的统计结果来看，法医类鉴定占主要部分，物证类鉴定次之，声像资料类鉴定业务量最少。根据司法部《2015 年度全国司法鉴定情况统计分析》可知，“三大类”业务占总业务量的 89.71%，法医类鉴定业务占业务总量的 82.34%，即法医类鉴定业务占“三大类”业务总量的 91.78%。其中法医临床鉴定类业务量一直处于领先地位。《2016 年度全国司法鉴定统计情况分析》在“三大类”的基础上增加了环境损害鉴定的相关数据，法医、物证、声像资料、环境损害“四大类”鉴定占业务总量的 89.57%，其他类占 10.43%。其中，2582 家从事“四大类”鉴定的机构中，从事法医类鉴定的最多。约 41.19%从事法医临床鉴定；15.02%从事法医物证鉴定；4.97%从事法医精神病鉴定。从业务比例来看，“四大类”鉴定业务中，法医类高达 81.89%。声像资料、环境损害、司法会计、建设工程、价格类、涉农类鉴定业务量比 2015 年减少，其他均有小幅度增长，涨幅最大的是法医物证鉴定，增长 3.35%。

从案件类型来看，涉及鉴定的刑事诉讼案件往往低于民事诉讼案件。

如2012年，涉及刑事诉讼和民事诉讼的鉴定分别为192 154件和872 457件，分别占案件总量的12.76%、57.94%。[①] 2013年，涉及刑事诉讼的案件为225 562件，涉及民事诉讼的案件为816 175件，[②] 分别占案件总量的12.16%、43.99%。至2016年，涉及鉴定的刑事诉讼案件和民事诉讼案件的比例差距进一步缩小，分别为40.92%、43.25%。[③]

从委托主体来看，2012年公检法部门委托922 486件，律师事务所委托129 462件，企事业单位委托51 315件，个人委托345 005件，其他主体委托57 601件，分别占当年鉴定业务总数的61.3%、8.6%、3.4%、22.9%和3.8%。[④] 2013年，公检法部门委托1 003 708件，律师事务所委托141 911件，企事业单位委托74 374件，个人委托407 176件，其他主体委托50 127件，分别占当年鉴定业务总数的59.9%、8.4%、4.4%、24.3%、3.0%。[⑤] 2014年，公检法部门委托1 117 266件，律师事务所委托150 242件，企事业单位委托92 933件，个人委托448 914件，其他主体委托47 946件，分别占业务总数的60.2%、8.0%、5.0%、24.2%、2.6%，公检法部门依然为主要委托主体，并比上年增加0.3个百分点。[⑥] 由此可见，委托鉴定的主体主要是职权机关。

① 参见李禹、党凌云：《2012年度全国司法鉴定情况统计分析》，载《中国司法鉴定》2013年第4期。

② 参见李禹、党凌云：《2013年度全国司法鉴定情况统计分析》，载《中国司法鉴定》2014年第4期。

③ 参见司法部司法鉴定管理局：《2016年度全国司法鉴定情况统计分析》，载《司法部司鉴局简报》2017年第1期。

④ 参见李禹、党凌云：《2012年度全国司法鉴定情况统计分析》，载《中国司法鉴定》2013年第4期。

⑤ 参见李禹、党凌云：《2013年度全国司法鉴定情况统计分析》，载《中国司法鉴定》2014年第4期。

⑥ 参见李禹、党凌云：《2013年度全国司法鉴定情况统计分析》，载《中国司法鉴定》2015年第4期。

图二：2016 年全国鉴定种类比例

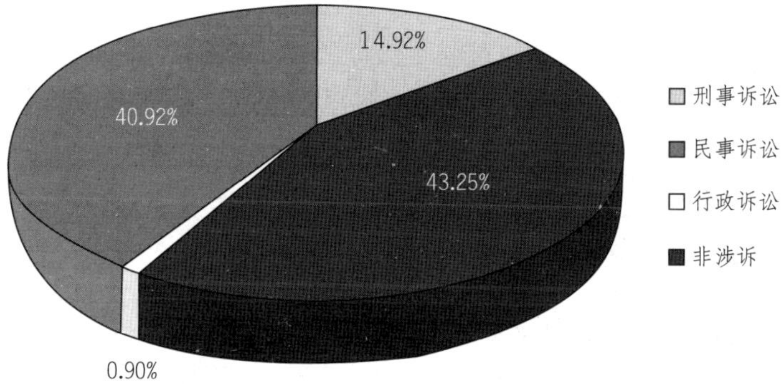

（二）调研地区的司法鉴定情况

据课题组了解，自 2012 年以来，山东省泰安市中院的鉴定案件数量逐年增多。2012 年总数为 47 684 件，其中鉴定案件为 2718 件。2013 年案件总数为 50 306 件，涉及鉴定案件为 2958 件。2014 年案件总数为 47 710 件，其中鉴定案件为 3292 件。2015 年案件总数为 55 381 件，涉及鉴定案件为 3921 件。2016 年 1 月～4 月案件总数为 13 435 件，涉及鉴定案件为 1365 件。近几年涉及鉴定案件共计 14 254 件。从鉴定案件占审结案件比例来看，也呈逐年上升的趋势，2012 年鉴定案件占所有审结案件的比例为 5.70％，2013 年为 5.88％，2014 年为 6.90％，2015 年为 7.08％，2016 年 1 月～4 月为 10.16％。

图三：泰安市近年来案件总数（件）

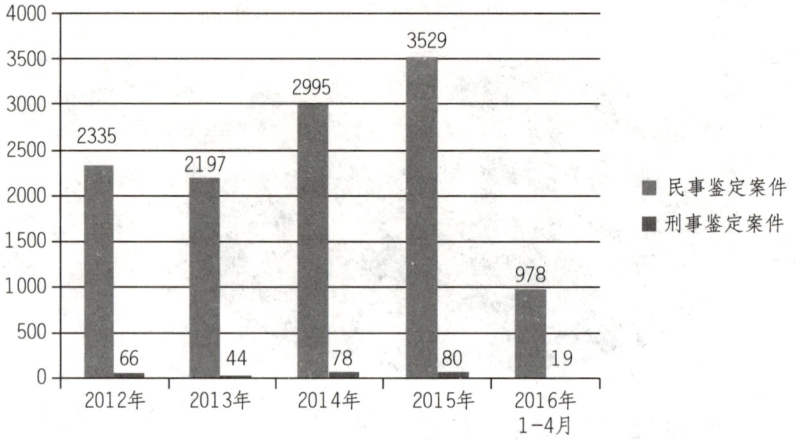

图四：泰安市鉴定案件数量情况（件）

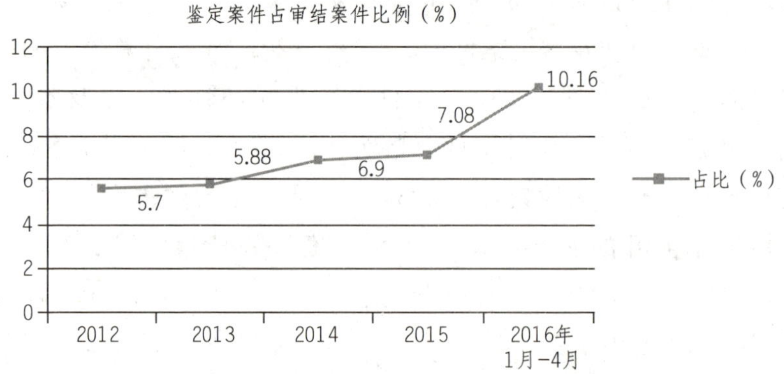

图五：泰安市鉴定案件占审结案件比例

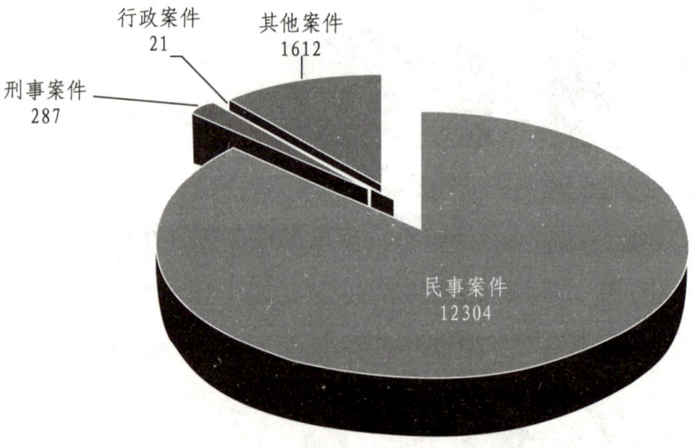

图六：泰安市鉴定案件类型分布

从案件类型的统计数据来看，鉴定案件主要集中于民事案件，其次是刑事案件，行政案件数量很少，而且不同案件类型之间数量差距较大。其中，2012 年民事案件中有鉴定案件 2335 件，刑事案件中有鉴定案件 66 件；2013 年民事案件中有鉴定案件 2197 件，刑事案件中有鉴定案件 44 件；2014 年民事案件中有鉴定案件 2995 件，刑事案件中有鉴定案件 78 件；2015 年民事案件中有鉴定案件 3529 件，刑事案件中有鉴定案件 80 件；2016 年 1 月～4 月民事案件中有鉴定案件 978 件，刑事案件中有鉴定案件 19 件。2012 年行政鉴定案件只有 21 件。

从鉴定案件的构成情况来看，鉴定类型最多的是法医鉴定和物证鉴定。其中，2012 年法医鉴定有 1107 件，占 40.73%；物证鉴定有 202 件，占 7.43%。2013 年法医鉴定有 1217 件，占 41.14%；物证鉴定有 219 件，占 7.40%。2014 年法医鉴定有 1419 件，占 43.10%；物证鉴定有 220 件，占 6.68%。2015 年法医鉴定有 1503 件，占 38.33%；物证鉴定有 203 件，占 5.18%。2016 年 1 月～4 月法医鉴定有 523 件，占 38.32%；物证鉴定有 70 件，占 5.13%。法医鉴定主要集中在机动车交通事故纠纷案件对伤残等级的鉴定，约占法医鉴定的 90%。物证鉴定主要集中在民事案件的损害赔偿纠纷和刑事案件的盗窃罪、抢劫罪当中，着重对损坏物品、盗窃抢劫财物的价值进行鉴定，约占物证鉴定的 80%左右。其次，鉴定数量较多的类型是工程鉴定和会计鉴定。2012 年有工程鉴定 13 件、会计鉴定 11 件；2013 年有工程鉴定 22 件、会计鉴定 15 件；2014 年有工程鉴定 57 件、会计鉴定 9 件；2015 年有工程鉴定 43 件、会计鉴定 17 件；2016 年 1 月～4 月有工程鉴定 18 件、会计鉴定 4 件。另外，合同纠纷中签字及印章鉴定、文书形成时间鉴定等也较多，每年有 10 余件。2012 年以来，泰安市全市法院无声像资料、测谎等鉴定案件，主要原因是当地鉴定机构不具备相关鉴定资质。

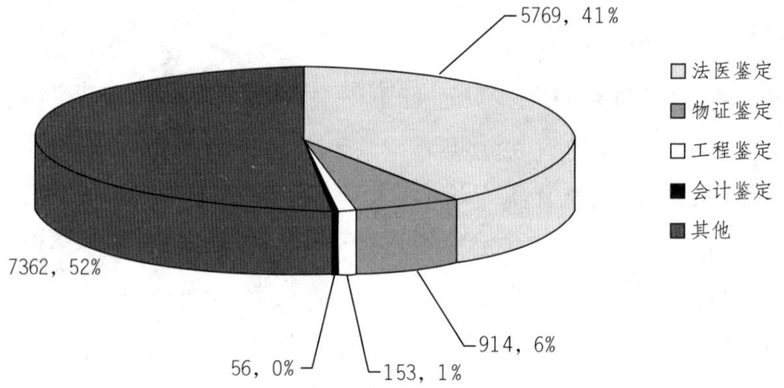

图七：泰安市鉴定类型构成

厦门市思明区法院所调阅的207件涉及鉴定的案件中，涉及鉴定的154件，其中，伤残、笔迹（文印）和医疗（事故、过失行为、费用）三类案件共有123件，占鉴定案件的79.87％。其中，伤残鉴定有71件之多，占46.10％。此外，涉及评估的有53件，主要集中在房屋价值、装修价值和房屋面积测量三类案件，共48件，占评估案件的90.57％。仅房屋价值评估就有39件，占73.58％。除传统的笔迹文印、工程造价、医疗事故、工伤评定、交通事故、房屋评估、车辆评估等鉴定类型外，还包括楼梯拆除是否有危险、油烟、噪音、木材种类、手印指纹、录音资料等新类型的鉴定，鉴定类型广泛。

北京市朝阳区法院在2010年后的近三年内累计收受各类鉴定案件7157件，其中评估类3669件、法医类3171件、拍卖类274件、破产类42件。但仍有部分案件，如建设工程施工合同纠纷、医疗纠纷、产品责任纠纷等案件中的相关鉴定由审判业务部门直接委托，未列入审管办的数据统计之中。

河南省安阳市司法局2014年的数据表明，该年度全市13家鉴定机构共办理司法鉴定案件1800件，其中法医类业务占到80％。2015年22家司法鉴定机构办理司法鉴定案件1552件，其中法医类业务达到83％。安阳市龙安区法院2013年、2014年涉及民事鉴定的案件共有107件。其中，机动车交通事故责任纠纷引起的鉴定超过鉴定总量的50％，2013年为59％，2014年为51％。如果把与机动车交通事故有关的财产保险合同纠纷计算在内，基层法院超过65％的鉴定案件与机动车交通事故有关。

这体现出机动车交通事故的高发率，以及其引发的人身赔偿、财产损失问题的严重性。无独有偶，江苏省淮安市中级人民法院与洪泽区人民法院联合课题组的调研结果表明，洪泽区法院2012年至2016年期间审理的交通事故案件共1609件，人身损害司法鉴定案件为941件。其中2012年全院受理交通事故案件360件，涉及鉴定的为153件，占比42.5%；2016年受案数量为310件，而申请鉴定案件数为219件，占比70.65%。交通事故案件数量起伏变化不大，但申请鉴定案件的数量却呈现出快速增长趋势。[①] 此类纠纷属于民生类案件，由于交通事故鉴定与受害者的生命权、财产权紧密相连，但交通事故鉴定涉及责任主体较多，包括法定登记车主、实际车主、借用人、承租人、雇佣人和保险公司等，且鉴定项目、需要准备的鉴定材料繁多，处理不当可能会影响社会稳定。

总地来看，鉴定案件的数量及比重都有所增加，呈现出逐年上涨的趋势，鉴定类型广泛、多样，均表明了司法鉴定在司法实践中具有举足轻重的地位。鉴定案件的类型构成在各地也不尽一致，有所差异，其中伤残鉴定、物证鉴定占据比例较大，属于主要类别。这意味着在一些特定类型的案件处理过程中，鉴定意见是法官认定案件事实、做出裁判的重要依据。此外，我国民事鉴定的案件数量远远大于刑事鉴定。不得不说，这种现象的出现与鉴定启动权有着重要的关系，鉴定启动权的分配在刑事、民事诉讼中的差异意味着不同类型案件启动鉴定的难度有所不同。简言之，刑事案件中，鉴定启动权掌握在办案机关手中，当事人难以根据需要自行启动鉴定，鉴定案件数量有限；民事案件中，当事人享有申请鉴定的权利，法院一般不予拒绝，当事人对鉴定的运用更加便利，故民事案件鉴定数量往往多于刑事案件的鉴定数量。

---

① 参见《关于交通事故人身损害司法鉴定的调研报告（江苏淮安中院）》，载司法鉴定服务平台，http：//mp. weixin. qq. com/s/Rj9XwDmVZi3Xg6vq1lhxWQ，最后访问时间：2017年6月17日。

二、鉴定的启动（委托）与鉴定机构的选择状况

（一）民事诉讼中的委托

据统计，2012年以来，泰安市两级法院选择鉴定机构的主要方式是双方当事人在法院司法技术辅助部门的组织下随机摇号选择，约占95%，而当事人协商选择鉴定机构的较少，约占5%。

表一：泰安市法院确定鉴定机构方式

选择方式 / 比例	双方共同协商选择	法院组织下摇号
比例（%）	5	95

厦门市思明区法院调研数据表明，大多数司法鉴定机构的确定方式为法院指定，占75.31%。原、被告自行委托或共同协商确定鉴定机构少之又少，但法院往往不会自作主张，绕过原被告意见，径行委托鉴定机构。

表二：思明区法院确定鉴定机构方式

	原告自行委托	被告自行委托	双方共同协商选定	双方协商不成法院指定	法院径行委托
数量（件）	14	3	35	183	8
比例（%）	6.76	1.23	14.40	75.31	3.30

结合上述数据来看，泰安市、厦门市思明区的调研案件中由法院确定鉴定机构的比例分别高达95%、75.31%。这表明，当事人单方选择或双方协商确定鉴定机构的情况较少，绝大多数情况下是在法院主持下确定鉴定机构，形成了法院、鉴定机构、当事人三方共同参与、相互配合的局面。这种局面的形成与鉴定意见的作用密不可分，一方面，待鉴定事项往往对查明案件事实具有决定性意义，对案件处理影响深远；另一方面，诉讼中双方当事人情绪严重对立，在鉴定机构的选择上易产生分歧。任何一方当事人做出的选择都会被对方当事人怀疑有失公允、有所偏向，双方当事人难以达成一致意见。此外，不同鉴定机构的水平客观上存在差异，不同机构给出的鉴定意见有可能截然不同，因而鉴定机构的选择对当事人来说必

须谨慎，其中也不排除掺杂了实现自己利益最大化的考量。无论出于何种原因，鉴定机构的选择很可能悬而未决，双方协商不成、僵持不下，拖延诉讼进程，最后只得由法院指定，久而久之，法院确定鉴定机构成为实践中的常态。

为避免双方当事人在后续诉讼中不信任法院确定的鉴定机构，山东省泰安市中院的司法辅助部门一般会组织当事人通过摇号的方式随机确定。司法辅助部门事先列出具备相关资质的鉴定机构，设置摇号机时，每个号码对应一个鉴定机构，双方当事人均到场后，经由司法技术部门人员宣读相关规定和注意事项，一方当事人启动摇号机，另一方当事人中止摇号机。这种方式拓展了当事人参与选择的途径，保证鉴定机构选择的公开透明，是当事人选择的延伸。一次即出结果，避免拖延诉讼进程。

尽管法院组织摇号能够保证形式上的正义，却仍然无法掩盖其本身存在的问题。首先，最终选定的鉴定机构并非真正体现了当事人的意志，实际上也掺杂了法院的决定。当事人在法院确定的名单上选择鉴定机构，这其实是法院筛选鉴定机构后的第二次选择，更为重要的是，将鉴定机构选入或排除在名单之外的标准不明，在取舍时是否包含了个人喜恶也不得而知。其次，摇号确定的方式于法无据。当事人参与摇号的过程，对摇号结果的产生具有决定性作用，但同时也受到法院划定范围的制约。这种方式难以简单地将摇号与当事人协商确定或法院指定方式相对应。摇号决定鉴定机构的方式依托于法院在司法鉴定实践中的探索和经验总结，还尚未在《民事诉讼法》中体现，其效力无法保证。不容忽视的是，不同鉴定机构的专长不同，对同一事项的鉴定水平可能有所差异，摇号看似绝对公平，但这种公平暗含了一个理想化的前提，即鉴定机构水平完全相同。这种理想状态忽视了不同鉴定机构的水平存在的客观差异，很可能使当事人错失最佳选择。再次，摇号一次出结果，虽然具有高效率，但在当事人对摇号确定的鉴定机构不满意时，缺乏必要的救济机制。有时，这种方式还可能令法院处于被动状态，如摇号确定的鉴定机构无端拒绝委托。朝阳区法院曾面临过具备鉴定资质的机构在报请摇号被选定后，以该鉴定事项不属于业务范围为由拒绝鉴定。另外，还存在鉴定机构迫于当事人的不满和投诉，将已出具的鉴定意见撤销等情况。

摇号毫无疑问能够保证形式正义，但实质正义的维护同样重要，因为鉴定是追求实质真实的协助机制。基于此，法院在制作鉴定名单时不能有所偏好，只要符合相关鉴定资质，不存在违反执业规范情况的都应入选。此外，要规范随机摇号的救济方式，给予当事人救济的机会。如果双方当事人都对摇号选择的鉴定机构不满意，可以经人民法院允许，再进行一次摇号选择。

摇号的方式无疑是司法实践无奈选择的结果，对解决目前当事人确定鉴定机构困难的问题提供了一种简便方式。但当鉴定机构不配合，拒绝接受委托时，出于诉讼效率的考量，法院可另行委托。但这种做法久而久之可能会放纵鉴定机构在承接案件时有所挑选，甚至会出现挑肥拣瘦的情况，如为谋求利益最大化，拒不接受盈利小的鉴定事项委托。因此，必须切实加强对鉴定机构、鉴定人执业的规制，明确鉴定机构和鉴定人的法定责任，加强对其监督、约束，逐步完善鉴定机构的选择机制。鉴于《民事诉讼法》第 67 条明确了当事人协商选择确定鉴定机构的优先性以及法院指定的补充性。我们认为，应当将当事人协商选择与法院决定作为选择鉴定机构的主要方法，即当事人申请鉴定的，由双方当事人协商确定具备资格的鉴定人；协商不成的，在人民法院的主持下随机确定；仍不能确定的，由人民法院直接指定，以此实现平衡形式正义和司法实体正义的追求。

（二）刑事诉讼中的启动

有学者对法院阅卷情况进行总体统计后得出，各地中级人民法院调阅的 305 份案卷中，有 299 起案件的鉴定程序是由侦查机关在侦查阶段依职权自行启动的，其比例占据阅卷总数的 98.03％。[①] 山东省泰安市涉及鉴定的刑事案件中，公安机关委托鉴定的比例同样超过 90％，而检察机关、法院以及自诉人委托鉴定的相对较少。可见，侦查机关是刑事诉讼中启动鉴定的主力军，大多数案件均由内设部门实施鉴定。在这种诉讼角色的冲突中，职能机关很容易基于职业立场和诉讼利益，将司法鉴定当成诉讼攻击的武器，而使其丧失起码的客观性和公正性。[②]

① 参见汪建成：《中国刑事司法鉴定制度实证调研报告》，载《中外法学》2010 年第 2 期。

② 杨郁娟：《程序正义理念与司法鉴定制度重构》，载《中国司法鉴定》2005 年第 5 期。

总的来说，侦查机关对鉴定的启动与鉴定机构的选择具有极大的控制力，县级以上公安机关可依职权需要启动鉴定、补充鉴定、重新鉴定，其还掌握着自行决定鉴定机构、鉴定人的权力。启动鉴定决定的做出往往是行政化的、单方面的，何时启动鉴定、如何选择鉴定机构和鉴定人、如何开展鉴定程序均由侦查机关自主进行，当事人无从得知。

公诉阶段与审判阶段启动鉴定的情况十分少见，这是因为两机关缺乏启动鉴定的动力。就公诉机关而言，其与侦查机关对打击犯罪的追求高度一致，缺乏鉴定启动的主动性。当案件进入审判阶段后，鉴于侦查、公诉机关都没有启动鉴定，有关案件已经达到事实清楚、证据确实充分了，法院也不会再主动鉴定。这种消极被动的态度导致了办案机关在鉴定问题上“一步错，步步错”状况的出现，“一错到底”最终酿成冤假错案的并不鲜见。而当事人不享有鉴定启动权，更加剧了这种信息不对称性，一旦出现应当鉴定而侦查机关未予鉴定的情形时，冤假错案发生的可能性大大增加。

（三）重新鉴定的启动

从课题组的统计情况来看，近年来，山东省泰安市法院申请重新鉴定的案件数量一直较多，其中2012年申请重新鉴定212件，占所有鉴定案件的比例为7.80％；2013年申请重新鉴定243件，占所有鉴定案件的比例为8.22％；2014年申请重新鉴定333件，占所有鉴定案件的比例为10.12％；2015年申请重新鉴定351件，占所有鉴定案件的比例为8.95％；2016年1月～4月申请重新鉴定144件，占所有鉴定案件的比例为10.55％，平均申请率在9％左右。

表三：泰安市法院申请重新鉴定的案件

年份 / 数据	2012年	2013年	2014年	2015年	2016年
数量（件）	212	243	333	351	144
比重（％）	7.80	8.22	10.12	8.95	10.55

厦门市思明区法院民事诉讼重新鉴定的比率高达41％，当事人申请重新鉴定的欲望强烈、积极主动性高，相较之下法院则颇为被动。其中，不存在一起因法院发现鉴定存在问题而主动启动重新鉴定的案件。

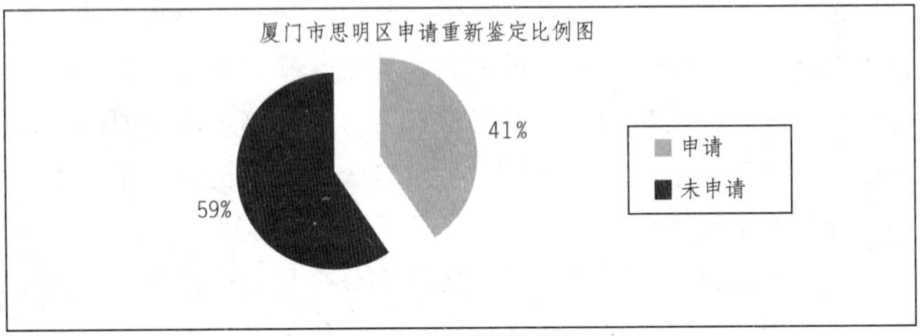

图八：厦门市思明区申请重新鉴定案件比例

在河南省安阳市龙安区法院2013年、2014年民事鉴定情况的调研中，当事人申请重新鉴定的比率不高，该法院两年内涉及民事鉴定的107件案件中有5件提出重新鉴定申请，比例仅为4.6%，提起重新鉴定申请的主体主要是保险公司，其中4起由其提起（3件涉及保险合同纠纷，1件是机动车责任事故纠纷）。这5份重新鉴定申请全部获得法院批准。在其他学者查阅的305份刑事案卷中，仅有3起案件是由当事人当庭申请重新鉴定被法官允许后启动的，也仅有3起是由法官在庭审阶段依职权主动启动的，仅占0.98%。[①]

概言之，无论在民事案件还是在刑事案件中，法官在重新鉴定的问题上都过于保守、被动，这一态度背后涉及多重原因。一方面，这与法官主要依靠书面鉴定意见认定事实的习惯有关，一旦存在可采用的鉴定意见，往往主观地认定其证据能力及其证明的案件事实。另一方面，法官担心重新鉴定后得出若干个互相矛盾的鉴定意见，将面临无从适用、难以取舍的问题，因此法官出于诉讼效率的考量不愿重新鉴定，影响诉讼效率。

泰安市法院申请重新鉴定的比例平均约为9%。安阳市龙安区法院的重复鉴定申请率也只有4.6%，但厦门市思明区法院却达到了41%。该组数据差距显著。课题组分析认为，可能存在以下几点原因：

第一，存在地域差异，尤其是不同地区当事人的权利意识可能有所差异。厦门市位于较为开放的沿海地区，当事人的权利意识较强，而泰安市、安阳市地处内陆，深受儒家思想影响，当事人的权利意识可能有待提高。

① 参见汪建成：《中国刑事司法鉴定制度实证调研报告》，载《中外法学》2010年第2期。

此外，可能与不同法院的限制做法存在关联。如泰安市法院在摇号确定鉴定机构之前，先行对摇号规则做出说明，在得到当事人一致同意后，将不再允许当事人提起重新鉴定，一定程度上限制了当事人申请重新鉴定的权利。而厦门市思明区法院未存在类似的限制性规定，因而申请重新鉴定的比例在二地区之间存在差别。这种地域差异受地理位置、文化背景等多重因素影响，但由于个体特征显著，存在较大差异，尽管值得进一步探索，但不是本文的研究重点。本文着重于探求不同地区之间的共性问题。

第二，与时间节点的不同存在关系。厦门市思明区法院的数据体现了2004年～2007年司法鉴定意见的应用现状。此段时间尚处于司法鉴定改革的初期，相关程序、规范的缺失难以保障鉴定程序、鉴定意见的可靠性，使得当事人对鉴定意见多有怀疑，因此申请重新鉴定的比例较高。而泰安市法院的数据反映了2012年～2016年司法鉴定的情况，安阳市龙安区法院的数据则是2013年和2014年的情况，均属于近期数据，与厦门市思明区数据的统计时间相差近十年。在司法鉴定制度改革的不断推动下，近年来，司法鉴定立法更加完善，鉴定程序愈发规范，鉴定所依据的标准逐渐明确，鉴定机构的水平也有所提高。在这种情况下，当事人对鉴定意见的信任度也有所提升，通过申请重新鉴定表达对鉴定意见异议的比例有所减少。

第三，与诉讼类型及鉴定机构的选择机制相关。民事诉讼中，当事人享有申请鉴定的权利，为实现各自的利益，双方当事人在申请鉴定时存在“较劲”心态，生怕对方的鉴定意见对己方产生不利影响，从而交错申请重新鉴定，导致多数申请是基于一方不满另一方自行委托鉴定的对抗性回应。实践中，这种带有“较劲”色彩的申请并不少见。对于此种申请，泰安市法院采宽容态度，基本都予批准。但当法院选择鉴定机构进行鉴定时，双方当事人的对抗态度趋于平缓，当事人基本认可、信赖法院对鉴定机构的选择及鉴定意见，申请重新鉴定的情况极少。但在刑事诉讼中，经当事人申请成功启动重新鉴定的数量远不及民事诉讼。这一情况的出现与涉及鉴定的刑事案件总数少存在一定关系。此外，由于刑事诉讼中的鉴定委托主体多为侦查机关，且由侦查机关内部鉴定机构进行鉴定，法院对其出具的鉴定意见较为信任。因而，当事人对侦查机关出具的鉴定意见提出异议，要求重新鉴定时，法院对该申请的审查较为严格，决定是否需要重新鉴定时较为谨慎。

申请重新鉴定原本是法律赋予当事人的一项正当诉讼权利，重新鉴定是在鉴定意见不正确或鉴定程序违法等情形下，鉴定意见不能被采纳为证据的补救措施，其对查明案情，维护当事人的合法权益均存在积极意义。然而司法实践中，当事人经常滥用这种申请权，随意申请重新鉴定，导致重新鉴定演化为重复鉴定。其危害体现在：首先，损害了鉴定的权威。多次申请重新鉴定暗含了申请人对鉴定的不信任感，使鉴定的中立性、客观性以及公正性受到当事人怀疑，甚至引发社会对鉴定的误解和不当揣测。其次，滥用重新鉴定申请权浪费了司法资源。重新鉴定与初次鉴定意见的证据能力及证明力密切相关，当初次鉴定意见满足了相关性、合法性和可靠性要求时，则丧失了重新鉴定的必要性。然而在实践中，很多重新鉴定是法院为平复当事人对抗情绪所作的妥协，实际上并无必要，这样不仅会增加当事人的经济负担，还浪费了司法资源。再次，由于鉴定耗费的时间较长，使得很多案件久拖不决，不必要的重新鉴定将拖延诉讼进程，造成诉讼迟延，不利于及时结案，维护当事人的合法权益。最后，重复鉴定无益于缓解当事人的对立情绪，特别是在多次鉴定意见不一致时，法官难免陷入如何取舍的困境。不论采用哪份鉴定意见，都极有可能招致受到不利影响一方当事人的不满，以致其难以服判息诉。

当事人滥用重新鉴定申请权主要有以下几点原因：

一是不少当事人对司法鉴定存在误解。鉴定程序存在一定的封闭性、单方性，尤其在刑事诉讼中，当事人没有鉴定人与鉴定机构选择权，因而当事人对这一不公开的鉴定程序带有不公正的偏见。还有当事人片面地认为级别越高的鉴定机构其鉴定意见越准确，其作为证据的证明力越强，相反，级别越低的鉴定机构出具的鉴定意见的证明力就越弱。即使原有的鉴定意见不存在违反法律、法规规定以及标准、方法、仪器不当等导致鉴定意见不科学、不正确的情形，处于对立面的当事人仍对此提出质疑，表示对低级别鉴定机构的不信任，要求委托省一级的鉴定机构或国家级鉴定机构再进行鉴定。

二是部分当事人存在利用申请重新鉴定，寻求法外救济的心理。如有些当事人为了故意拖延办案周期而申请鉴定或申请重新鉴定，抱着重复进行评估、鉴定可以使案件无限期地拖延下去的心态，以此来达到逃避司法惩戒的目的。还有当事人只要出现与其心理预期相违背的鉴定意见，即申请重新鉴定，甚至闹事、上访，但对鉴定意见不信任的态度并未随之消逝，反而陷入了重新鉴定后仍然不信任的恶性循环。

三是法院对当事人的鉴定申请没有进行严格审查。重新鉴定在弥补原有鉴定缺陷、纠正鉴定可能存在的错误方面意义重大，因此重新鉴定是当事人的重要诉讼权利，具有合法性与正当性。然而，当事人提出重新鉴定申请并不必然引起鉴定，还需符合相应要求。但在司法实践中，法官对重新鉴定申请的必要性审查不足，有的也未向当事人释明鉴定风险及鉴定费用负担等相关权利义务。为了避免当事人的对立情绪升级，只要当事人提出申请，就决定重新鉴定。这不仅增加了诉讼成本，还延长了诉讼时间，给了一些恶意当事人可乘之机。

四是相关立法不够完善。现行法律只规定了当事人有权向人民法院申请鉴定，对于法院如何进行审查、如何履行鉴定风险释明义务、如何作出审查决定等都没有明确的法律规定，导致司法实践中当事人重新鉴定的申请几乎必然启动。这样就有可能陷入重复鉴定的怪圈，纠结于鉴定意见的是非之中。

五是鉴定的公信力不高。目前，鉴定机构水平良莠不齐，部分实力薄弱的鉴定机构出具的鉴定意见可能存在着不客观、不公正的情况，难以取得当事人信任。这与我国鉴定人的准入条件过低不无联系，实际鉴定能力不足导致司法鉴定人能力素质参差不齐、鉴定质量水平不高、重复鉴定增多、投诉率居高不下。[①]

（四）法院对外委托司法鉴定

最高人民法院《关于地方各级人民法院设立司法技术辅助工作机构的通知》确立了各级人民法院技术处（室）的工作职责。这些职责主要为：为本院审判工作提供技术咨询、技术审核服务。对法官提出的涉及技术问题进行解释或答复，对送审案件中的鉴定文书及相关材料进行审查，提出

① 参见司法部赴德司法鉴定培训团：《德国司法鉴定制度》，载《中国司法鉴定》2010年第3期。

审核意见；负责统一办理对外委托鉴定、评估、审计、拍卖等工作，严格对外委托工作程序和制度规范；负责死刑执行中的技术监督、指导和确认死亡工作；负责司法技术辅助工作调研及技术培训工作；负责监督、指导下级人民法院的司法技术辅助工作。

1. 法院司法技术部门的发展现状

目前，司法技术部门人才流失状况严重。2005 年，泰安市全市法院司法技术部门有 16 人，其中包含法医等专业技术人员 11 人。山东法院司法技术部门人员进行改革后，大量专业技术人员流失，5 人具备法官资格到业务庭从事审判工作，4 人到法院其他综合部门工作，还有 2 人离开法院到医院等其他单位工作。目前，全市法院司法技术部门共有 15 名工作人员，其中专业技术人员有 2 名，均是 2005 年之后招录，其中包含中院的 1 名法医，新泰市法院的 1 名文检，中院的 1 名法医除配合执行死刑等工作外，还从事大量其他工作，新泰市法院的 1 名文检的工作内容与其他非专业技术人员一致，不从事任何专业技术工作。

表四：泰安市法院司法专业技术部门人员构成

人员构成 / 年份	司法技术部门人数（人）	专业技术人员（人）	其他人员（人）	技术人员占比（%）
2005 年	16	11	5	68.75%
2016 年	15	1	14	6.67%

法院司法技术部门的实力逐步增强，办案程序趋于规范，但技术人员的生存却处于困境。

2. 法院对外委托司法鉴定机制的规范情况

2016 年 3 月最高人民法院《关于民事诉讼证据的解释（征求意见稿）》有 14 个条款对鉴定问题作出了规定，除最高人民法院有关鉴定问题的规定外，有些地方法院独立或者与其他部门联合制定了相关规定。包括：云南省高级人民法院、云南省司法厅、云南省商务厅联合发布的《关于在诉讼活动中委托鉴定、拍卖工作的若干规定》；2009 年江西省高级人民法院发布的《关于民事案件对外委托司法鉴定工作的指导意见》；2009 年 8 月 4 日福建省高级人民法院审判委员会第 56 次会议通过的《福建省高级人民法院对外委托司法鉴定工作规定》；2010 年浙江省高级人民法院发布的《浙江省人民法院实施〈人民法院对外委托司法鉴定管理规定〉细则》；2010 年发布的《红河哈尼族彝族自治州中级人民法院关于在诉讼活动中对外委托鉴定、评估、拍卖工作的若干规定（试行）》；《厦门市中级人民法院对外委托司法鉴定实施办法（试行）》（厦门市中级人民法院第 211 次审判委员会通过）；2013 年 12 月 28 日广西高院发布的《广西壮族自治区高级人民法院关于委托鉴定、评估的工作管理规定（试行）》，等等。

3. 法院对外委托司法鉴定机制的实施状况

上述课题组的调研数据中对法院对外委托鉴定的情况也有所涉及，但没有系统地进行具体数据的收集、梳理和对比。为了弥补这一缺陷，课题组通过查阅资料，进一步了解了其他地区法院对外委托鉴定机制的实施情况。据陕西省法院司法技术室统计，2005 年 1 月 1 日至 2007 年 12 月 31 日，陕西省人民法院共审结案件370 662件，年均 123 553 件，司法技术辅助工作年均 3736 件，司法鉴定率为 3.024%。其中法医类鉴定 1668 件，鉴定率为 1.35%；物证类鉴定 30 件，鉴定率为 0.024%；文检类鉴定 165 件，鉴定率为 0.134%；评估类鉴定 1253 件，鉴定率为 1.014%；审计类鉴定 351 件，鉴定率为 0.284%；拍卖类鉴定 269 件，占 0.218%。陕西省共完成司法技术辅助工作年均 3736 件，配备司法技术人员 48 名，人均完成案件 77.83 件。有的法院鉴定机构的选择充分遵循公平、公开、公正原则，选择方式以随机摇号为主，当事人协商选择为辅。如重庆一中院，2013 年共选择鉴定评估机构 150 次，其中，有 115 次采取随机摇号方式选定，机选率为 76.7%，有 29 次采取当事人协商选择的方式，有 5 次按双方要求指定，有 1 次采用原鉴定机构。2014 年共选择鉴定评估机构 215 次，其中，有 154 次采取随机摇号方式选定，机选率为 71.6%，有 48 次采取当事人协商选择方式，有 4 次按要求指定，有 9 次采用原鉴定机构。2015 年上半年，共选择鉴定评估机构 151 次，其中，有 118 次采取随机摇号方式选定，机选率为 78.15%，有 30 次采取当事人协商选择方式，有 2 次按要求指定，有 1 次采用原鉴定机构。

在实践中，个别机构甚至因案件标的小、费用低而拒绝接受委托。同类资质的不同鉴定机构的收费标准不一致，特别是深圳地区的鉴定机构收费偏高，有些案件的鉴定费用远远高于案件的诉讼标的额，缺乏统一标准。个别鉴定机构甚至以各种借口或者根本不成立的理由拒绝接受委托，如以“任务较多、人手不足”为借口拒绝。部分鉴定机构不根据自身条件接受鉴定，而是受经济利益影响，在不完全具备鉴定条件的基础上争案源、争收费，部分评残机构存在付费用高即评一级的评残潜规则，做出的鉴定意见的真实有效性难以保证。

近年来，有些法院对解决鉴定争议的方式进行改革尝试。例如，2003年以来，青海省高级人民法院为了适应司法鉴定体制改革形势和审判工作需要，经过吸收借鉴探索出了以解决多学科、多领域综合性疑难复杂案件为目的的组织专家鉴定模式，在财产损害、建设工程、技术合同、医疗纠纷等案件中广泛尝试运用。通过多年的实践，形成了以“对外委托、当事人自治、公开鉴定、鉴定听证、勘误答疑”为主要内容的组织专家鉴定模式。在海口召开的全国法院司法技术辅助工作会议上，这一模式得到肯定。最高人民法院要求全面实行统一对外委托制度，切实做好技术咨询和技术审核工作，积极探索对重大疑难案件鉴定事项会检机制，把司法技术辅助工作提高到一个新水平。审判实践中，有很多疑难、复杂或综合性案件，社会上没有可供人民法院委托鉴定的机构，加之一些当事人要求人民法院组织专家鉴定，因此，需要人民法院组织社会上的权威专家进行鉴定。组织专家鉴定模式应审判工作的需要产生，植根于我国诉讼证据法律规定所赖于的法学理论，其本质是整合、补强社会鉴定技术力量为审判工作所用，因此，更富技术含量，更具权威性，更能发挥司法公信力。

法院对外委托司法鉴定机制的建立具有一定的积极意义，经过人民法院司法技术工作人员的努力，司法技术辅助工作取得了明显的进步，具体体现在几个方面：一是对外委托程序得到进一步规范。人民法院司法技术工作的宗旨是为审判、执行工作提供优质高效的服务，是审判执行工作的有机组成部分，司法技术工作的质量直接关系到人民法院的案件质量。最高人民法院先后出台了《关于人民法院民事执行中拍卖、变卖财产的规定》《关于人民法院委托评估、拍卖和变卖工作的若干规定》《对外委托鉴定、评估、拍卖等工作管理规定》等，有些高级法院也出台了相关的实施细则，对外委托程序得到进一步规范。二是对外委托管理工作制度变得更健全。随着人民法院对外委托工作管理制度的进一步健全，对外委托鉴定、评估、拍卖工作也得到了一定的监督，加强了对当事人合法权益的保护。在进行鉴定、评估、拍卖的过程中，强化了当事人到场参与监督制度，健全了司法鉴定意见异议听证制度。三是加强了对外委托部门各环节的监督和管理。人民法院司法技术部门是人民法院统一解决法庭科学问题和审查法庭科学争议的专门部门，专门负责或管理审判部门有关法庭科学的各项工作，为审判部门提供法庭科学支持和保障。人民法院司法技术部门与审判执行部门分权制衡。审判部门行使鉴定的启动权、质证权、认证权，司法技术部门行使鉴定的委托和组织监督权；审判部门行使涉案财产的变现权，司法技术部门行使变现活动的组织监督权。加强了对鉴定、评估、拍卖工作的监督管理，对鉴定、评估、拍卖的操作时限、公告的方式、执业质量、收费标准及鉴定费用的支付等方面均作了明确的规定，这种做法不仅增加了委托工作的公正性和透明度，而且还为审慎启动鉴定提供了技术支持。

三、鉴定意见的审查与使用状况

（一）鉴定人出庭率低

鉴定人出庭率低已成为司法鉴定完善过程中的一个重要问题，课题组针对鉴定人出庭问题进行了调研。

表五：鉴定人出庭状况

年份 具体数据	2012 年	2013 年	2014 年	2015 年	2016 年 （1～4 月）
泰安市出庭件数（件）	26	33	45	50	17
泰安市鉴定案件数	2401	2241	3073	3609	997
泰安市出庭率（%）	1.08	1.47	1.46	1.39	1.71
全国鉴定案件	1064611	1041737	1855429		

续上表

全国出庭数	14983	16351	16301		
全国出庭率①	1.41	1.57	0.88		

从上表可知，2012 年以来泰安两级法院鉴定人出庭的案件只有 171 件，其中 2012 年 26 件、2013 年 33 件、2014 年 45 件、2015 年 50 件、2016 年 1 月～4 月 17 件。出庭的案件主要集中在伤残等级鉴定、交通事故发生原因等方面，总体出庭率不足 2%，这一数据与全国鉴定人出庭率基本一致。据最高人民检察院统计，2012 年全国检察机关鉴定人出庭数仅 70 余次。鉴定人出庭案件数尽管有所增加，但总数仍然很低。对比 2004 年～2007 年厦门市思明区法院得出的 2%出庭率可知，在经过近十年的改革后，鉴定人出庭率仍然无明显提高。

尽管鉴定人出庭率低饱受各方诟病，《刑事诉讼法》的修改也曾为该问题做出了努力，即明确了鉴定人不出庭，鉴定意见可能产生不能作为定案根据的效果，但鉴定人不出庭的问题并未得到明显改善，法官、公诉人、鉴定人本身甚至被告人对鉴定人不出庭的状态依然习以为常。法律条文的规定看似详细，但在具体操作上仍是困难重重。略带强制性的鉴定人出庭制度、视频作证等专门规定由于原则性强而操作性差，使得鉴定人出庭作证的规定宣誓意义有余而可操作性不强，通过修法改善鉴定人出庭状况的初衷收获甚微。②

鉴定人出庭作证的效果在不同地区存在差异。泰安市部分法官、技术室人员表示，鉴定人出庭履职质量较高。按照法院通知一般能够准时出庭，事先有所准备，在出庭时能对鉴定意见进行解释说明，接受法官的询问和双方当事人的质证，使得庭审中鉴定意见的质证程序得以实质化，对法官查明案件事实产生积极影响。对于未按照要求履行出庭义务的，予以严肃

① 全国鉴定案件数、全国出庭数及出庭率数据来源参见李禹、党凌云：《2012 年度全国司法鉴定统计情况分析》，载《中国司法鉴定》2013 年第 4 期；李禹、党凌云：《2013 年度全国司法鉴定统计情况分析》，载《中国司法鉴定》2014 年第 4 期；李禹、郑振玉：《2014 年度全国司法鉴定情况统计分析》，载《中国司法鉴定》2015 年第 5 期。

② 参见叶青：《构建刑事诉讼证人、鉴定人出庭作证保障机制的思考》，载《中国司法鉴定》2015 年第 2 期。

处理。例如，某一案件中，参与鉴定的人员未到庭，而是委托其他未参与鉴定的人员到庭。虽然鉴定机构对此做了解释，但法院还是将该机构从鉴定名录中予以除名。但是，在河南省安阳市的调研却反映出鉴定人出庭作证存在功能虚化现象。就调研情况来看，庭审中对出庭鉴定人的询问主要集中在以下几个方面：第一，鉴定人的资质问题，包括学历、鉴定工作经历、出庭作证的次数、所出具鉴定意见书的采纳情况等。第二，司法鉴定的程序问题，包括鉴定委托、是否应当回避、检材的收集与提取、鉴定意见的复核等。第三，鉴定所适用的仪器设备问题，包括是否经常调试、精密度、可靠性等。第四，鉴定方法问题，包括所采用的标准等。第五，鉴定意见是否有矛盾或与其他证据项冲突。统计结果是前两类问题出现的概率比较高，后三类问题偶尔有人提起。虽然前两类问题也是必须提及的，但仅仅只询问这两类问题是不够的，后三类问题才能够反映出鉴定意见的实质性内容。也就是说，鉴定人出庭作证所回答的问题对理解专业问题并没有什么帮助。

（二）专家辅助人参与诉讼情况

2012年修改的《刑事诉讼法》和《民事诉讼法》中都增加了“有专门知识的人”参与诉讼的规定。“有专门知识的人”在法律各处所指代的人员各有不同，《刑事诉讼法》第192条和《民事诉讼法》第79条中的“有专门知识的人”是指在法庭审理阶段辅助诉讼双方就鉴定人作出的鉴定意见或专业问题进行质证、提出意见的专业技术人员，学界通说将其定义为“专家辅助人”。聘请“专家辅助人”参与庭审，一是能够帮助当事人对鉴定意见进行质证，对鉴定事项发表专业意见，从而实现鉴定人和专家辅助人的充分辩论，将案件涉及的专门性问题展示在法庭上。二是能够帮助法官全面认识和理解鉴定意见的内容，对能否采信作出判断。三是能够及时纠正鉴定意见可能存在的错误，有利于解决专业垄断、暗箱操作的问题。鉴定人也可能误用科学原理和技术方法作出错误判断，完善的专家辅助人制度能够有效地对鉴定进行监督和制约，防止法官对鉴定意见过分依赖，保证司法活动的公正性，并且有利于在一定程度上减少重复鉴定的发生，避免问题复杂化。但是，因为制度设立的时间不长，相关机制还没有得到充分落实和完善，司法实践中存在很多问题。调研中制作了三份不同的调查问卷，分别向法官、当事人、律师发放，发放具体情况见下表：

表六：关于对“有专门知识的人”了解情况调查问卷统计表

发放对象	法官	当事人	律师
发出数量（份）	30	40	50
收回数量（份）	28	40	48
有效数量（份）	26	35	47

调查问卷中的第一个问题是：“您是否了解、熟悉有专门知识的人参与诉讼并提供帮助的制度。”法官、律师的回答是100%熟悉，但当事人中只有一半听说过这个词。当问到“是否准备聘请有专门知识的人出庭”时，70%的当事人回答“尽量不聘请”，既有经济方面的原因，也有不知道何谓专家辅助人以及身边没有相关人员等方面的原因。当法官、律师被问到“您认为什么样的人可以称之为有专门知识的人”这一开放性问题时，他们的回答可概括为“在某一领域或特定问题上，有普通人并不具备的知识与经验之人”。当被问到“对有专门知识的人是否采用资格授予制度”时，绝大多数律师和法官都做了否定性回答，他们认为对于某人是否具备专门知识，可采取宽松态度予以审查，如果像审查鉴定人资格那样审查有专门知识的人，将会阻碍该制度的实施。

另外，关于专家辅助人参与案件审理情况的调研中，河南省安阳市法院查阅了2013年到2015年的民事案件，其中聘请有专门知识的人出庭的案件只有两起。一起是交通事故责任纠纷。在该案中，原告诉前自行委托司法鉴定，诉讼中保险公司又提起重新鉴定申请并得到法院准许，两份司法鉴定意见书中的鉴定意见并不相同。庭审中，原告聘请一名有专门知识的人出庭，就两份司法鉴定意见发表意见。另一起是产品质量责任纠纷。在该纠纷中，也存在两份不同的鉴定意见，庭审中，原告聘请一名质量监督局的工作人员出庭发表意见。受访谈的法官表示，有专门知识的人出庭有一定作用，可以帮助法官理解相关专业问题。

从调研的情况看，专家辅助人制度在实践中的运用率还较低，当事人对该项制度缺乏了解与热情，这无疑会影响该制度的广泛实施。

另外，专家辅助人在诉讼中的表现能否满足诉讼需要，亦是一个需要考虑的问题。为此，有些地方的检察机关出台了一些规范性文件，如四川省泸州市检察院2013年3月出台的《专家辅助人工作办法（试行）》，对专家辅助人的资质要求、工作内容、工作程序等进行规范，为其顺利参与诉讼提供帮助。

（三）法官对鉴定意见的审核和采信

司法鉴定启动、实施的落脚点在于鉴定意见能否得到法院的采信，从而对事实认定、案件处理提供证据支持。法院对鉴定意见的取舍与诉讼结果直接相关。针对此问题，课题组对泰安的调研情况进行了总结，并与思明区比较，结果如下：

表七：不予采信的情况分析

不予采信原因	思明区不予采信（件）	泰安市不予采信（件）
不具备资质	2	0
程序违法	4	2
鉴定错误（依据、推理方法、标准出错）	11	2
鉴定不确定	1	0
鉴定遗漏	1	0
其他	4（医疗事故鉴定）	1（采信第一次鉴定意见）
共计（件）	23	5
占比（%）	8.52	0.04

鉴定意见与其他证据相比更具专业性、科学性，在认定某些案件事实时甚至具有无可代替的作用，但仅凭鉴定意见确认案件事实难保公正。任何案件的全部证据都是不可分割的统一整体，证据间的对照分析可以防止先入为主、主观臆断，以确保案件事实认定的准确性。[①] 将鉴定意见与其他证据对比、综合分析，不仅能对案件事实做出认定，还能够审查鉴定意见是否存在问题，如果相互矛盾，则应质疑证据的可靠性，而不应一味信赖鉴定意见。实践中，法院对外委托及当事人双方协商确定的鉴定机构给

① 冯宗美、陈玉林：《鉴定意见审查问题探究》，载《中国司法鉴定》2013年第3期。

出的鉴定意见基本都能得到采信，不予采信的极少。据统计，2012 年以来，泰安市法院不予采信的案件仅有 5 件，比例明显低于厦门市思明区法院。两个地区不予采信的主要原因都是鉴定意见明显错误，因鉴定程序违法不予采信的案件极少。结合所了解的其他地区数据，可以发现鉴定意见在审判中的采信率非常高。根据各省司法厅数据，安徽省近年来司法鉴定的平均采信率已达 99%；[①] 陕西省 2014 年全省司法鉴定检案量共 32 773 件，鉴定意见被人民法院采信率达 99.8%；[②] 四川省已有司法鉴定机构 211 家，年鉴定业务量达到 12.8 万余件，采信率也达 95%以上。[③] 有学者曾经在实证研究中对法官进行过调查，在所有被调查的 91 名法官中，有 74 名法官直言案件鉴定意见对其判案影响较大，占法官总数的 81.32%。[④] 采信率如此之高，鉴定意见的作用是否被过度放大值得深思。

鉴定意见是鉴定人对相关客体科学分析、检测结果的主观性评判，作为一种证据形式，鉴定意见相对于其他证据而言并不必然具有优势地位，且它属于言词证据，在鉴定人出庭作证的情况下，过高的采信率令人疑惑。鉴定意见作为一种证据材料，尽管依托于科学知识、科学手段、科学分析，结论却未必都是科学合理、确信无疑的，如检验方法有争议、鉴定检材不充分、有些特征差异点未得到充分合理的解释等，都会影响鉴定意见的准确性。鉴定意见除了会出现错误以外，也可能会与当事人的请求发生冲突，使案件复杂化，审理出现困难。如泰安法院办理的一起案件中，关于损坏财物的价值，原告主张 5 万元，被告主张 2 万元，但最后的鉴定结果却为 8 万元。法院认为鉴定结果与双方当事人的主张差距较大，不符合案件事实，遂未采信。该案件折射出了鉴定意见的本质，即鉴定人的判断性意见，这一判断性意见不仅需要符合专门知识的要求，还要求具有对其他证据的检测功能。相对于法官对案件事实的判断，鉴定意见仅仅是判断的一隅，相对于案件事实，鉴定意见“从不讲完整的故事”。[⑤] 因此，对于鉴定意见的

---

① 参见李光明：《司法鉴定平均采信率达 99%》，载《法制日报》2015 年 9 月 29 日。

② 参见成全勃：《我省司法鉴定意见被法院采信率达 99.8%》，载陕西法制网，http://www.shxlaw.com/view－35026－1.html，最后访问时间：2017 年 5 月 17 日。

③ 参见庞莹：《我省司法鉴定采信率逾 95%》，载《四川日报》2015 年 12 月 22 日。

④ 汪建成：《中国刑事司法鉴定制度实证调研报告》，载《中外法学》2010 年第 2 期。

⑤ 郭华：《司法鉴定制度改革的基本思路》，载《法学研究》2011 年第 1 期。

审查必须谨慎，需要通过一定的审查机制弥补鉴定人可能存在的偏向性，保障鉴定人的判断意见是客观、真实、独立的。

实践中，鉴定意见有成为“事实法官”的趋势。如，江苏淮安市中级人民法院与洪泽区人民法院联合课题组查阅5年来的部分案卷后发现，除了2起当事人申请重新鉴定、3起补充鉴定的案件外，法官基本上都是依据鉴定意见作出了裁判。[①] 由此，法官不予采信鉴定意见只是极少数情况，再加上鉴定人不出庭的常态化，法官往往只对鉴定意见进行书面、形式审查。作为法律专家的法官缺乏相关科学知识背景无可厚非，其在判断鉴定意见的证据能力和证明力时，难免侧重审查鉴定人资格、鉴定意见是否存在明显瑕疵以及是否符合回避条件等形式上的内容，对于鉴定意见的实质审查力不从心。一些明显的书写错误尚能发现，如鉴定意见书中将“提供劳务者损害纠纷”错写成“交通事故责任纠纷”，但鉴定实施过程的不规范或者违法实施鉴定等问题颇具隐蔽性，法官的审查存在障碍。而且鉴定意见和专门问题难认定已经成为审判人员在司法实践中形成的经验性认识。这种认识很少成为他们审慎认定鉴定意见和专门问题的提醒，反而成了推卸责任的借口，法官乐于将认定的权限让渡给专家，从而放弃自己对科学证据进行把关的“守门员”职责。

另外，在实践中，因存在多次鉴定，往往会形成前后不同的鉴定意见，对于这些鉴定意见的审查与采信，泰安市法院的法官主要遵循以下几个规则：第一，是否采信与委托主体密切相关。对于法院委托鉴定机构做出的鉴定意见以及双方当事人协商确定的鉴定机构给出的鉴定意见认可度极高，几乎不存在不予采信的情况。如果当事人自行委托的鉴定意见与法院委托鉴定机构或双方当事人协商一致选择鉴定机构做出的鉴定意见不一致的，采信后者。第二，优先采信后次的鉴定意见。即如果前后鉴定意见不一致的，通常采信最后一次。第三，看重鉴定机构的行政级别。法官倾向于采信行政级别较高的鉴定机构给出的鉴定意见。结合一些实务文章、调研报告中归纳的实践中做法，可以发现，实践中法官大多倾向于根据鉴定机构的级别高低对鉴定意见进行采信，认为鉴定

---

① 参见《关于交通事故人身损害司法鉴定的调研报告（江苏淮安中院）》，载司法鉴定服务平台，http：//mp. weixin. qq. com/s/Rj9XwDmVZi3Xg6vq1lhxWQ，最后访问时间：2017年6月17日。

机构的级别高低决定了其出具的鉴定意见的可靠与否。除此之外，委托主体、鉴定主体的鉴定资质、鉴定意见作出的前后顺序等因素常被考虑。[①] 可以看出，在目前的司法实务中，法官对前后出具的不同鉴定意见的审查、采信标准十分混乱，难以保证最后采信的鉴定意见具有可靠性。

四、鉴定引发错案的状况

法国学者勒内·弗洛里奥指出："鉴定错了，裁判就会发生错误，这是肯定无疑的。"[②] 我国的司法实践不仅充分体现了这种认识，而且还印证了这种观点。目前，法律虽然赋予当事人申请重新鉴定的权利，但这种权利不能充分发挥其应有的作用。由于鉴定人极少出庭接受质证，鉴定意见书面审查广泛适用，导致鉴定意见审查的相对弱化，一些有问题的鉴定意见顺利成为庭审中法官认定事实的根据，致使冤假错案发生。

鉴定问题已经成为目前司法实践中错案的诱因之一，在一些已被纠正的错案中，都能发现鉴定方面的问题，并且对最后的误判产生了一定的影响。当然，除了司法鉴定方面的问题，也不排除刑讯逼供、有罪推定的司法观念、社会舆论的压力、外部的不当干扰等方面的影响。部分学者曾对重大错案的形成原因进行了深入的实证研究，也得出了司法鉴定错误极易导致错案产生的结论。[③]

我们在研究中选取了几个存在鉴定问题的典型案例进行分析，这些案例既涉及民事案件，也涉及刑事案件。从案件发生时间上看，有的案件是发生于2005年司法鉴定制度改革之前，有的是出现于改革之后，反映了不同时期的不同情况。从地区上看，我们的研究没有局限于大陆地区，还涉及了香港地区的典型案件，使得问题鉴定对定案的影响能够得到全面反映。

---

① 参见赖华平、张如曦：《试论鉴定结论的审查与认定》，载《福建法学》2009年第3期；参见《两份鉴定意见不一致的鉴定意见书，法院在判决时如何认定》，载山西省祁县人民法院网，http://jzqxfy.chinacourt.org/article/detail/2014/11/id/1493364.shtml，最后访问时间：2017年6月17日。

② ［法］勒内·弗洛里奥：《错案》，赵淑美等译，法律出版社2013年版，第177页。

③ 参见陈永生：《我国刑事误判问题透视——以20起震惊全国的刑事冤案为样本的分析》，载《中国法学》2007年第3期；郭华：《侦查机关内设鉴定机构鉴定问题的透视与分析——13起错案涉及鉴定问题的展开》，载《证据科学》2008年第4期，等等。

表八：存在鉴定问题的典型案例

	案件基本情况	鉴定意见	鉴定意见对审判的影响	案件的结果
滕某某案	1987年湖南省麻阳县，滕某某涉嫌杀人，后被判处死刑。	通过颅相重合鉴定，并经家属辨认证实，警方认定尸体为石某某；警方提取的凶器斧头的斧柄上附着的毛发经鉴定为人发，血型与死者毛发血型一致；经过痕迹比对鉴定，该斧砍痕与尸体肱骨上遗留的钝器砍痕吻合一致。	通过技术尸体骨骼复原和血型比对草率地认定了尸体身份，忽视了鉴定中被害人年龄和石某某年龄之间的矛盾。	被害人石某某返回贵州老家，被害人“复活”。湖南省高院做出再审判决，滕某某被宣告无罪。
徐某某案	1990年河北省曲周县教师徐某某涉嫌强奸	公安机关3位法医鉴定徐某某血型与现场遗留的精斑同为“B”，以血型相同的鉴定意见作为定案根据。	未作DNA鉴定；申请重新鉴定未允许；以鉴定意见与被害人陈述作为定案根据。	判处有期徒刑8年。15年后发现徐某某血型为“O”，2006年改判无罪。

续上表

于某某案	1996年安徽省蚌埠市，于某某的妻子韩某在家中被人杀害，于某某涉嫌杀妻。	DNA鉴定结果表明，韩某内裤残留物检出的精子不属于于某某；控方提交的有关手印的检验报告隐匿了现场存在的两枚没有比对结果的他人指纹。	法庭未采纳DNA鉴定结果。有可能证明于某某无罪的指纹证据被隐匿。于某某被认定为杀人凶手。2013年公安机关通过被害人内裤上的精子DNA比对，锁定了犯罪嫌疑人武某某。	安徽省高院再审宣判，原审认定于某某故意杀人事实的证据不确实、不充分。于某某被宣告无罪释放。
李某某案	2000年山西省大同市教师李某某涉嫌强奸。	李某某的血型与受害人褥单上遗留的精斑血型一致。DNA鉴定认定“褥单上的精子DNA与李某某血痕DNA谱位置一致”。	第一次DNA鉴定的位点数量不足。依据DNA鉴定结果，李某某被刑事拘留。	李某某对DNA鉴定提出异议，要求重新鉴定。公安部作了9个位点的基因鉴定，认定二者的DNA并非同一人。2003年真凶出现，李某某得以洗冤。
李某某案	2002年河北省唐山市民警李某某涉嫌抢劫伤害。	鉴定提交的检材是现场毛发、李某某的阴毛和血液，进行对比具有一致性。	检材来源不明，存在提取李某某本身的毛发或者血液进行同一鉴定的可能。	李某某被判处死刑缓期两年执行，后真凶出现。

续上表

张氏叔侄案	2003年浙江省杭州市，张某某、张某叔侄被认定犯强奸罪，判处重刑。	死者指甲中提取的DNA为死者与另一名男性的DNA混合而成，未对该男性DNA进行鉴定数据库比对。死者阴道内未发现精斑。	警方忽视了死者指甲中的男性DNA，直到2011年将该DNA分型与数据库进行比对，发现与另一罪犯勾某某DNA分型七个位点存在吻合。	浙江高院依法对张某、张某某强奸再审案公开宣判，撤销原审判决，宣告张某、张某某无罪。
岳某某案	2004年山西省柳林县岳某某涉嫌杀人。	警方取“无名尸的尺骨一根、岳宝子母亲赵某某的血样一份”进行DNA鉴定，结论是“无名尸与赵某某的mtD－NAHVI区序列相同”。	公安机关基于DNA鉴定错认被害人，侦查机关立案侦查并拘留了岳某某。	后“被害人”岳某某“复活”。岳某某最后因诈骗罪被判刑一年半。
朱某某案	2004年江西省南昌市，朱某某打伤同事熊某某右眼。法院以故意伤害罪判处朱某某有期徒刑4年。	该案中先后出现了三份伤情鉴定，鉴定结果均不一致。第一份鉴定意见认定“轻伤甲级”；第二份认定“轻微伤甲级”；第三份书证审查意见认定“重伤，伤残等级为6级”。	法院依据第三份书面审查意见认定朱某某构成故意伤害罪。朱某某出狱后申诉，“重伤”鉴定经审查后发现错误被撤回。	江西高院审理后推翻了该案原审判决及裁定，终审判决朱某某无罪。

续上表

龚某某案	香港华懋集团前主席王某辉失踪七年后通过法律被宣告死亡，其父王某歆依据1968年的一份遗嘱与持有另一份1990新遗嘱的王某辉妻子龚某某争夺遗产。王某歆质疑龚某某“伪造遗嘱”。龚某某一审、二审均败诉，并因此而遭刑事指控，因涉嫌伪造遗嘱等三项罪名而被捕入狱。	美国笔迹专家提出签名中“王”字的第一横有抖动，据此认定该遗嘱签名为临摹。龚某某委托的三位专家共同出具了遗嘱上“王某辉”签名是其本人所写的肯定结论，分别从中文特有的起收笔方式、运笔连笔细节等方面选取遗嘱签名与样本签名的笔迹特征。通过比对，发现二者诸多细节特征基本一致，而且特征表现具有稳定性。	一、二审阶段，最后一份遗嘱上“王某辉”签名的真伪是案件争论的焦点。	香港终审法院推翻了此前原讼庭及上诉庭的裁决，裁定龚某某上诉获胜。法庭认为遗嘱上的签名是否为王某辉签署，难下定论，双方笔迹专家对签名的真伪各存疑问，不能构成一致压倒性结论。因原告没有尽到证明举证责任，一切疑点利益归于被告。终审法院依据举证责任推翻原有判决。龚某某成为遗产的唯一受益人。

续上表

许某某案	2009年天津市，许某某驾驶津HAK206号东风标致轿车与王某某发生纠纷。王某某称自己被许某某驾车撞倒在地；许某某称王某某是跨过护栏时身体失衡摔倒。后王某某以许某某驾车将其撞伤且拒不承认为由向法院起诉。	一审中天津市天通司法鉴定中心出具的鉴定意见表示："未发现接触痕迹，不能确定该车与人体接触部位。"二审中天津一中院委托的鉴定结果为："王某某腿部伤情单纯摔跌难以形成，遭受车辆撞击可以形成。"	王某某的腿伤是否为许某某的驾车行为所致是案件的争议焦点，一审中因鉴定意见不能明确这一问题，案件主要事实无法查明。法院按交通事故争议中双方过错程度进行了责任分配。	二审中出具的鉴定意见与事故现场图、照片、勘验笔录、当事人述称等形成了完整的证据链，足以认定王某某腿伤系许某某驾车行为所致。

在表八所列举的这些案件中，均涉及鉴定问题，且鉴定问题对冤案产生了非常大的影响，一定程度上影响了公正的实现。前八个案件为刑事案件，涉嫌的罪名有故意杀人、故意伤害、强奸、抢劫等。这些犯罪多为暴力型犯罪，通常具有案情复杂、社会危害性大、社会影响力强等特点。后两起案件为民事案件，也属于案情复杂、引发较大争议的案件。由此可以发现，司法鉴定多用于案情复杂、争议较大的案件，反映出其在认定案件事实方面的重要作用。由于司法鉴定制度尚未得到完善，与诉讼制度之间的衔接也存在很多问题，导致在一些案件中，鉴定非但没有协助查明案件事实真相，反而引发了更大的争议，甚至导致错案。在这十个案件中，虽然每个案件涉及案情不一，但在鉴定方面反映出的问题存在一定的共性，对此大致可以归纳为以下几点：

1. 鉴定启动方面的问题。在前八起刑事案件中存在两起案件应鉴定而未鉴定的问题。例如徐某某案，仅对犯罪现场遗留的精斑进行了血型鉴定，未进一步作DNA鉴定，办案人员还错误地将血型鉴定当成"铁证"。这显然是错认了血型鉴定的证明力，将血型鉴定这一种属认定混同为证明力较高的同一认定。种属认定不能用来确定作案人，而应该作为排除无辜、缩小嫌疑人范围的手段。徐某某案中没有进行DNA鉴定可能是因为当时的技术鉴定条件不足，但不能够将此作为错鉴的理由。我国DNA鉴定技术的运用时间较晚，普及率也比较低。有学者统计指出，直到2009年，刑事DNA鉴定技术在刑事案件中运用的比例仍然不足2%，即使在强奸和杀人案件中，进行DNA鉴定的甚至还不到10%。[①] 而徐某某案发生在20世纪90年代，当时我国具备DNA鉴定技术的机构数量十分有限。在DNA鉴定技术尚未普及之前，通过血型认定嫌疑人是一种普遍错误，是对种属认定过分高估的典型表现。[②]

2. 鉴定过程中存在的问题。鉴定的准确性受到很多客观因素的影响，鉴定过程中运用的鉴定材料、鉴定技术等方面一旦出现问题，很容易导致鉴定意见错误。具体包括：

(1) 检材方面的问题。在鉴定中，检材与样本的比对非常关键。检材一旦出现问题，便不具有鉴定条件。如果继续进行鉴定，往往会导致鉴定结果的偏差，从而在案件事实的认定中发生错误。例如在河北李某某案中，检材来源不明，存在提取李某某本身的毛发或者血液进行同一鉴定的可能，导致错误认定犯罪嫌疑人。

此外在一些案件中，也反映出检材“被污染”以致鉴定错误的问题。我国台湾地区发生的江国庆案也存在检材污染的问题。1996年9月12日，台北市大安区的空军作战司令部营区内发现一名五岁谢姓女童遭奸杀身亡，江某某因未通过调查局测谎鉴定，遂优位（共有四位涉嫌人员）被锁定为重要涉案对象。鉴定单位出具的鉴定报告认为：不排除物证（卫生纸）上可疑斑迹混有被告人江国庆DNA之可能。而DNA之所以呈现混合型是因为“该沾有血迹之卫生纸是在现场厕所已堆满卫生纸之垃圾袋内取得，且该处所为开放空间，无法排除有第三者体液污染或混合之可能性，故呈现被害人与涉嫌人以外之DNA型别。实质上，鉴定使用的检材是已遭污染的血迹卫生纸，案发现场的垃圾筒超过3天没有清理，此一检材明显遭到

① 参见陈学权：《. 刑事诉讼中DNA证据运用的实证分析——以北大法意数据库中的刑事裁判文书为对象》，载《中国刑事法杂志》2009年第4期。

② 参见张方、刘燕：《论错案中的鉴定错误》，载《证据学论坛》（第十五卷），法律出版社2010年版，第32页。

了污染，据此得出的鉴定意见作为定案根据必然会有误导性。

（2）鉴定技术方面的问题。鉴定所采用的技术手段是否科学、是否具有较高的可靠性会直接影响鉴定的准确性。DNA 鉴定因其具有高度准确的人身同一认定价值，以至于取代传统的“指纹鉴定”而成为当代的“证据之王”，但这并不意味着 DNA 鉴定就一定能够作为定案根据。日本曾经出现过因 DNA 鉴定错误导致的冤案。1990 年 5 月，日本栃木县的一名 4 岁女童被猥亵、杀害，警方将一位附近的租客菅家利和锁定为犯罪嫌疑人。当时日本正准备推广 DNA 检测设备，警察厅决定将 DNA 检测结果作为证据，便将女童内衣和菅家丢弃的纸巾上的体液进行 DNA 鉴定，得出了两者一致的结果。据此，菅家利和被判处无期徒刑。事后证明这一 DNA 检测结果存在很大误差，当时被称为 MCT118 型的 DNA 鉴定技术并不成熟，检测方法误差太大，难以确定正确的 DNA 型。再加上警方破案心切，菅家利和含冤入狱，直到 2009 年才获得重新检测 DNA 的机会，证明了自己的清白，这是日本首例因 DNA 鉴定引发的错案。[①] 在我国的这些案件中，山西李某某案和岳某某案中也存在 DNA 鉴定的问题。李某某案的第一次 DNA 鉴定，因位点数量不足导致鉴定结果作为定案根据出现错误，将李某某错认为强奸犯。岳某某案中，公安机关基于 DNA 鉴定错认了尸体身份，导致后来出现“亡者归来”的闹剧。

与已经被普遍接受和信任的 DNA 技术不同的是，测谎技术用于鉴定经常引发争议，但我们也可以看到其在一些案件中被使用。在我国，测谎技术自 20 世纪 80 年代起就在侦查活动中得到广泛应用，发挥着侦查导向、查找线索等巨大作用。但是与此同时，测谎结论的证据资格一直未被明确，因为该项技术的成熟度、准确度尚未得到普遍的认可，目前还处于类似于医学上的“临床试验”阶段，还需要进一步提高、证明其准确性。[②]

3. 鉴定意见审查判断的问题。对上述案件中的各类鉴定问题进行总结后发现，有时鉴定本身并没有错误，而是司法人员在理解和使用鉴定意见时因为其认识偏差导致问题出现，使用了错误的鉴定意见，比如主观地提高某些鉴定意见的证明力、片面认识鉴定内容、草率地排除某些鉴定意见

① 参见《DNA 鉴定引发的日本“世纪冤案”》，载《晚报文萃》2010 年第 8 期。

② 参见陈卫东、简乐伟：《测谎结论的证据问题研究》，载《证据科学》2010 年第 1 期。

等。例如在滕某某案中，为了确认尸体身份，警方运用了尸体骨骼复原技术，颅像重合鉴定书的鉴定意见为“送检颅骨与被害人石某某人像经颅像重合检验，因人像头部很小，放大后上颌左第一、二齿缝较大，与颅骨不符，其他各项指标均重合一致，可定为同一人，如能补充一张比较大的人头像更能提高检验的准确性”。这一鉴定意见没有明确确认送检对象即死者就是石某某，但警方却通过石某某亲人的辨认以及血型比对草率地认定了尸体身份，忽视了鉴定中反映的被害人年龄与石某某年龄之间的矛盾，最终导致了错误。

在张氏叔侄案中，是由于对鉴定意见的随意取舍导致错误定罪。公安机关未能在嫌疑人的货车上找到强奸痕迹，在被害人身上和被丢弃的衣物、行李上，公安机关也未找到嫌疑人的指纹和毛发，办案人对此解释为“生物学证据可能被雨水冲刷掉了”。另外，对于死者指甲中被检出的混合DNA，鉴定意见表明是由死者与另一名男性的DNA混合而成，并明确排除该男性为张氏叔侄之一。但法院的判决认为，“因手指为相对开放部位，不排除被害人因生前与他人接触而在手指甲内留下DNA的可能性”，“本案中的DNA鉴定意见与本案犯罪事实之间并无关联”，但法官却草率地舍弃了这项关键性的证据。[①] 于某某案中也存在类似问题，受害人韩某内裤上残留的精子经DNA比对分析并不是属于于某某。但法庭并未采纳这一鉴定结果，该证据被忽略。同样的错误在国外也存在。美国的朱迪丝·约翰逊孙女强奸案中，警方对提取的毛发进行DNA检测，鉴定结果排除了埃尔金斯的嫌疑，并将嫌疑指向另一名未知男性。但这一证据的重要性被忽视了，最终导致了埃尔金斯被错误定罪。在刑事司法领域，尤其是在侦查过程中，存在着很多对鉴定随意取舍的案例。在这些案件中，无罪证据和有罪证据同时出现，办案人往往更愿意舍弃无罪证据，相信有罪证据，容易导致错案。[②]

最后，鉴定意见审查判断中存在的问题还包括对多个鉴定意见进行取舍。上表中的朱某某案、龚某某案中都涉及这一问题。朱某某案中，法院

---

① 稂志诚、陈如超：《中国刑事错案中的鉴定问题——基于50例案件的实证研究》，载《中国司法鉴定》2016年第3期。

② 董凯：《中美刑事错案中司法鉴定致错的比较研究》，载《政法论丛》2016年第5期。

在对多个结果不同的伤情鉴定意见进行取舍的过程中出现了错误，依据华夏鉴定中心出具的一份书证审查意见认定被害人构成“重伤”，最后判决朱某某构成故意伤害罪。该书证审查意见是依据法院技术处所提交的相关材料进行鉴定后出具的，并未见到伤者本人，而法院技术处所提交的鉴定材料有遗漏，因此出现鉴定错误。龚某某案中，最后一份遗嘱上“王某辉”签名的真伪始终是案件争论的焦点，双方笔迹专家对此展开了激烈的辩论，最后法院认为双方出具的鉴定意见都不能构成一致压倒性结论，只能依据举证责任作出判决。鉴定意见作为科学证据，本应在案件事实认定中发挥积极的引导作用，但多份鉴定意见的存在则会使真相更加扑朔迷离，如果不能科学地选择，就很有可能被错误的鉴定意见所迷惑，最终为错案的发生埋下隐患。

4. 错鉴发现机制存在的问题。由于我国刑事案件鉴定中存在严重的“自侦自鉴”问题，侦查机关内设鉴定机构的鉴定意见往往会直接成为法庭认定案件事实的依据。一旦鉴定出现错误，很大程度上会导致错判，使无辜的人被追究刑事责任。起诉、审判程序纠正侦查机关错误鉴定的可能性微乎其微。上表中所列的由于鉴定问题导致的刑事错案中，错误鉴定被发现基本都是依靠被害人“复活”、真凶落网等偶然事件的出现。其他学者在对近年媒体披露的在全国引起了较大关注的20起刑事冤案分析后也认为，这些冤案中没有一起是司法系统主动发现原审判决事实不清、证据不足或发现新的证明被告人无罪的证据而主动纠正的，所有案件都是因这些极其偶然的因素而得以纠正。[①] 在这些案件中，要么是公安机关在其他的案件侦破过程中，基于犯罪嫌疑人对犯罪事实的供认，而发现犯罪嫌疑人实施了已决案件的犯罪行为；要么是案件中的“被害人”意外出现表明案件的证据链上出现了严重错误，从而认识到案件中的“罪犯”并非真正的作案人。实践中除了这些偶然性因素，也有一部分案件是依靠当事人持续不断的申诉，最终引起司法机关的重视，进而启动再审程序对原审判决的错误予以纠正的。如朱某某案，朱某某出狱后收集了一系列证据证明鉴定有误，要求鉴定机构撤回错误鉴定，最后启动再审程序对错案进行了纠正。

① 参见陈永生：《我国刑事误判问题透视——以20起震惊全国的刑事冤案为样本的分析》，载《中国法学》2007年第3期。

司法鉴定作为科学证据，应当具备了严谨的科学性，但也不能保证其绝对的正确。首先，司法鉴定本质上属于科学的范畴，其水平与科学技术的发展程度息息相关。科学本身具有不确定性，人的认识是有限的，司法鉴定依据的科学原理和专业知识也受到时代的局限，有些科学问题在目前确实无法得出确切、统一的结论。其次，鉴定意见本质上是鉴定专家的主观认识，不同鉴定人的水平存在差异，再加上很多客观因素的影响，如检材的保存、鉴定设备等，都可能影响最后鉴定结果的准确性。近年来，美国至少出现了三起因血迹证据而导致的冤案。2009 年，美国科学院曾发文表示："血迹分析存在着不确定性。"他们认为血迹专家的意见往往主观性大于科学性。这一问题在 1995 年美国的一个案件中得到了反映。1995 年 3 月 14 日深夜，沃伦报警称他的妻子朝自己开了一枪。警察到达现场时，沃伦的妻子邦妮已经死亡，沃伦仍在重复地进行抢救。警察对现场展开了勘察，完好的门窗排除了入室行凶的可能。尸检结果显示邦妮的尸体并无其他暴力伤害的痕迹，法医认为邦妮死于自杀。但一位血迹鉴定专家贝维尔认为是沃伦近距离射杀了邦妮，其作为反方的专家证人在庭审中提出沃伦当时身穿的血衣上左肩的血迹不是在进行紧急救护时而是在近距离射击时喷上的。因为如此细小的血点是因为血液在"高速喷发"，即是在近距离枪击时造成的。因为这一证据的出现，陪审团最终认定沃伦有罪。但是参与这起案件的警官吉姆一直对贝维尔的血迹分析理论持怀疑态度，具备丰富现场调查经验的他认为，心肺复苏术（甚至是流鼻血）也一样能在 T 恤上留下血斑，吉姆后来找到另外两位血迹专家安妮塔和赫伯重新分析了这起案件，他们一致认为贝维尔的证词有误，"血迹小于 1 毫米，并非一定由枪击导致。面积较小的血斑也有可能是由心脏复苏术或肺部刺穿后的呼吸引发"。两位专家的意见使得这一案件重新提交审理。这种排除问题鉴定的方式大多出现在社会影响较大的热点案件中。我国尚未建立机制化的错鉴发现方式。客观地来说，对于错误鉴定，不可能完全避免其发生，只能一方面通过加强预防、及时发现并纠正来保证鉴定的准确，一方面通过加强诉讼过程中对鉴定意见的审查判断，阻断错误鉴定对案件审判的影响，保证司法公正的实现。

第二部分　实践中司法鉴定制度存在的问题及原因

一、司法鉴定的启动（委托）程序问题

司法鉴定的启动与否关系到当事人的权利能否实现，也关系到职权机关能否查明案件事实。因此，对此程序问题的讨论特别有价值。

（一）司法鉴定启动（委托）程序的法律规定问题

司法鉴定启动权与诉讼程序紧密连接，它是司法鉴定制度展开的开端，而目前委托权问题是我国司法鉴定程序规范化改革的重点，是使司法鉴定程序规范化、法律化的逻辑起点。尽管司法部出台的《司法鉴定机构登记管理办法》《司法鉴定人登记管理办法》对鉴定机构、鉴定人的监督与管理、法律责任、权力与义务、回避问题等做出了规定，但其本质上为行政管理，是从管理体制角度来规范司法鉴定的，解决的是由何种机构、何种人员依据怎样的程序进行鉴定的问题。但鉴定人员究竟是否按照鉴定程序具体实施鉴定，无从得知。现行各诉讼法对于鉴定的启动、实施和使用程序的规定又过于原则，无论是仅从行政层面规范鉴定活动，还是只是粗线条地规范鉴定活动，而不针对鉴定的细节特点设立专门的程序性规范，均不能切实保障鉴定意见的证据效力。[①] 在鉴定人的行为规则、鉴定的程序规范、鉴定标准以及审查判断标准尚未统一甚至存在着严重缺失的情况下，鉴定程序虽属于诉讼程序的一部分，但其目前基本上还是行政化运作方式，不利于保障当事人的诉讼权利。可见，司法鉴定未被完全纳入诉讼程序轨道，与诉讼活动要求的中立性存在一定距离。

---

① 参见李学军：《程序和实质：鉴定结论发挥证明作用的双重保障——以物证鉴定为例》，载《法学家》2008 年第 2 期。

为完善司法鉴定程序，着力解决实践中的突出问题，司法部于2016年3月2日修订了《司法鉴定程序通则》，2016年10月发布的最高人民法院《关于民事诉讼证据的解释（征求意见稿）》，最高人民法院、司法部联合发布的《关于建立司法鉴定管理与使用衔接机制的意见》中纷纷就鉴定委托权问题做出规定。从其规定来看，虽针对实践中的问题有所回应，但仍存在许多问题尚待解决。

1. 刑事诉讼中的鉴定启动权分配

鉴定意见作为现代诉讼活动中的“证据之王”，对案件事实认定具有不可低估的作用，甚至在死刑案件中往往扮演着“一鉴定生死”的重要角色。[①] 尽管鉴定意见没有天然的证明效力，但其对案件事实认定的决定性作用不容小觑。然而因刑事诉讼中鉴定启动权分配在当事人与办案机关之间存在本质差别，以至于影响了鉴定启动的科学性。办案机关拥有强势的鉴定启动权，可以依需要随时启动鉴定。如《公安机关办理刑事案件程序规定》第239条规定，为了查明案情，解决案件中某些专门性问题，应当指派、聘请有专门知识的人进行鉴定。第245条规定，对于鉴定人已经做出的鉴定意见，在符合一定条件时，经县级以上公安机关负责人批准，应当补充鉴定。第246条规定，对于鉴定人已经做出的鉴定意见，在符合一定条件时，经县级以上公安机关负责人批准，应当重新鉴定。从上述规定可以看出，县级以上公安机关可依职权需要启动鉴定、补充鉴定，且可由内设机构实施鉴定。另外，第243条规定，对经审查作为证据使用的鉴定意见，公安机关应当及时告知犯罪嫌疑人、被害人或者法定代理人。第244条规定，当事人对鉴定意见有异议提出申请的，可将鉴定意见送交其他有专门知识的人员提出意见。由此可知，公安机关对鉴定机构及鉴定人的选择拥有绝对控制力，在启动鉴定的过程中，当事人不被允许参与鉴定过程，且不享有对鉴定人的选择权，申请回避等保障当事人诉讼权利的方式也就无法得到有效实施。此外，当事人可对侦查机关给出的鉴定意见提出异议，但该异议需经公安机关负责人批准后才能补充或重新鉴定，当事人未享有相应的救济权利。

---

① 参见沈臻懿：《〈死刑案件证据规定〉第23条的诠释与解读——以鉴定意见审查判断为视角》，载《犯罪研究》2011年第2期。

检察机关在鉴定启动权问题上同样拥有绝对优势。《人民检察院刑事诉讼规则（试行）》第247条规定，人民检察院为了查明案情，解决案件中某些专门性问题，可以进行鉴定。第248条规定，鉴定由检察长批准，由人民检察院技术部门有鉴定资格的人员进行。必要的时候，也可以聘请其他有鉴定资格的人员进行。第252条规定，检察机关可自行决定补充鉴定或重新鉴定。第253条规定，当事人享有申请重新鉴定、补充鉴定的权利。

公安机关、检察机关、司法行政部门对鉴定程序均存在专门规定，但未成体系化规范，分散于司法行政部门的《司法鉴定程序通则》、最高人民检察院的《检察机关鉴定规则》、公安部的《刑事技术鉴定规则》之中。当规定之间发生冲突时，如何取舍莫衷一是。在鉴定启动权问题上，三机关保持了高度一致性，都明确了不同主体间的鉴定启动权分配的差异性。侦查机关、检察机关、法院都有权启动鉴定，但当事人不享有启动鉴定的权利，仅享有补充鉴定和重新鉴定请求权。鉴定作为一种特殊的证明方法，关系着当事人的举证权以及实体权利的实现。如果将办案机关与犯罪嫌疑人、被告人比作司法鉴定制度中的两方运动员，忽略两方实际进行司法鉴定的实力差异，仅就其所处跑道的起点位置而言已是相差甚远。尽管侦查机关在侦查犯罪过程中对查明事实、固定证据迫切要求及时性，但这并不意味着侦查机关在启动鉴定中的一方独大具有正当性。如《法国刑事诉讼法典》第156条及第186条规定，预审法官可以依职权作出进行鉴定的命令；共和国检察官或一方当事人可以提出鉴定要求。《意大利刑事诉讼法典》第224条规定，法官可主动裁定进行鉴定。[①] 侦查机关、检察机关共同享有鉴定启动权可能产生很多问题，最令人担忧的是，在胜诉欲的追求中，揭露犯罪、指控罪犯可能异化为说谎。关注当事人的鉴定启动权是目前刑事司法鉴定制度改革必须面对的问题。当事人在鉴定启动上与职权机关的较大落差，致使一些案件本应鉴定而未进入鉴定程序，以至于有利于犯罪嫌疑人的无罪、罪轻的信息被忽略，案件事实难以查清，影响司法公正的实现。如何平衡当事人与办案机关的鉴定启动权，学界对此存在不同意见。

有观点认为，可以引进英美法系的对抗制精神，规定控辩双方均可自

① 参见黄维智：《司法鉴定的启动模式》，载《人民检察》2004年第5期。

由委托鉴定人而无需法官批准，赋予控辩双方平等的鉴定启动权以弱化国家权力对诉讼的控制能力。① 然而在目前司法鉴定人员良莠不齐，行业规范和技术标准不健全，司法鉴定程序操作和结论制作不规范的情况下，由当事人或者辩方启动鉴定获取的鉴定意见的可信度易遭到怀疑。况且鉴定人出庭率普遍低下，难以对鉴定意见形成有效的质证，当控辩双方的鉴定意见出现分歧时，法官对鉴定意见的审查和判断难度就会加剧。尽管这种观点符合国外立法的发展趋势，但实践中存在诸多问题需要克服。还有观点认为，公安机关和检察机关不应再独立享有鉴定启动权，应当同当事人一样向法院申请，由法官审查、决定、委托。但在紧急情况下，公安机关、检察机关可自主决定启动。② 由法官审查、决定、委托的做法限制了侦查机关、检察机关的启动权，有利于保障鉴定人和鉴定机构的中立性，但层层审批难以满足侦查活动的及时性要求。此时，紧急情况下允许侦查机关自行决定对收集到与本案有关的证据进行鉴定的例外极有可能异化为常态，出现“换汤不换药”的改革困境。我们认为，吸收英美法系的对抗精神从而削弱现有的强职权主义具有重要意义，因而采取限制性赋权的角度进行改革符合实践要求。从控辩双方平等、维护司法公正的现实需要、提高司法效率的要求来看，在特殊情况下应赋予当事人鉴定启动权，如在关系到被告人生命和长期人身自由的重刑案件、有重大社会影响、涉及特别复杂专业问题的案件中，应允许当事人申请启动鉴定。③ 对于职权机关不予启动的，当事人应有获得救济的权利。

2. 民事诉讼中的鉴定委托权

《民事诉讼法》第 67 条规定，当事人可以向人民法院申请鉴定，由双方协商确定具备资格的鉴定人，协商不成的由人民法院指定。当事人未申请鉴定，人民法院认为需要鉴定的，应当委托有资格的鉴定人。最高人民法院《关于适用〈中华人民共和国民事诉讼法〉的解释》第 121 条规定，当事人申请鉴定的事项与待证事实无关联，或对证明事实无意义的，人民

① 参见樊崇义、陈永生：《公正：司法鉴定制度改革与完善的最高追求》，载《中国司法鉴定》2002 年第 1 期。

② 参见谭世贵、陈晓彤：《优化司法鉴定启动权的构想——以刑事诉讼为视角》，载《中国司法鉴定》2009 年第 5 期。

③ 参见陈柏新：《赋予当事人司法鉴定启动权的构想》，载《中国司法鉴定》2010 年第 3 期。

法院不予准许。而《关于民事诉讼证据的解释（征求意见稿）》第75条规定，当事人申请鉴定，应当在举证期限届满前以书面方式向人民法院提出。申请书应当载明需要鉴定的具体事项及需要通过鉴定意见证明的事实。申请鉴定的事项与待证事实无关联，或者对证明待证事实无意义的，人民法院不予准许。第87条规定，当事人申请重新鉴定，存在下列情形之一的，人民法院应予准许：（1）鉴定机构或者鉴定人员不具备相应的鉴定资格的；（2）鉴定程序严重违法的；（3）鉴定意见明显依据不足的；（4）不能作为证据使用的其他情形。对有缺陷的鉴定意见，可以通过补充鉴定、重新质证或者补充质证等方法解决，不予重新鉴定。第88条规定，当事人就案件所涉及的专门性问题自行委托有关机构出具的意见，适用《民事诉讼法》和本解释关于书证的规定。由此可见，民事诉讼的鉴定委托程序既可由当事人申请，也可由人民法院依职权委托。对于法官依职权委托鉴定的做法，学界有观点认为，基于辩论主义的要求，应当禁止法官依职权调查证据，因而不应允许职权鉴定。此外，从尊重当事人程序主体权的角度来看，法官依职权主动委托的事项范围如果过于广泛，很可能侵蚀当事人的申请权。反对观点认为，法官依职权委托能够弥补当事人遗漏申请的情形，并且能够增强法官的判断能力，弥补专业知识的欠缺。

实际上，从河南省安阳市的调研结果来看，法院依职权启动鉴定的情况并不多见，认为法院的职权委托侵蚀当事人申请的看法在实践中并不成立，赋予法院启动鉴定的职权而至侵蚀当事人鉴定申请权的担忧是不必要的。在该课题组所统计的107件民事司法鉴定案件中，在当事人申请鉴定的107件案件中，只有4件案件未获批准，获批率高达96%，纯粹由法院依职权启动鉴定的为零。大多数情况下，当案件需要进行鉴定，而当事人没有提起申请时，法官会依法释明，指导当事人提起鉴定申请。若双方当事人均不申请，法官则会依举证责任指定一方当事人提起鉴定申请。由此，大多数鉴定启动依赖于原告或被告方的申请委托，法院依职权委托的数量较少。其中的问题在于，法官审查当事人的鉴定申请时不存在相应的标准，法官可依据案件具体情况自由裁量是否准许启动鉴定，但是在部分案件中，法官对鉴定申请的批准值得商榷。例如，在一起交通事故引发的保险纠纷案件中，投保车辆依据道路交通事故认定书、调解协议、对方车辆在异地修理厂的定损单、对方车辆驾驶人的收款凭证（52 000 元）以及保险单据提起诉讼，要求保险公司支付其已经支付给对方的车损 52 000 元。保险公司提出车辆评估申请，理由是："所赔偿52 000元车损无评估报告、无修理清单等能证明该损失客观真实的依据，仅凭其两方协议，随意性大，不能客观反映鄂 HB×××× 号车辆的损失。"人民法院接受了该申请，委托鹤壁市豫北旧机动车鉴定估价有限公司进行评估。本案的争点是车辆损失是否属实，有无必要对之进行鉴定。综合全案证据，课题组认为，本案尚未达到"需要鉴定"的程度。

第一，已经有车辆定损清单，并且该定损是受保险公司委托。卷宗附有修理厂对鄂 HB×××× 车辆的定损清单，该清单备注栏写明"受中国人寿保险公司宜城市支公司郭某某委托"。这表明：事故发生后，投保车辆驾驶人员与保险公司进行了联系，保险公司委托当地工作人员去现场勘验并办理了相关事宜。

第二，经法院调查，车辆驾驶人员与保险公司客服部经理通过电话，就车辆定损及赔偿数额进行过沟通。调查笔录相关内容是：问：通话中的郭经理是你么？答：这个声音听着不像我的声音。52 000 元苏某某给过对方了，这些是听苏某某说的，没见过对方。是给过对方，但是对方出具的手续没有盖交警队的章。刘某某是否收到 52 000 元，收条是否是刘某某打的，我们都没有调查到这个情况。

其实，法院调查人员可进一步询问郭经理的基本信息，包括其手机号码，并到通讯公司提取其通话记录。如果手机号码无误，并且通讯记录清楚显示肇事车辆司机与其通过话，那么，司机所陈述的通话内容就具有可采性。从常识判断，事故发生后，投保车辆驾驶人员一般会及时通知保险公司，除非驾驶人员肇事后逃逸或不能报案。如果事故发生在投保保险公司所在地之外，保险公司一般会委托事故发生地的保险公司人员出现场。所以，保险公司辩解赔偿对方车辆损失未取得其同意，不具有可信性。法院可以依据上述两个理由驳回保险公司车辆损失评估申请。

结合调研数据中高达 96%的鉴定申请获批率来看，法官似乎对当事人的鉴定申请"有求必应"。对此，课题组综合法官意见，总结出以下原因：一是基于对鉴定申请的认识。90%的受访法官认为，鉴定申请系当事人举证、提供证据的一种表现形式。如果对鉴定申请严格控制，既会妨碍当事人举证权利的实现，也不利于查清案件事实。二是权责不明的制度原因。即鉴定决定权到底由审判庭行使，还是司法技术辅助部门行使，抑或二者共同行使？从卷宗看，涉及民事司法鉴定的案件均有《司法鉴定案件移送表》。该表格包括“案件名称，当事人，简要案情，鉴定目的和要求，移送的鉴定材料清单，被鉴定标的物详细地址、状况，既往鉴定情况，移送单位，接收单位”等9个栏目，可谓十分详细。从这些栏目可以推断出，设计该表格的初衷是移送单位（案件审理部门）进行初步审查，接收单位（本院司法技术辅助部门）作出最终决定，二者共同把关。但在司法实际中，二者共同负责的制度却演变为二者均把关不严，业务庭依赖司法技术辅助部门，毕竟司法技术辅助部门的主要职责之一就是审批鉴定申请，而后者因人员严重不足、审查能力有限等因素，一般遵从业务庭的意见。三是避免当事人投诉或者信访的动机。如果严格审查当事人的鉴定申请，无疑会有一些申请未能获得批准。未获批准的当事人可能会向庭长、院长投诉，过激者还会四处信访，由此给承办法官带来汇报、解释、接访等诸多负担。因此法官会尽量同意当事人的鉴定申请。

在确定鉴定机构的过程中，原被告之间的分歧较大，协商不成由法院指定的情况占绝大多数。可以说，法院对鉴定机构选择的影响是不容忽视的。

3. 行政诉讼中的鉴定启动权

实践中，行政执法领域内进行鉴定的案件不在少数，如食品药品安全案件、工程质量案件、产品质量案件、酒驾案件中都存在着行政机关制作鉴定意见、检验报告的情况。但《行政诉讼法》中未对鉴定启动程序作出具体规定。一般来说，被告向人民法院提供的在行政程序中采用的鉴定意见，应当载明委托人和委托鉴定的事项、向鉴定部门提交的相关材料、鉴定的依据和使用的科学技术手段、鉴定部门和鉴定人鉴定资格，并应有鉴定人的签名和鉴定部门的盖章。通过分析获得的鉴定意见，应当说明分析过程。原告或第三人有证据或有正当理由表明被告据以认定案件事实的鉴定意见可能有错误，在举证期限内书面申请重新鉴定的，人民法院应予准许。当事人对人民法院委托的鉴定部门作出的鉴定意见有异议申请重新鉴定，提出证据证明存在资格缺失、鉴定程序严重违法、鉴定结论明显依据不足、经质证不能作为证据使用等其他情形之一的，应予准许。对有缺陷的鉴定意见，可以通过补充鉴定、重新质证或者补充质证等方式解决。由上述规定可以看出，法院、被告享有鉴定启动权，原告或第三人享有申请重新鉴定、补充鉴定的权利。目前，将行政鉴定纳入刑事证据使用已不存在较大争议，但原告或第三人鉴定启动权的缺失却是需要关注的。

根据一些部门规章或文件的规定，当事人在部分行政鉴定中享有直接申请复检、复验的权利。如《烟草产品鉴别检验管理办法》第 24 条规定："委托方对鉴别检验结论有异议的，应在收到鉴别检验报告之日起 15 日内向原鉴别检验机构申请复检。"而在另一些行政鉴定中，当事人对行政鉴定不服的，只能在行政行为的救济中提出。如根据《食品药品行政处罚程序规定》的相关规定，当事人对食品药品监督部门作出行政处罚决定所依据的行政鉴定不服，只能在对行政处罚的复议或行政诉讼中一并提出意见，并请求在复议或诉讼中进行重新鉴定，而无权单独申请重新鉴定。[①] 以酒驾为例，血液检测结果是判断酒驾与否的关键证据，但实践中存在着多次酒驾鉴定意见相互冲突的情况。2009 年五河县曾发生一起两辆货车相撞的交通事故，其中一辆货车的驾驶员王某当场死亡。当地交警部门将王某的血样送到县医院进行化验，其静脉血中检出乙醇含量为 22.1mg/100ml，根据公安部门的酒驾标准，鉴定为酒后驾驶。另一方驾驶员静脉血中检出乙醇含量为 2.2mg/100ml。对于这一鉴定结果，王某家属提出质疑，认为王某对酒精过敏，不可能会酒后驾驶。王某家属强烈要求交警部门复检，在家属参与下，王某再次被提取血样，送往省疾病控制中心进行鉴定，结论为该血样乙醇含量为 3.0mg/100ml，即王某没有酒驾。此次血样的主检医生表示，王某已经死亡，遗体中的血液相对凝固，所以提取血样进行检测的结果一般来说不会出现较大差异，而两次抽血检测乙醇含量截然不同，他也无法解释。该案充分显示了在多数行政鉴定中，当事人由于缺乏鉴定启动权，不仅难以启动鉴定，而且也难以对存在异议的鉴定意见提出有效质疑，只能寄希望于行政机关复检。即使进入诉讼程序后向法院申请获得

① 参见董坤、纵博：《论刑事诉讼中行政鉴定证据的使用》，载《河南大学学报（社会科学版）》2015 年第 4 期。

准许，但检材的质量可能因时间的推移发生了变化。尤其在酒驾案件中，驾驶人员喝水稀释体内酒精含量以及随时间推移自行挥发等因素，都会影响体内酒精含量，此时鉴定意见的证明力会被极大地削弱。行政执法中的鉴定启动问题值得进一步探讨。

（二）司法鉴定启动（委托）过程中存在的问题

1. 刑事诉讼中的鉴定启动

（1）应当启动而未启动鉴定

刑事诉讼中，当事人只能对已有的鉴定意见申请重新鉴定、补充鉴定，当法院拒绝该请求时，不需要说明理由且无任何救济途径，当事人只得被动接受或通过上访表达不满。即使补充鉴定、重新鉴定的申请得到支持，当事人也难以参与到鉴定过程中。办案机关单方面启动，鉴定程序又不甚透明，这种情况下获得的鉴定意见难免遭到当事人怀疑，继而衍生不断申请的问题。但有些案件中，启动了鉴定也会招致公众怀疑。例如，南京宝马案中即存在着鉴定启动的争议。有观点认为，结合肇事者王季进被抓后的异常表现，其平时是否存在精神疾病值得鉴定，但还有观点认为，王某家庭背景对鉴定意见有影响，担心“急性短暂性精神障碍”成为减罪“神器”。不可否认，在该案中，警察委托医疗机构进行鉴定、向被害人家属通报鉴定意见都严格遵照了法律规定，但这并不意味着可以因此自然消除公众的疑问。司法鉴定的专业判断逻辑可能与公众的常识存在冲突，但鉴定过程的公开化、透明化，尤其是鉴定方法、鉴定标准等重要环节的公开是回应质疑、消除猜忌的最佳方式，以此强化鉴定过程的正当性。

总体来看，办案机关的启动权相对强势，不需要考虑当事人的意愿。即使确实存在鉴定的必要，办案机关或是出于对定罪的自信，或是急于打击犯罪坚持认为不需要鉴定，都会导致错失鉴定时机。在缺乏鉴定意见支持的情况下对被告人定罪量刑，对案件事实的认定错误可能造成误判。当事人无权自行委托鉴定，难以对既有的鉴定结果提出有效质疑，诸多冤假错案的发生与当事人鉴定启动权的缺失不无关系。

鉴定的缺失并非必然导致冤案的发生，但对于严重犯罪，鉴定关系着案件事实认定的核心问题，不应缺位。在办案机关垄断启动权的情况下，当事人要求鉴定的意见得不到应有的重视，由于重要的客观证据未进行鉴定，这在很大程度上会影响案件事实的认定。在处理命案或其他可能被判处无期、死刑的案件中，是否可将司法鉴定作为认定案件事实的必经程序，这种做法是否能够更加有效、准确地查明案件事实，值得我们进一步探究。如果鉴定的启动与否仅根据侦查机关、检察机关追诉犯罪的需要进行判断，则极易忽视犯罪嫌疑人、被害人的鉴定启动权，难以完全发挥鉴定制度的价值，甚至加大产生冤假错案的危险。此外，刑事诉讼活动的价值并不是单一地追诉犯罪，保障人权也是其重要价值之一。司法鉴定除了是证明犯罪事实的证据外，也应当是侦检机关收集犯罪嫌疑人、被告人无罪、罪轻证据的手段，更应是实现程序公正的需要。然而侦查机关和检察机关出于职权性的倾向，往往忽视搜集对被追诉人有利的证据，忽视了犯罪嫌疑人、被告人在此方面的正当权利。

此外，当事人的鉴定启动权对被害人的权益保障也有着重大意义。如在林某某案中，铁哈公安局直属公安处警察大队副大队长齐某、肇东市公安局民警李某、铁哈公安局指挥中心民警刘某某等六名民警在某酒吧门前，与林某某等几名青年发生口角进而厮打，事件导致林某某死亡，由于涉案主体是警察，身份较为特殊，一时间备受社会关注。哈尔滨官方通报会上，警方说林某某跑到地铁工程铁板护栏处后死亡。死者家属强烈要求进行鉴定，哈尔滨公安局通过黑龙江公安厅邀请了国内权威的鉴定专家，在不影响办案要求的前提下，充分尊重了死者家属对鉴定人选的要求。鉴定结果表明林某某是由于面部遭受钝性型外力作用，引起蛛网膜下腔出血而死亡。这一鉴定意见完全排除了之前摔死或其他原因的可能性，获得了家属的认同。哈尔滨市中院以故意伤害罪判处齐某无期徒刑，剥夺政治权利终身，判处刘某某有期徒刑十二年，剥夺政治权利两年，二人共同赔偿被害人家属经济损失334 534元。以故意伤害罪依法判处杨某有期徒刑三年，赔偿被害人经济损失 37 245.11 元。司法鉴定意见为法院认定事实提供了证据依据，维护了司法公正。

(2) 精神病司法鉴定的启动问题

邱某某案与前述案件有所差异，其杀人事实不存在疑问，案件起因也十分清楚。邱某某怀疑自己的妻子与道观主持有不正当关系，心生报复之念，残忍杀害数十人，并在逃亡过程中接连杀人。一审法院以故意杀人罪判处其死刑。问题在于判决作出后邱某某之妻向陕西省高院写信称邱兴华有精神病史，请求对邱某某进行司法精神病鉴定，但未能获得答复，二审最终在未进行精神病鉴定的情况下判决并执行了死刑。案发后不久，精神病专家刘锡伟根据媒体报道的作案情节推测邱某某很可能是一个精神病人，应对之进行司法精神病鉴定，但犯罪心理学专家李玫瑾教授认为邱某某只是变态人格，不是精神病人，因此其具有刑事责任能力。2006 年 11 月 30 日的《南方周末》更是大篇幅地报道了邱兴华的精神病家族史及其生活中的异常表现，拥有司法精神病学硕士，具有多年精神病学鉴定经验的作者陈志华律师也倾向于刘锡伟的意见。2006 年 12 月 11 日，中国政法大学法学院教授何兵、中国政法大学法学院教授龙卫球、清华大学法学院副教授何海波、中国青年政治学院副教授周泽等几位法学家深刻反思现行的司法鉴定制度，从保障人权和被告人辩护权的角度出发，呼吁司法部门为邱某某启动司法精神病鉴定。由于当事人无权自行启动精神病司法鉴定，只得向法院申请，而法院在何种情况下准许，何种情况下不准许没有确定的标准，拒绝当事人的申请后也没有说明理由，更没有设置相关的救济程序。五位法学家的公开信中指出："将是否进行鉴定的决定权绝对地赋予检察官、法官，是一种极其危险的机制……被告人依法享有辩护权，享有提供证据的权利。只要有合理怀疑，申请鉴定就应当是被告方的当然权利，尤其是死刑案件。"一些具有专业知识的医学专家尚对其是否有病争论不休，法官如何能够自主地对其是否有精神病做出直接判断呢？启动精神病鉴定对于司法人员而言并不仅是鉴定开始的环节，一旦启动鉴定，相当比例的被告人可能被减免刑事责任，且"有病"和"没病"两个相反的鉴定意见出现时，法官如何认定也意味着巨大的压力，这就衍生出部分办案人员"可鉴定可不鉴定的，尽量不鉴定"的思维模式。实践中，精神病鉴定多为无病推定，假设前提是犯罪嫌疑人、被告人神志清楚，这样有利于追究犯罪嫌疑人、被告人的刑事责任。多数精神病鉴定都是由侦查机关启动鉴定的，在审判阶段启动较少。原因在于法院认为，侦查、检察机关既然已经进行了双重把关，都未启动鉴定，法院也不宜轻易启动鉴定。这样一来，基层法院启动精神病鉴定的较少，相比之下中院启动精神病鉴定的较多，不仅包括省级人民法院发回重审的情形，还包括庭审中辩方要求的情形。

庭审时如果辩方提出精神病鉴定要求，则需要提交有关被告人家族史、病史及周围邻居的证明材料（发案前后有无异常举动）等以供法官参考，除此之外还需由审判委员会进行讨论决定。[①] 涉及精神病鉴定的案件中，杀人案件占多数，而这种人命关天的案件往往案情重大，行为人很可能被判处死刑，社会关注度高，同时还存在着来自情绪激动的被害人家属的压力，因此辩方对启动鉴定的申请需要经过法官的深思熟虑。此外，事后精神病人的安置存在困难，一方面行为人进入精神病院治疗后的医药费无人支付；另一方面被害人家属强烈要求惩罚被告人的情绪无法得到满足。如果没病而装得有病，达到以假乱真的程度，则极有可能放纵犯罪。如北京陈某装病案中，陈某在要求父亲将房子过户到自己名下遭拒后持刀砍死父亲，砍伤母亲。案发后，陈某为了逃避法律处罚曾装精神病，以致被鉴定为精神分裂症。被治疗 23 天后，他坦白了装病事实。2014 年 3 月 7 日，房山市公安分局委托中国政法大学法庭科学技术鉴定所对陈某的刑事责任能力进行重新鉴定，重新鉴定后认定陈某具备完全刑事责任能力。当多次鉴定后得出了不一致的鉴定结果时，更令法官为难。

在 2015 年的南京宝马案中，被告人王某某驾驶的宝马轿车突然加速，速度达到 195.2 公里/每小时，闯红灯通过路口时撞上了一辆正常转弯行驶的马自达轿车，导致马自达轿车上的司机与两名乘客当场死亡。犯罪嫌疑人在事故发生前曾打电话报警称自己要被人陷害，后被警方讯问过程中胡言乱语。根据犯罪嫌疑人肇事前后的异常表现，王某某妻子委托辩护律师申请鉴定，南京警方和秦淮区检察院都认为需要鉴定，委托南京脑科医院司法鉴定所对王某某是否患有精神疾病，作案时是否具有刑事责任能力进行鉴定。随后，该鉴定所出具了司法鉴定意见书，鉴定意见为王某某作案时患急性短暂性精神障碍，评定犯罪嫌疑人为限制刑事责任能力人。由于涉案人事发时精神病是否发作，对案件定性及定罪量刑影响至关重要，鉴定结果一经做出，即引发了舆论的热烈探讨。有声音认为，该案启动鉴定充分尊重了犯罪嫌疑人的诉讼权利。办案机关结合犯罪嫌疑人的行为表现，认为犯罪嫌疑人举止异常，疑似存在精神疾病，其家属及律师强烈要求对

---

① 参见陈卫东：《反思与重构：刑事证据的中国问题研究》，中国人民大学出版社 2015 年版，第 521 页。

该问题鉴定，并最终成功启动了精神病鉴定。具有法定资质的鉴定机构做出鉴定后，认定其为限制行为责任能力人，避免了重蹈先定罪后纠正的覆辙，从司法鉴定规范化的角度来看无疑是成功的典范。但也有舆论质疑该鉴定结果是否客观、公正。由于司法精神病鉴定的技术问题过于神秘，不够透明，难以防止存在正常人冒充精神病患者逃避法律制裁的情况。该案中肇事司机极有可能故意装病，误导鉴定人认为其作案时患急性短暂性精神障碍，从而获得对其有利的限制刑事责任能力的认定结果。

由此可见，社会舆论对于是否应该启动精神病鉴定的问题上存在较大分歧，这也从侧面印证了办案机关在启动精神病鉴定时谨小慎微的态度是存在一定道理的。学界针对精神病鉴定的启动问题，存在两种意见。一种是打破现有办案机关垄断启动权的局面，不管精神病鉴定过程中是“有病推定”还是“无病推定”，都应视情况给予被追诉者启动鉴定的权利。赋予当事人启动权，有利于实现控辩平等原则。另一种是基于现有职权主义的启动模式，尽管不给予当事人鉴定启动权，但应进一步细化司法人员对启动鉴定的程序和条件。

对于精神病鉴定的启动，最高人民检察院发布的《人民检察院刑事诉讼规则（试行）》作出了变化。该规范第253条规定，犯罪嫌疑人的辩护人或者近亲属以犯罪嫌疑人有患精神病可能而申请对犯罪嫌疑人进行鉴定的，鉴定费用由请求方承担。第367条明确了犯罪嫌疑人的辩护人或者近亲属以犯罪嫌疑人可能患有精神病而申请对犯罪嫌疑人进行鉴定的，人民检察院也可以依照本规则的有关规定对犯罪嫌疑人进行鉴定，鉴定费用由申请方承担。这些变化意味着司法精神病鉴定的启动权不再仅由司法人员掌控，辩方也有机会按照程序正常启动精神病鉴定，松动了此前司法人员主导精神病鉴定权限的审慎态度，缓解了精神病鉴定启动难的问题。这一转变不仅拓宽了行为人是否存在精神病的事实探求路径，更体现了对犯罪嫌疑人自由、正当权利的重视。我国目前共有司法精神病鉴定人千人左右，而司法鉴定人每年鉴定案件量有30～40件，也就是说年均刑事案件鉴定量最高达到3万件上下，而就目前我国死刑案件（含死刑立即执行与死缓）的总量情况观之，强制要求所有死刑案件均进行精神病鉴定不具有现实可行性。[①] 因此，对任何可能判处死刑的案件都启动精神病鉴定是没有必要的，否则我国司法鉴定将面临不可承受之重。此外，为保证精神病鉴定的有序进行，应细化当事人启动精神病鉴定的条件，以此限制司法机关在启动问题上的自由裁量，如当行为人曾患有精神病、进行过精神病治疗或存在精神病家族病史时，司法机关应同意当事人的鉴定申请，使司法精神病鉴定由司法机关的选择演化为一种职责，从而有效预防司法机关的不作为，以当事人看得见的程序正义的方式，增强社会对司法公正的信任。

（3）自诉案件中的鉴定启动问题

目前的研究对鉴定启动权的关注主要集中在公诉案件，而自诉案件的鉴定委托权问题未受到重视。然而自诉案件要求被害人有证据证明是轻微刑事案件或有证据证明对被告人侵犯自己人身、财产权利的行为应当追究刑事责任，而公安机关或检察院不予追究被告人刑事责任。如果当事人不享有鉴定启动权，如何能够获得起诉的必要证据，如何证明自己的案件符合自诉案件的起诉条件？可见，在自诉案件中，自诉人及其律师司法鉴定委托权的缺失与自诉制度的运作存在逻辑缺陷，自诉制度缺乏可操作性。即便是已经受理的自诉案，也基本以自诉人的自诉请求被驳回或自诉人主动撤诉而使案件告终。[②]

2. 民事诉讼中的委托权

一般而言，民事诉讼的鉴定类型主要包括：第一，鉴定类，主要集中在伤残鉴定、医疗鉴定、笔迹鉴定。第二，评估类，如房屋价值评估和房屋面积测量。

《民事诉讼法》第 76 条规定，当事人可以就查明事实的专门性问题向人民法院申请鉴定。当事人申请鉴定的，由双方当事人协商确定具备资格的鉴定人；协商不成的，由人民法院指定。民事诉讼与刑事诉讼不同，不会受过多国家公权力、公共政策等外在因素的影响。在确立当事人主义诉讼模式的改革方向后，民事诉讼即应当充分保障当事人双方的平等对抗。民事诉讼当事人相较于刑事诉讼当事人而言，委托鉴定的权利受限较少，

---

① 参见陈卫东、程雷：《司法精神病鉴定基本问题研究》，载《法学研究》2012 年第 1 期。

② 赵雪华：《确立律师代理刑事自诉案件的司法鉴定委托权》，载《中国司法鉴定》2007 年第 6 期。

这并不意味着当事人享有直接启动鉴定的权利，而是采用了当事人主义为主，法院职权主义为辅的模式。该条规定是以法律的形式明确赋予了民事诉讼当事人鉴定的申请与委托权，改变了原来只有人民法院具有鉴定启动权的情形，并且将当事人的启动权视为鉴定启动的重要形式。[①] 但需要明确的是，当事人对鉴定的申请仍需法院的审查，并非一经申请即享有鉴定权。当事人享有的这一有限启动权，是对当事人主体地位的尊重，有利于当事人之间进行平等对抗和充分举证，增强了当事人在鉴定问题上的对抗性，契合了我国民事诉讼制度的改革方向，而且有利于防止当事人滥用鉴定权，进行不必要的鉴定。无节制的鉴定容易拖延诉讼进程，甚至干扰法官对案件事实的判断。此外，当事人未申请鉴定，人民法院对专门性问题认为需要鉴定的，应当委托具备资格的鉴定人进行鉴定。这一规定是为了弥补意思自治可能产生的缺陷，如经济条件差的当事人无力启动鉴定时，法院依职权启动能够避免漏鉴的情况。由此可见，民事诉讼的当事人具有优先于法院选择鉴定人的权利，当事人双方均可申请鉴定，申请的目的必须是为了查明事实。

赋予当事人鉴定启动权是基于“谁主张，谁举证”的考量，通过鉴定证明有关事实，支持自己的诉讼主张，当事人对于专门性问题申请鉴定是其举证权、处分权等诉权实现的途径，有利于提高其对鉴定意见的信赖程度。例如，某房地产开发有限公司与某环保科技有限公司签订了《太阳能热水器工程施工合同书》。双方约定，环保科技公司承包房地产公司开发的某居住区工程中太阳能热水系统工程的制作安装，交付之后该系统中的太阳能储水罐出现质量问题，经多次修复仍不能解决。经房地产公司申请，当地法院依法委托华碧司法鉴定所对于涉案太阳能热水工程中太阳能储水箱质量是否符合国家或合同约定的质量标准进行了鉴定。经检测，司法鉴定意见认为涉案太阳能热水工程中太阳能储水箱未安装有阴极防腐蚀防护设施，严重不符合国家标准的质量要求，且该批产品质量不合格系产品制造方原因造成。最终法院判决，被告环保科技公司赔偿原告经济损失 324 万及利息。鉴定意见作为证据，具有左右案件审理结果的功能，当原被告

① 吴高庆、齐培君：《论民事司法鉴定制度的修改与完善—以新〈民事诉讼法〉为视角》，载《中国司法鉴定》2012 年第 5 期。

双方的利益对立严重时，鉴定意见往往成为争议焦点。但这并不意味着法院准许当事人委托鉴定的申请有百利而无一害。如，在一民间借贷案件中，当事人为拖延诉讼坚持要求进行签名真实性或公章真实性的鉴定，然后在鉴定过程中以各种理由拖延不交鉴定样本，待鉴定意见作出后又撤回鉴定申请，[①] 类似这种当事人要求启动鉴定并非是以完成举证为目的，而是拖延审理进程的情形时有发生。因此，在保障当事人鉴定启动权的同时也要警惕这一权利的滥用，避免造成诉讼拖延和司法资源的浪费。

鉴定机构的水平差异是客观存在的，只有保证当事人的自主选择权才能切实避免争议的产生。当事人对鉴定机构的选择往往会出于实现自己利益最大化的考量，这种选择权的赋予充分体现了对当事人的处分权、程序选择权和举证权的尊重。但在这种委托方式下，还存在着启动随意性及启动权难以保障的问题。具体而言：

首先，对启动鉴定的目的审查存在着规定不明的情形，即对是否是“专门性问题”的判断由法官进行把握，而不加以明晰，法官自由裁量权过大可能会走向两个极端，一方面可能会无理由地拒绝当事人的鉴定请求。当法官对当事人的鉴定请求不予支持时，当事人只得接受，没有其他的救济途径，申请人难以对法官形成约束，当事人自行鉴定的效力远远小于法院委托鉴定的效力，从而阻碍了当事人举证权的行使。甚至有可能会引发当事人暴力闹鉴事件，以较为极端的方式表达对鉴定意见的不满。另一方面，将鉴定事项推给当事人，不严格审查当事人的申请，忽略了当事人自行委托鉴定的风险，放弃启动鉴定的审查权，无法确保鉴定意见的客观真实性。当事人享有自行委托鉴定的权利，是当事人举证权的体现。但鉴定人与当事人之间存在的委托关系，容易使鉴定人当事人化。在金钱利益的驱使下，鉴定人可能会故意做出有利于委托人的鉴定意见，因此应明确司法鉴定的提出主体、提出方式、提出时限、举证责任、审查标准、审查方式以及决定鉴定的时限、方式等一系列程序性事项。此外，还应对当事人、专业鉴定机构以及法院违反鉴定程序所应承担的法律责任和法律后果做出明确的规定，以期能够达到有法可依的目的和效果。一般来说，在利益冲

① 参见亓纪：《民事诉讼中司法鉴定制度失能原因分析及出路探讨——以北京市朝阳区人民法院近五年对外委托司法鉴定案件为样本》，载《法律适用》2013 年第 11 期。

突的情况下，一方当事人不会接受对方委托的鉴定意见，一旦另一方当事人提出质疑并申请重新鉴定的，法院即准许其重新鉴定，这样一来，申请重新鉴定便成为表达异议的常态，异化为无休止的重复鉴定。

其次，需厘清重新鉴定与重复鉴定的界限，重新鉴定不等同于重复鉴定。从理论上来讲，就某一鉴定事项应存在唯一的结论。但实践中，同一鉴定事项经不同机构或同一机构的鉴定人鉴定后，可能得出不同的结论。之所以出现这种情形，关键在于鉴定人对科学方法的把握、科学原理的运用、科学仪器的操作都或多或少都会受到个人主观因素的影响，这种主观因素的存在使得最终结论可能略有不同，甚至可能截然相反。鉴定的实质运作及鉴定意见的形成过程决定了即使予以鉴定极其严格、细致、权威、一致的行政及程序管理，鉴定意见也不可能做到绝对唯一。[①] 结合李逢春案来看，李逢春因错误的鉴定意见被错关了 341 天。辩护方不享有鉴定启动权，因此丧失了通过自主鉴定证明无罪、罪轻的途径，其只能对已有的鉴定意见提出重新或补充鉴定的申请。好在辩方对鉴定提出的质疑受到法官的采纳和检察官的重视，获得了重新鉴定的机会，且重新鉴定的取样、送检过程均有其辩护律师的身影，保障了其程序参与权，为其洗刷了冤屈。在重新鉴定的过程中，允许律师参与有利于监督鉴定程序，显示了当事人参与鉴定过程的重要性。然而当事人的参与权也应当是有限度的，否则会阻碍鉴定的进行，影响诉讼效率。在未来的司法鉴定改革过程中，这是一个需要反复权衡的问题。但是，若法官出于迅速结案的需要不认为其提出重新鉴定的异议有必要，而检察机关也基于人手不够的考量不认为侦查机关的鉴定意见有问题，仅根据第一次的鉴定意见草率定案。那么不难想象，又一个冤假错案会在未知的若干年后浮现于公众面前。由此，重新鉴定能够使双方当事人在鉴定启动的过程中充分表达自己的意见和主张，是当事人表达对鉴定意见异议的合法权利，是当事人影响诉讼过程和裁判结果的机会，也是充分揭示案件事实的重要手段。

但重复鉴定则是鉴定启动的不当现象，必须加以规制，否则会影响诉讼效率，甚至成为当事人拖延诉讼的工具。所以法院对鉴定申请的审查是

---

① 参见李学军：《程序和实质：鉴定结论发挥证明作用的双重保障》，载《法学家》2008 年第 2 期。

必要的，如果能够对鉴定申请内容的审查标准进行细化，则有助于规避当事人滥用鉴定申请权的现象。《日本民事诉讼法》规定，法院对当事人的鉴定申请，若认为无须调查当事人申请的鉴定事项，或申请的鉴定事项自己能够判断，且确信依鉴定人的意见而不能变更其判断，则可以驳回申请。而考察我国台湾地区的鉴定启动程序，法官审查当事人的申请或者依职权启动鉴定的基础性条件是证据事实“有无鉴定之必要性”。[①] 同样的，在判断是否需要重新鉴定时，法院也应严格把握，对于有瑕疵的鉴定意见，应按照最高人民法院《关于民事诉讼证据的若干规定（征求意见稿）》第87条的规定，严格限制重新鉴定的条件，可以通过补充鉴定、重新质证、补充质证等方法解决的，不予重新鉴定。这说明在鉴定意见确有缺陷时，应首先判断该缺陷的严重程度。对于存在明显瑕疵的鉴定意见，当事人则享有申请重新鉴定的权利，对于可以弥补的缺陷，则应先采取其他代替性补救方式，审慎启动重新鉴定。无论哪种情况下，法官拒绝当事人的鉴定或重新鉴定的申请时，都应说明理由，给予未被准予请求的当事人以救济的权利，也可以形成对法官的约束。

例如，在一合同纠纷中，原、被告双方于2013年签订了一份《产品购销合同》。合同约定，被告保证提供的产品符合企业标准并对其质量负责，被告应于正式生产后随机抽取同一批次产品寄至原告指定的SGS检测机构认证，如果检测结果未达到约定标准，则原告有权取消订单，被告须退回原告预付定金的20%。被告确认收款后安排生产，并向原告指定的宁波市高新区恒普产品检测服务有限公司寄送了一份检测样品，该检测机构于2013年12月9日出具了检测报告，报告显示检测结果不符合合同约定。原告据此提起诉讼，要求被告返还定金。在诉讼过程中，被告提起反诉，要求原告赔偿其各种损失和违约金，并提出重新鉴定申请。在原告明确提出不同意重新鉴定并申请原鉴定机构工作人员出庭的情况下，法院同意被告重新鉴定申请。在本案中，被告提出重新鉴定申请的理由是：“原告单方伪造申请人产品质量不合格鉴定结论……申请人为证明产品质量合格，重新委托有资质的鉴定机构对本案的标的物做了鉴定，结果是全部质量合格。

---

① 宫雪：《比较法视野下鉴定启动权对诉权的保障——兼论新〈民事诉讼法〉第七十六条》，载《中国司法鉴定》2013年第1期。

由于本案中双方提交的鉴定结果都是双方自己的单方鉴定，各方对对方的鉴定结果都有异议，故申请人请求法院依照法定程序委托有鉴定资质的鉴定机构对本案双方买卖的标的物再次鉴定。”本案中，本诉原告提供的2013年12月9日的检测报告载明，此次检测样品由本诉被告提供，而且检测依据双方签订的购销合同进行，检测时间发生于合同履行过程之中、提起诉讼之前。而本诉被告提供的检测报告则发生于本诉原告起诉之后，并且检测样品未经本诉原告确认。依据这些证据，一审法院可以直接驳回本诉被告的重新鉴定申请，因为本诉被告明显有借重新鉴定拖延诉讼之恶意。另一值得重视之处在于，当原、被告协商选定的鉴定机构出具的重新鉴定意见证明本诉被告提供的产品不符合约定时，法院同意了本诉被告撤回反诉的申请。本诉被告撤诉的主要动机是少缴诉讼费（撤诉减半收取诉讼费）。我们认为，一审法院不应准许本诉被告撤诉申请，应作出本诉被告依约承担责任的判决，不仅因为其重新鉴定申请拖延诉讼进程，给对方当事人造成了讼累，而且作出承担责任的判决是树立法院权威、增强司法公信力的必要举措。同意重新鉴定申请并准许撤诉，法院的中立地位难免会遭受质疑，有司法地方化之嫌疑。

司法实践中，依当事人申请启动鉴定程序为常态，但如果只要当事人提出申请，就决定启动鉴定程序，会使司法鉴定工作失去其科学性。因此，对于当事人的鉴定申请，承办法官应当结合案件的实际情况、证据规则的运用以及诉讼的需要等进行严格审查，避免随意启动鉴定程序。同时应将司法鉴定中存在的鉴定风险，如鉴定请求不当、不按时交纳鉴定费、不能充分或逾期提供鉴定证据，以及鉴定成本、时间、费用、精力等风险明确告知当事人，并记录在卷，由其慎重考虑后再决定是否进行司法鉴定，减少当事人对鉴定的盲目性和过分依赖性，从而促使其正确履行举证责任，谨慎选择鉴定手段。此外，鉴定机构也肩负着风险告知的义务。如浙江省司法厅根据全国人大常委会《关于司法鉴定管理问题的决定》《浙江省司法鉴定管理条例》和司法部新修订的《司法鉴定程序通则》，对原《浙江省司法鉴定机构受理鉴定委托规则》进行了修订，其中之一即为健全司法鉴定机构受理鉴定时应履行的告知、引导义务：“告知并引导当事人与其他当事人共同委托司法鉴定。当事人坚持单方委托的，司法鉴定机构可受理其单方委托，但应告知当事人单方委托容易产生鉴定争议等风险。”这种风险告知有利于引导当事人与其他利益相关人共同委托司法鉴定，目的在于破解当前单方委托鉴定公信力不高的问题，促进鉴定委托、受理环节更加公开透明，减少鉴定引发的争议。[①] 如果案件需要进行鉴定，但当事人没有提起申请时，法官应依法释明。例如，在一起机动车交通事故责任纠纷中，原告赵甲骑无牌照摩托车与被告赵乙驾驶的汽车相撞并受伤。由于事发地点不属于交警管辖，该案没有责任认定书，只有出警记录、现场图和照片。在庭审中，被告辩解原告精神不正常，原告受伤是其骑摩托车撞向被告车辆所致。由于双方对事情发生经过的陈述不一致，法院询问双方是否申请对事故发生原因进行鉴定，双方都不申请。法院基于原告要求被告承担事故的全部责任的主张，将事故责任的举证责任分配于原告，限原告 7 日内提交书面申请，逾期不提交则不再进行鉴定。再如，一起无民事行为能力宣告案件中，申请人与被申请人系兄妹，申请人以被申请人患精神分裂症、丧失劳动能力为由，申请法院宣告被申请人为无民事行为能力人。法官遂对申请人释明，需对被申请人进行民事行为能力鉴定，以推动案件审理进程。

二、法院对外委托司法鉴定问题与原因

我国的司法鉴定模式在原有的职权主义基础之上，根据本国国情形成了现有的司法鉴定制度。我国司法鉴定管理体制在 2005 年改革后，人民法院除了不得设立鉴定机构外，在诉讼中依职权或当事人的申请启动司法鉴定程序尽管未有实质性的改变，其内部机制的变化对诉讼程序的影响却是不可低估的。2006 年 9 月 25 日，最高人民法院发布了《关于地方各级人民法院设立司法技术辅助工作机构的通知》（法发〔2006〕182 号）。该通知要求各级人民法院撤销司法鉴定中心，设立司法鉴定技术处（室）。司法鉴定的委托由法院司法技术部门负责。之后的十几年来，各级法院司法技术部门不仅探索了人民法院司法技术工作的展望和发展方向，极大地丰富

---

① 参见《浙江省修订浙江省司法鉴定机构受理鉴定委托规则》，司法部网站 http://www.moj.gov.cn/Judicial_identification/content/2017－03/08/content_7044393.htm? node＝74589，最后访问时间：2017 年 5 月 27 日。

了人民法院司法技术工作的内涵，有些法院甚至还创建了人民法院司法技术工作的理论雏形。基于追求司法实体正义这一目标进行设计的这一机制在运行过程中也暴露出一些影响效率和公正的弊端和问题。

诉讼中的民事司法鉴定权被分为启动权、委托权、实施权、组织监督权、质证或采信权，除实施权由鉴定人行使外其余权力由拥有司法权的一方即人民法院行使。对外委托司法辅助工作的实质是人民法院因公正与效率和内部权力制衡的需要，而进行的内部分工，即通过“审判、执行工作与其辅助工作分离”的工作机制，在人民法院内部实行司法鉴定的启动、质证采信权与司法鉴定委托、组织监督权的分离，司法鉴定的启动、质证采信权由审判庭行使，而委托、组织监督权统一由专门的委托管理部门行使。对外委托司法辅助工作的目的主要是，一是为合议庭搭建便捷高效的司法辅助工作服务渠道，确保法官集中精力办案；二是由专门的部门组织、监督鉴定，在程序上增强法院和当事人对鉴定活动的参与能力与监督力度，确保鉴定的质量和效率；三是在法官、受委托机构、当事人之间建立“隔离带”，避免不良因素的干扰。目前，法院对外委托司法鉴定机制在运行过程中暴露出一些影响司法效率和公正的弊端和问题，主要体现在以下几个方面。①

（一）法院对外委托司法鉴定机制存在的问题

1. 法院内部部门之间的不协调问题

人民法院对外委托司法鉴定要经过员额制法官团队或者主审庭室、人民法院司法技术管理部门与鉴定机构三个阶段的“层层把关”方能实现，由此产生了程序繁琐冗长的弊端。

（1）在主审庭室阶段完成的是鉴定材料的送检。根据当事人的申请或法院依职权认定，主审法官会填报相关的鉴定申请表，整理、复印相关的证据材料，随同鉴定申请书一同交付立案庭室立案受理，最终形成递交人民法院司法技术管理部门处理的送检材料。在此过程中，往往存在法院内部部门间的衔接不够紧密，法院与社会鉴定机构沟通不够通畅等问题，这

---

① 参见杨睿：《司法鉴定对外委托机制存在的问题与重构》，载河南安阳中级人民法院网站，http：//ayzy.hncourt.gov.cn/public/detail.php? id=11260，最后访问时间：2017年6月17日。

都将拖延司法鉴定的时间。

(2) 在人民法院司法技术管理部门阶段，主要工作是审核、补齐送检材料，选择鉴定项目、机构以及先期联系沟通鉴定机构，并最终出具对外司法鉴定委托书。在该阶段，极易发生送检材料不齐备、申请鉴定的当事人提供鉴定材料困难，当事人缺席、拒绝出席，当事人就鉴定项目、机构难以达成统一意见，鉴定机构拒绝接收、延迟接收委托等情况，任何一种情况的出现都不可避免地会对委托鉴定程序造成延误。

(3) 在鉴定机构阶段实现的是由鉴定机构完成鉴定工作，并最终出具鉴定意见书。在此阶段经常发生当事人就鉴定方式、鉴定费用发生分歧而拒绝、阻碍鉴定工作开展或者因对鉴定意见不满而纠缠、吵闹等现象，不但影响了鉴定机构正常的工作秩序，也导致对外委托鉴定的程序的停滞与时间的延长。因此，看似严谨快速的对外委托鉴定实质上极易因为其中任何一个环节出现的问题变得繁琐耗时、拖沓漫长，也会在不断挑战当事人耐力的同时引发新的矛盾与冲突。

人民法院司法技术管理部门虽然在对外委托鉴定中具有协调、监督的职能，但此项职能仅仅是司法技术管理职能。对于司法技术之外的案件审理，其并不负有任何责任，他们更不会考虑案件能否实现“案结事了”的理想诉讼追求。由此，当鉴定过程中出现司法技术之外的法律纠纷、社会矛盾时，人民法院司法技术管理部门没有依据，也没有权力，更没有动力予以干预、解决，而具有管辖职能的业务庭室或审判团队尽管愿意规范，却苦于对鉴定过程、鉴定技术不甚了解，由此形成了“有能力的没权管，有权力的不会管”的尴尬局面，导致有关鉴定的矛盾不断对抗激化，最终变得无法调和。其次，现有监管着重于被动地接收鉴定信息，放弃了法院调查取证职能的运用，导致无法主动监督鉴定机构的鉴定行为，鉴定活动完全闭合运作。人民法院司法技术管理部门要建立对鉴定过程予以深入严格的监管，就应该摒弃过去被动地接收鉴定信息，单纯接受鉴定意见的做法，充分发挥法院调查取证的职能，积极获取补充鉴定相关的口供物证、材料。由此不仅可以有效支持社会鉴定机构的鉴定活动，更能保证法院司法技术管理部门对鉴定情况有一个独立、全面、深入的认识，避免被鉴定机构、鉴定申请人的违法行为所蒙蔽。[①]

2. 备选鉴定机构范围问题

备选机构名册是指人民法院通过对愿意接受人民法院司法辅助工作委托的专业机构的专业资质、执业资格、业绩记录以及社会信誉情况等进行事前审查，按照公开、公平、择优的原则，编制的专门服务于人民法院对外委托司法辅助工作的专业机构名册。建立备选机构名册的目的是便于人民法院对外委托司法辅助工作时当事人协商选择或人民法院依职权指定受委托机构，进而保证人民法院对外委托司法辅助工作的质量和效率，同时减少或避免确定受委托机构的盲目性、随意性等弊端以及人为干预可能带来的不利影响。根据最高人民法院《对外委托鉴定、评估、拍卖等工作管理规定》的要求，不能协商确定委托机构的，应随机选取，随机选取应在全部备选机构中选择。实际工作中，司法部制定的“三类”机构名册中同类机构众多，抽签法和摇号法客观上有数量限制，根本无法完成随机选取工作。如果采用计算机随机法，根据规定应当使用最高人民法院确定的随机软件，然而此软件目前没有推行。一般情况下，法院是根据当事人的意愿或自行确定数个备选机构，进行摇号选取。这种办法容易造成主办人和鉴定机构间关系固化，存在徇私舞弊的风险；同时，缩小备选机构范围，不利于保证鉴定质量，且鉴定机构是否被选完全取决于法院的司法辅助人员，这不仅会造成鉴定机构之间的备选不公平，而且易于造成鉴定机构的“寻租”，引发司法鉴定的腐败。

3. 鉴定机构和鉴定人选择问题

一是《民事诉讼法》规定：“鉴定机构由双方当事人协商确定有鉴定资格的鉴定人，协商不成的由人民法院指定。”这一规定与2009年最高人民法院《关于人民法院委托评估、拍卖和变卖工作的若干规定》要求在名册内采取公开随机的方式选定不相一致。二是《民事诉讼法》规定委托有资格的鉴定人，而2016年司法部《司法鉴定程序通则》规定了由司法鉴定统一接受委托，如何处理不同规定之间的关系成为需要解决的问题。三是

① 参见侯咏梅、向煜暄：《论基层法院对外委托司法鉴定的乱象与出路——以“辅助调解”的司法实践为视角》，载成都法院网，http://cdfy.chinacourt.org/article/detail/2014/12/id/1507364.shtml，最后访问时间：2017年6月17日。

2016年10月最高人民法院《关于民事诉讼证据的解释（征求意见稿）》第77条规定："人民法院准许当事人的鉴定申请的，应当组织双方当事人协商确定具备相应资格的鉴定人。当事人协商不成的，由人民法院指定。""人民法院依职权委托鉴定的，可以在询问当事人的意见后，指定具备相应资格的鉴定人。""人民法院应当在委托书中明确鉴定事项、鉴定范围、鉴定期限和鉴定目的。"第88条规定："当事人就案件所涉及的专门性问题自行委托有关机构出具的意见，适用民事诉讼法和本解释关于书证的规定。"如何处理人民法院委托鉴定作出的"鉴定意见"与当事人自行委托鉴定作出的"书证"在证据上的关系亦需要进一步研究。

在办案实践中，当事人往往不能协商一致确定鉴定机构，有时当事人提出的备选机构距离办案单位极远。如果随机选取这样的机构，主办人为避免邮寄丢失，只能长途跋涉去送交鉴定所需资料，随后再取回鉴定书和原始材料；有些案件还需双方当事人到鉴定机构提取检材和接受询问，造成办案成本增加、浪费司法资源和拖延办案时间的问题，增加了当事人的诉累。根据上述规定选择鉴定机构可采取双方协商、人民法院指定和公开随机方式（摇号）相结合的方式来确定。如双方当事人选择不相一致，全部采取公开随机方式选择确定鉴定机构，必造成人员、物力的浪费。倘若重新鉴定，疑难复杂案件和当地鉴定所应回避和完成不了的鉴定，应确定资质较高的鉴定机构完成。

4. 鉴定委托的期限与鉴定费用问题

在实践中，案件移送鉴定就进入了审限期，而对外委托鉴定时，又往往因为鉴定材料未经质证、鉴定材料不全、委托事项填写不清楚等原因无法立即对外委托，造成当事人提出申请后较长时间才正式移送到鉴定机构进行鉴定的问题，不仅严重影响了对外委托司法鉴定的工作结案率，也拖延了案件的审结时间，导致当事人的不满。

最高人民法院《对外委托鉴定、评估、拍卖等工作管理规定》第27条、第28条明确了协商解决机制和协商不成，重新选择机构的办法，却没有制定对鉴定机构过高收费的处理措施。如果按照协商不成，重新选择机构的方式来解决，当事人有可能恶意造成协商不成，让法院多次重复选择机构，影响鉴定程序的进行。另外，法院主持协商鉴定费用，容易造成主办人和当事人、鉴定人之间的利益往来；同时协商确定鉴定费用的机制，存在当事人和鉴定机构利益交换的风险，可能会影响公正鉴定。目前，国家发改委和司法部联合制定的《司法鉴定收费管理办法》在国家规章层面对司法鉴定机构收费行为进行了统一规制。但由于该办法只针对司法实务中有关“三大类”的鉴定事项规定了相关计费标准，并未涵盖其他广义鉴定事项的收费。该《办法》第 8 条还规定了诉讼标的和鉴定标的，这意味着诉讼标的越高，鉴定费用也就越高，即所谓的“同物不同价”，即便检材、鉴定方法、鉴定人工作量、鉴定成本完全相同，不同诉讼标的案件的鉴定费用可能有着云泥之别。统一规制后，鉴定费用高的问题有所缓解但依然未彻底解决，有的鉴定机构故意分解鉴定项目，按项目逐一叠加收费，导致鉴定收费畸高，在一定程度上阻碍了当事人通过诉讼维权的渠道。此外，有的鉴定机构对法院对外委托鉴定和当事人自行委托鉴定采取双重收费标准，致使当事人质疑法院的廉洁和公正，影响了法院的形象。2016 年 3 月 29 日，国家发改委决定自当年 5 月 1 日起废止该收费办法，司法部和发改委不再制定出台新的收费管理规定，而将这项权力下放给地方，北京、上海、山东、福建等省市已经出台了省级收费标准，仍有多数省市尚未出台正式的收费办法。有学者认为，在目前缺乏合理的收费管理制度的现状下，收费仍将保持走高的趋势，不太可能比旧标准更低，下降的可能性基本为零，[①] 以至于引发了“天价鉴定费”事件。2017 年 2 月 8 日，媒体曝光的一起“天价鉴定费”案受到广泛关注。一起涉及金额 3000 万元的案件，审理期间需要对当事人的签名、指纹和两枚公司印章进行司法鉴定。委托鉴定事项涉及笔迹、指印、印章（两枚）三个项目，该所参照原《司法鉴定收费管理办法》第 8 条的规定对该案应收鉴定费计算为鉴定费和文审费、杂费、存档费共计 172 800 元。[②] 但对于同样的鉴定，广东某鉴定机构报价 6.9 万元，北京某鉴定机构报价 5.7 万元。三家鉴定机构的价格之间存在如此巨大的差异，让人难以理解。对此，四川司法厅认为该鉴定所

---

① 参见翟星理：《司法鉴定：在逐利性与公共性之间“天价鉴定费”荒唐吗?》，载《南方周末》2017 年 2 月 24 日。

② 参见《四川回应“天价鉴定费”事件：新规出台前仍按旧规收》，载网易新闻，http://news.163.com/17/0209/20/CCS15O4D00018AOR.html，最后访问时间：2017 年 5 月 27 日。

要求的172 800元鉴定费用是参照原《司法鉴定收费管理办法》第8条规定得出的计算结果，但该“文审费、杂费、存档费”等项目收费数额无相应依据。对此，四川司法厅已责令该鉴定所整改，并对相关责任人进行训诫。

在目前尚未出台相应的鉴定收费管理标准的省份，鉴定机构一般仍沿用原《司法鉴定收费管理办法》中的标准收费，但对于原有的这一标准，因相关部门并未出台与之配套的解释办法，所以也存在多种计算方法，相当混乱。司法鉴定具有社会公共属性，既不是司法行为和行政行为，更不是敛财的市场行为。在这一基本定位下，司法鉴定的收费不应偏离其公共属性，收费标准的制定应当注重平衡当事人利益与鉴定机构利益，并且要注重程序，不但要公开征集意见、组织专家论证，还应当报上级主管部门备案。这种收费管理权的下放是否影响统一司法鉴定管理体制，收费管理权究竟是否是统一管理范围也就成为新的问题。

5. 通知当事人参与司法鉴定程序问题

最高人民法院《对外委托鉴定、评估、拍卖等工作管理规定》中有五项工作需要通知当事人，而实际办案中，经常出现当事人联系不到或不配合的问题，只能按照司法送达的规定，予以公告送达。每个工作环节都予以公告通知当事人不合理，但只公告一次又没有依据，最后造成鉴定的时间拖延，案件超审限。司法鉴定是为审判提供证据的工作，其受理的是审判部门的移送案件，属内部工作程序，且鉴定前期案件材料已经质证，后期鉴定机构独立完成鉴定工作，司法技术部门只需选择一家鉴定机构，向其移交鉴定资料，最后向审判部门送交鉴定意见报告，完全不需要当事人的参加。为避免当事人的合理怀疑，同时加强对工作人员的社会监督，最高人民法院规定当事人有参加鉴定活动的权利。这项规定在当时是可取的，但随着社会的发展，特别是电子信息和电脑网络技术的不断成熟，不需要当事人的参与，消除合理怀疑、保证公正委托已经成为可能。

（二）法院对外委托司法鉴定机制产生问题的原因

1. 法院司法技术部门职能定位不清问题

司法技术部门的组织机构设置定位为辅助审判、执行工作的司法行政管理部门，其工作职责是程序法中规定的司法鉴定、司法评估、司法拍卖、死亡确认等。如果将司法技术部门定位为行政管理部门，其只能办理鉴定检材、资料和鉴定意见报告的转送、移交，不适合办理程序法中的工作。目前司法技术部门办理的通知当事人、勘验现场、听证程序、技术审核都没有法律依据。最高人民法院《关于地方各级人民法院设立司法技术辅助工作机构的通知》并未对基层人民法院设立司法技术辅助工作机构作强制性规定。在实际工作中，基层法院的对外委托司法鉴定工作大多由办公室统一管理，未设立专门的司法技术辅助工作机构。由于基层法院人员编制有限，加之近年来法院案件数量激增，对外委托案件随之大量增加，但因人员配备不足，影响了对外委托工作的质量和效率。

2. 鉴定机构的管理机关与委托部门之间的不协调问题

《司法鉴定管理决定》规定，由司法部负责全国司法鉴定机构和鉴定人的登记管理工作，目的是与国际司法鉴定管理模式接轨，体现鉴定机构的中立性。从《司法鉴定管理决定》颁布至今 15 年的实践来看，除“三类”鉴定外，当前无法协调其他机关制定各类鉴定包括审判中出现的越来越多的新型鉴定的鉴定机构名册。法院只能使用鉴定机构和鉴定人，不能监管，出现问题也不能进行及时纠正和处理；而司法行政管理部门只管理不使用，不能发现使用中的问题，也就无从管理，更无法掌握诉讼活动对鉴定机构和鉴定人的需求，合理优化和配置鉴定资源。我国确立法院司法技术部门负责鉴定委托的机制，已经在法官和鉴定机构之间建立了防火墙和隔离带，但有些鉴定机构并不真正具备从事司法鉴定的资质和能力，实践中还存在错鉴、漏鉴、超范围鉴定事件，有些机构无正当理由而不接受法院委托，或拒不出庭，影响了法院的公正审判，也损害了当事人的权益，严重制约了诉讼活动的正常开展。2016 年最高人民法院、司法部联合出台的《关于建立司法鉴定管理与使用衔接机制的意见》尚未真正落实。

3. 对外委托鉴定程序缺乏具体可操作的规则问题

最高人民法院《关于地方各级人民法院设立司法技术辅助工作机构的通知》是各级法院成立司法技术部门的依据，明确了该部门对外委托司法鉴定的工作职责，但没有出台相应的工作规范。2007 年最高人民法院《对外委托鉴定、评估、拍卖等工作管理规定》规范了对外委托司法鉴定程序，但其仅属于最高人民法院内部的管理规定。此后，最高人民法院再没有制定关于司法鉴定的法律文件。全国法院司法技术部门没有一部统一遵照执行的司法鉴定工作管理办法。各地法院根据最高人民法院的内部管理规定，制定了本地的实施细则，但标准不一，方法不一，程序粗放，效力不高。法院在办理司法鉴定案件时无法可依，人民群众在参与司法鉴定案件时无所适从的现状，成为制约司法鉴定委托工作良性发展的桎梏，也成为影响发现案件事实的重要因素之一。

三、司法鉴定实施过程非诉讼化问题

鉴定实施，是指司法鉴定人按照司法鉴定活动的客观规律，具体进行司法鉴定的活动。鉴定实施的诉讼程序规范关系到鉴定过程的公正性和鉴定各方权利的实现。此外，司法鉴定的实施过程是否科学、规范，直接影响着鉴定意见的科学性、可靠性，是确保鉴定工作质量和法官采信的关键。尽管《司法鉴定程序通则》规定了“回避制度”“收费制度”“监督与管理制度”，《公安机关刑事技术鉴定规则》等规则也对司法鉴定人的行为进行了约束，但三大诉讼法未对鉴定实施过程予以程序上的规范，侦查机关、检察机关、法院和诉讼当事人在诉讼实施过程中所处的地位、应享有的权利和应承担的义务也未被提及。这说明目前对鉴定实施过程的约束主要侧重于依靠行政管理，尚未纳入诉讼程序的规范范围。从诉讼公正的角度来看，司法鉴定的实施部分未在诉讼程序的轨道内运行，将给实践带来很多负面影响。首先，监督机制的疲软使得鉴定意见的科学性、可靠性只能依赖庭审环节的审查，但鉴定实施过程的不透明使得法官对鉴定意见的审查无从下手，也难以发现鉴定实施过程中存在的瑕疵或严重瑕疵，进而影响了鉴定意见的采信和案件事实的认定。其次，鉴定意见能否作为证据使用与鉴定实施阶段是否规范息息相关。当事人未切实参与到鉴定实施过程之中，难以实现“看得见的正义”。而书面审查鉴定意见的习惯和鉴定人不出庭的现实状况，压缩了当事人对鉴定意见的证明力和证据能力开展质证的空间。这样一来，鉴定意见的公正性、科学性往往受到当事人质疑，难以令人信服。由此，司法鉴定实施过程的非诉讼化与庭审过程中法官对鉴定意见的采信环节存在不相协调的部分，而鉴定实施过程的规范化、科学化具备正当性，对完善诉讼中的司法鉴定意义重大。

（一）办案机关违法、违规鉴定

公诉案件中，办案机关掌握着鉴定机构和鉴定人的选择权，主导着鉴定的实施。如果权力没有相关的制约机制，往往会被滥用。实践中存在着个别办案机关故意实施虚假鉴定或者违法违规鉴定的情况，严重损害了司法鉴定的公正客观性，因此，严把鉴定质量是要保证鉴定人在鉴定实施过程中科学鉴定，严格按照程序规范进行，而不是要求司法鉴定程序完美无缺，在现有技术发展水平、鉴定设备、鉴定人知识水平以及鉴定方法等多方面的客观限制下，过分苛求也是不现实的。

侦查机关内设鉴定机构的问题一直是学界质疑最为激烈的部分。这种设于侦查机关内部的鉴定机构有利于侦查活动的及时进行，尤其是在严重暴力犯罪等重大案件中的一手证据收集方面有着得天独厚的优势。但鉴定意见的生命不仅在于科学性，还在于客观、中立性的保证，否则将异化为侦查机关打击犯罪的工具，与其同处于打击犯罪的第一线。由于鉴定机构依附于侦查机关，容易造成诉讼程序中的“自侦自鉴”问题。而且，鉴定人员作为诉讼参与人却与其固有的侦查人员身份相混同，这两种不同的诉讼主体显然不能同时并存于同一人身上，否则必然对案件的处理产生利害关系，可能影响案件的公正处理，影响司法鉴定的独立性和公信力。

除此之外，由于侦查人员实施司法鉴定是职权行为，只需经县级以上公安机关负责人批准，即使鉴定人存在偏见或不规范的行为，当事人也难以知晓，也就无法进行监督。

尽管侦查机关的内设鉴定机构备受诟病，但其在打击犯罪的过程中发挥的作用仍不容置疑。在课题组调研过程中，某公安机关鉴定部门的技术人员曾坦言，目前机关内部的鉴定技术人员人才流失现象严重，另立门户开办社会鉴定机构的不在少数。据其说法，1997 年至 1999 年内审鉴定机构的这些鉴定人员尚可评定职称，但 2005 年之后其执业背景发生了重大转变，变为同司法编制的审判员一样，也进行人员限制，不允许评定职称。随着鉴定机构的放开和发展，很多公安机关的鉴定技术人员流动到社会鉴定机构中，侦查机关内设鉴定机构的人手不足，人员配置问题就成为了一个大问题。人员流动性的增强可视为推动司法鉴定管理体制的统一化、合理化、规范化的契机，即将现有的由侦查机关负责本系统内部的鉴定机构，与司法行政机关负责社会鉴定机构的二元并行的司法鉴定管理体制，转变为统归司法行政机关负责、指导的一元结构。虽然这种转变必然触及各方利益，会受到很大阻力，并且需要花费较大的成本，但从整体上看有利于各部门之间的协调和配合，对解决鉴定机构之间的无序竞争及存在的技术垄断问题有着重要意义。不仅如此，这种统一管理体制对缓解不同机构之间多头鉴定、重复鉴定问题的解决有着积极的缓冲作用。除此之外，可通过限制侦查机关内设机构的鉴定范围，逐步增强鉴定机构的独立性。即按照一定的标准对各鉴定机构的鉴定事项进行划分，尤其是哪些事项由内部机构鉴定更为适宜，如在特殊案件中更有利于保密工作或者十分紧迫的情况，而其他事项可交由具有资质的社会鉴定机构进行鉴定。也就是说侦查机关对鉴定机构的选择并非只有内部机构这一选项。参与刑事司法鉴定的社会鉴定机构同样能够为侦查活动提供技术上的支持和保障。其鉴定的种类涉及汽车鉴定、DNA 检测、伤情鉴定、物价评估等各个方面。这就说明目前存在的社会鉴定机构能够胜任刑事司法鉴定所需的鉴定事项委托。[①] 最为重要的是，鉴定实施过程与当事人的利益密切相关，鉴定实施程序应充分体现控辩双方平等的诉讼权利。正当程序要求，与程序结果有利害关系或者可能因该结果而蒙受不利影响的人，都有权参与该程序并得到提出有利于自己的主张和证据以及反驳对方提出之主张和证据的机会。[②] 由此，当事人参与到鉴定意见生成的关键阶段即实施阶段，符合正当程序的要求，是重视当事人利益的具体体现。辩方参与鉴定实施过程不仅有利于提高对鉴定意见的可接受度，对减少重复鉴定现象有所裨益，而且能够增强司法鉴定实施过程的透明度，避免因各种因素产生“暗箱操作”的问题，有损司法鉴定公平、公正的价值追求。

（二）鉴定程序、标准的不统一

从我国目前有关鉴定的技术规范来看，其中大多由有关行业所制定或起草，这些行业在制定或起草此类技术规范时，难免出于部门利益而做出一些不合理的规范。[③] 各鉴定机构做出的鉴定意见很可能千差万别，陷入

① 参见汪建成：《中国刑事司法鉴定制度实证调研报告》，载《中外法学》2010 年第 2 期。
② 参见樊崇义、郭金霞：《司法鉴定实施过程诉讼化研究》，载《中国司法鉴定》2008 年第 5 期。
③ 参见樊崇义、吴光升：《鉴定意见的审查与运用规则》，载《中国刑事法杂志》2013 年第 5 期。

“公说公有理，婆说婆有理”的僵局，多头鉴定、重复鉴定问题长期存在。由于统一鉴定程序、标准的缺失，不同鉴定机构在仪器设备配置、技术力量以及鉴定人鉴定水平等方面的差异可能会得出不同的鉴定意见，直接影响了鉴定意见的科学性和可靠性。法官如何在多数机构给出的冲突鉴定意见中进行选择可能会对最后的裁判产生重大影响。在实践中，法官由于自身缺乏专业知识，很容易对鉴定意见产生依赖，使鉴定意见甚至对法官认定案件事实起到了决定作用。“打官司”异化成为“打鉴定”，一旦鉴定出错，便很容易造成案件事实认定的错误，在刑事案件中造成错案、冤案。[①]

在2016年受到热切关注的快播案中，鉴定检材的提取过程也不符合法律规定，不能确定提取的四台服务器是否就是原来的服务器，而且每台服务器缺失了一块硬盘。鉴定检材已经不是原来的面貌，根据受到污染的检材得出的鉴定意见的证据能力存在问题。再如前文山西李某某案中，前后作出的鉴定意见截然相反。第一次由省公安厅给出的6个位点的DNA鉴定意见确定了李某某的犯罪事实，“受害人褥面上精子DNA与李某某血痕DNA谱带一致”，开庭之后李某某和他的代理律师坚决要求重新鉴定，引起区检察院注意，从而以证据不足为由撤诉，要求重新组织鉴定。第二次的鉴定则在公安人员、检察人员和李某某的律师三方在场下提取血样，当面封存，并由三方送往公安部鉴定，这次的9个位点的基因鉴定意见推翻了之前的结论，“所检白色褥面上的精斑不是犯罪嫌疑人李某某所留”。使用6个位点与9个位点的DNA鉴定方法得出了结论冲突的鉴定意见，说明了司法鉴定的科学性受到众多因素的影响，前后鉴定意见不一致的原因并非是单一的，而往往是多种因素交互作用的结果。实践中，很有可能会因为细小的差别而得出不同的结论，最终可能导致认定案件事实的巨大差异。所以，鉴定意见作为证据使用必须经过严格的审查质证，否则很有可能酿成冤假错案。

司法鉴定统一标准和程序的缺失是重复鉴定的根源之一。目前重新鉴定判断标准的缺失使得在什么情况下需要重新鉴定、如何重新鉴定全凭法官个人判断，而不存在统一的程序保障。在诉讼程序中，当事人为维护自

---

① 参见沈臻懿：《死刑案件证据规定第23条的诠释与解读——以鉴定意见审查判断为视角》，载《犯罪研究》2011年第2期。

身权益往往将矛头对准鉴定意见，对鉴定意见的科学性、可靠性提出异议，要求重新鉴定。由于《刑事诉讼法》对补充鉴定或重新鉴定的条件未作规定，当事人为最大限度地获得满意的结果而奔走于不同机构之间。频繁的重新鉴定不仅会阻碍诉讼进程，造成诉讼拖延，也会导致法官面对众多不同鉴定意见时难以抉择，增加了案件审理的难度。由于重新鉴定的标准并不明确，一般情况下针对当事人提出的申请，法院都会允许。事实上，重新鉴定并非解决异议的必经途径，通过鉴定人出庭质证也可以很好地解决鉴定争议。不必要的重新鉴定浪费了大量的司法资源，并且容易给后续的诉讼阶段留下隐患。

鉴定程序的不规范以及鉴定标准的不统一使得鉴定质量得不到保证，进而导致鉴定争议频发。当事人申请重新、补充鉴定的情况增多，最终会演化成多头鉴定、重复鉴定的乱象。然而由不同鉴定机构对同一案件的同一问题做出的鉴定意见有时会有所差异，甚至截然相反，如黄静案中，前后由市公安局、省公安厅、公安部和中山大学做出的四次尸检结论存在相互矛盾之处。这种情况似乎为重复鉴定提供了理由，一方面当事人确实是出于对鉴定意见的不信任；另一方面则是为了尽可能地实现对本方的有利证明，为本方诉讼主张提供支撑。事实上，鉴定意见作为科学证据并不都是科学可靠的，误差的出现也时有发生，既要重视科学证据，尤其是在重大案件中，从科学证据中探知事实真相，以免放纵犯罪，但也不能迷信科学证据。在李逢春案中，省公安厅鉴定机构出具的鉴定意见与公安部鉴定机构的鉴定意见截然不同。就行政级别而言，公安部的鉴定意见似乎具有更高的权威性，而法官究竟应采信哪一个结论没有确定的依据，二者的鉴定意见往往因行政级别的高下之分而产生权威性之分，当事人很可能会因鉴定机构的行政化，产生对鉴定机构官僚体制的不信任。尤其是对不利于己的鉴定意见，难免会产生怀疑，引发鉴定争议，这一过程中的问题是显而易见的。如果鉴定意见的效力有层级之分，该如何划分既然有层级之分，何必又进行第一次的鉴定，直接由公安部鉴定岂不更为精准、高效。不难想象，鉴定机构的分级化必然会导致鉴定问题上升至级别最高的鉴定机构，这就颠覆了司法鉴定的科学性、独立性。司法鉴定在本质上属于科学技术实证活动，科学是没有等级的，鉴定意见作为证据不应因鉴定主体的学术水平和专业技能水平较高而具有效力等级。[①] 因此，分级鉴定制度容易导致推卸责任的情况发生，是不可取的。如果能够一级一级往上鉴定，会造成初次鉴定人的责任感缺失。就目前重复鉴定常态化的现状来看，如果鉴定意见之间没有层级之分，如何在冲突鉴定意见之间进行选择对于法官来说就是个大问题。

司法鉴定贯穿于诉讼的全过程，为了保证其对案件事实认定能够发挥积极作用，应当建立统一的程序和标准，统一的司法鉴定程序规定对于终结鉴定程序运行的混乱局面具有重要意义，不仅能够为侦查机关和社会鉴定机构实施鉴定提供统一的程序规范，对实施鉴定过程是否违反程序，违反程序的程度以及违反的法律后果予以明确，还能够明确法官对鉴定意见证据能力及证明力审查的标准，为鉴定意见的采信提供依据，实现司法公正。

（三）同一认定结论与种类认定结论的混同

司法实践中还存在着因司法人员对鉴定意见的不当理解而导致冤假错案发生的情况。这种不当理解不是出于故意，如故意虚假鉴定、片面取证等，而是基于错误的认定方式，其中最为常见的是将种属认定混同为同一认定，如将血型鉴定意见等同于 DNA 鉴定意见的证明力。同一认定原理指在诉讼活动中，鉴定人对客体物是否同一的问题作出的科学判断，是对客体作出“是”与“不是”、“同一”与“不同一”的认定意见，要求确认个体而非种属。而种类认定是根据同一认定原理和方法，确定客体种属范围，或者确定客体间是否同类、同种的鉴定类型。实质是对客体间的相似或相同问题作出科学判断。尽管二者联系密切，即种类认定是同一认定的第一步，只有种类相同才会进一步认定是否同一，但二者之间也存在着显著的区别，解决的问题、识别的精确度都有所不同。

如孙某某案中，定罪的主要证据是孙某某衣服上的血型与被害人血型一致，孙某某在服刑七年后因真凶再现而得以平反。这种认定方式虽也有科学依据，但不免过于粗略和大意，毕竟血型相同只能表明受审查客体与

---

① 郭华：《对我国国家级鉴定机构功能及意义的追问与反省——评我国国家级司法鉴定机构的遴选》，载《法学》2011 年第 4 期。

被寻找客体种类属性相同，受审查的客体有可能是被寻找的客体，这种肯定的联系只能表明案件中被怀疑的事实有可能存在，但不能建立直接的证明关系，不具有唯一性和排他性。又如前文李某某杀人案中，现场提取了一只40码的棕色皮鞋足迹，且其步态与李某某的一致，但李某某穿的皮鞋为42码。鉴定机构根据现场的皮凉鞋与案发现场的步法、磨损等特征，与李某某所穿的皮凉鞋进行比对后锁定其为“凶手”。实际上，足迹鉴定意见不具有唯一性，属于种属鉴定意见，该证据证明力较弱。现场的皮凉鞋与案发现场的步法特征相吻合无法得出李久明到过案发现场，更不能以此为依据认定李某某就是杀人凶手，这一推论过于草率，这样确定杀人凶手和杀人事实难以令人信服。

科学发展推动鉴定技术的发展，这是时代发展的要求。但应客观看待这种科学，尚不论这种科学的准确性如何，对于这种新兴的技术，司法鉴定人员的认知程度是有限的，很有可能会出现对检材或者鉴定结果的错误解读，尤其在同一认定与种类认定问题上常出现混同局面。种类认定属于人们对客体认识的低级阶段，而同一认定则属于人们对客体认识较为高级的阶段，[①] 从二者解决问题的范围来看，同一认定是确定客体自身是否同一的认定方式，但种类认定是确定客体的种类范围和客体间种类是否相同的问题。此外，同一认定以客体特性为依据，对相同特征的数量和质量要求很高，而种类认定以客体的种类特征和一部分特殊特征为依据。将种类认定结论作为同一认定结论难以准确揭示鉴定意见的实际面貌，暗含着出现冤假错案的可能性。不过，这种错误与侦查人员先入为主的取证、认定方式不无联系。先确定犯罪嫌疑人，后根据犯罪嫌疑人寻找能够说明其有罪的鉴定检材，难免会出现片面取证或者建立起牵强的证明关系的现象，司法人员对种类认定与同一认定的混同更增加了发生冤假错案的可能性。

鉴定意见具有科学性是个不争的事实，但若无鉴定人的故意虚假鉴定或故意污染、更换检材，其结果就一定是准确无疑的吗？实际上鉴定意见的准确与否并非如此简单，鉴定意见不能代替法官对法律、事实的判断，以科学之名充当裁判官。鉴定活动会因鉴定原理的缺陷、鉴定技术的偏差、

---

① 参见姜琳炜：《论司法鉴定结论之同一认定理论》，载《中国司法鉴定》2002年第3期。

鉴定检材和样本的质量、鉴定过程的污染以及人为主观因素的影响而导致鉴定结果出现偏差和错误，因此，鉴定意见并不具有“千真万确”的“结论”属性。[①]“鉴定意见”这一名称摆正了其应有的证据地位。鉴定并非一个静态概念，鉴定人得出的结论经鉴定机构盖章后并非立即产生确信力及法定效力。相反，它是一个连接了众多诉讼活动的动态过程。鉴定需要由具备专业资质的鉴定机构以及鉴定人，依靠专业技术和知识得出一定结论，而此结论并非直接产生诉讼法上的意义。作为法定证据形式的一种，鉴定意见并不因为由专业人士、专业机构做出而直接具有证据能力和证明力，而是经查证属实后才能成为定案的根据。鉴定意见能否转化为最后的结论必须由法官认定。就鉴定意见的本质来看，它是鉴定人的个人意见，鉴定意见也往往会由于鉴定人的资格、鉴定水平和职业操守等原因而发生错误。正因为如此，对鉴定意见的审查判断不能仅仅通过当庭宣读书面意见的方式来进行，而应建立针对鉴定人的交叉询问程序，并借此来审查鉴定意见的证明力和证据能力。[②]《司法鉴定管理决定》中就明确了法官审查鉴定意见的重要性，但实践中法官对鉴定意见常仅做形式审查，审查效果不佳。从中我们也可以看出，司法鉴定中的某些问题不是一日之寒，而是长期积累的顽疾。尽管《司法鉴定管理决定》解决了体制上的问题，但机制运行上还存在问题，亟待解决。

（四）刑事技术鉴定与司法鉴定的混淆

实践中对司法鉴定的认知往往被曲解为侦查机关用来确定犯罪嫌疑人以及侦查方向的手段，这种误解是对刑事技术鉴定与司法鉴定的混淆，是鉴定权力型思维主导下的错误观念。如果鉴定仅仅作为职权部门的工具或者仅仅为公权力服务，则会以公平的形式显示出一种内在的不公平。[③]刑事侦查部门的人员与鉴定人员身份混同，鉴定职能和侦查职能集于一身，难以保证鉴定人的中立地位和独立执业要求。

刑事技术鉴定与司法鉴定虽都依托于鉴定技术，运用科学知识揭露案

---

① 参见陈光中、吕泽华：《我国刑事司法鉴定制度的新发展与新展望》，载《中国司法鉴定》2012年第2期。

② 参见陈瑞华：《鉴定意见的审查判断问题》，载《中国司法鉴定》2011年第5期。

③ 霍宪丹、郭华：《建设中国特色司法鉴定制度的理性思考》，载《中国司法鉴定》2011年第1期。

件事实的有关信息，但需要明确的是，二者并非完全一致。刑事技术鉴定作为侦查的辅助手段，在整个诉讼架构中具有内部性、单方性，但是基于审判需要而进行的司法鉴定必须具备中立性，由中立的第三方做出更具有合理性和正当性。[①]

具体而言，二者性质不同。前者是侦查机关调查取证的方式，主要目的是保证侦查工作的顺利进行，后者是为诉讼活动提供科学实证，而后形成的报告是作为证据的鉴定意见，属于法定证据的一种形式。

其次，二者所处的诉讼阶段不同。刑事鉴定技术服务于侦查活动，为侦查活动提供支持，这些技术应用的结果能够获得较为可靠的侦查线索，锁定犯罪嫌疑人，确定相应的侦查方向并制定相应的侦查计划，因此仅限于侦查阶段。而司法鉴定可贯穿侦查、起诉和审判各个环节，其主要作用是在审判过程中为法官的事实判断提供依据。既然是为诉讼证明活动提供支撑，那么技术的科学性并不必然产生法官对鉴定意见认定的效果，司法鉴定并非“案件定海神针”，案件事实的认定以鉴定得出结论为终点。实践中凡是适用了鉴定技术的都是司法鉴定，凡是鉴定得出的结论都是事实的错误观念就是对其所处阶段及作用认识不清晰的反映。鉴定技术的可靠性并不代表其绝对正确不会出错，诸多案件中存在差别显著的鉴定意见即可说明该问题，应该通过庭审程序对鉴定意见的证据能力及证明力进行审查，而不能直接依据鉴定意见做出裁判。司法鉴定制度作为与诉讼制度和证据制度交融的一项司法制度，因其本身存在的积弊以及与其他制度之间的紧张关系尤其是鉴定“移民”的司法认证模式，严重影响了司法的实体公正和程序公正。[②]

二者的公开性不同。前者的开始根基于职权调查活动的需要，随行政命令展开，启动与否具有不确定性。与此同时，侦查活动的秘密性使得作为侦查手段的刑事鉴定技术的运用具有隐蔽性。然而，用作证据的鉴定意见必须告知当事人，否则会产生证据失权的后果。

从范围角度来看，刑事鉴定技术的范围较广于司法鉴定，基于侦查活

① 参见郭华：《刑事技术、刑事技术鉴定与司法鉴定关系之考量》，载《现代法学》2010年第6期。

② 参见霍宪丹、郭华：《司法鉴定制度改革的逻辑反思与路径探究》，载《法律科学（西北政法大学学报）》2010年第1期。

动的需要，刑事鉴定技术强调实用性，并不要求具备科学上的高度稳定性，只要能够为侦查活动提供有用的信息均可适用，不受法律的严格限制。但司法鉴定的要求较高，鉴定方法、鉴定标准、鉴定程序等将影响鉴定意见的科学性、稳定性，因此法官需严格审查这些因素。如警犬技术、测谎技术、模拟画像技术等，这些技术能够用于刑事技术鉴定，但因尚未达到司法鉴定要求的可靠程度，没有被广泛地认知和检验，容易受各种主客观因素的干扰，出错的可能性较大，不宜成为司法鉴定技术，仅可作为一种鉴别活动。换言之，只有那些稳定的、成熟的、能够被广泛承认和检验的技术才能成为司法鉴定技术。不过，二者各有适用领域。不能因为司法鉴定技术的谨慎和可靠而使其代替刑事技术鉴定，毕竟侦查活动具有复杂性和紧迫性，要求及时确定侦查方向，防止放纵犯罪。此外，更不能将刑事技术鉴定当作司法鉴定使用，特别是办案人员在科学知识缺乏，易于盲目信任鉴定主体的倾向下，容易导致冤假错案的发生。

（五）鉴定机构能力不足

1. 社会鉴定机构能力不足

尽管侦查需要鉴定技术的支持，但这并不意味着侦查机关内部鉴定机构进行鉴定的天然正当性。虽然侦查活动要求及时性且侦查机关拥有国家财政支持，能够配备先进的机器设备，其做出的鉴定具有较高的可信度。但是自侦自鉴、自检自鉴的问题，使得鉴定意见丧失了应有的中立色彩。法院不存在为审判活动服务的内部鉴定机构，但可指派或聘请与其不存在隶属关系的机构进行鉴定，这在一定程度上保证了鉴定的中立性。

自《司法鉴定管理决定》出台以来，我国社会鉴定机构蓬勃发展，当前已形成职权鉴定机构与社会鉴定机构并存的局面，但分别设立、各自管理的鉴定机构之间的能力良莠不齐。由于内部鉴定机构是侦查机关内设的国家机构，不得面向社会接受委托，从事委托鉴定，给社会鉴定机构的发展提供了空间，从而形成了与内部鉴定机构良性竞争的鉴定市场，还能够推动内部鉴定机构的自我改革。遗憾的是，社会鉴定机构自身能力不足，难以为侦查机关查办案件提供可靠的鉴定意见。原因在于，对社会鉴定机构的监管力度不够，鉴定机构的资格条件、鉴定事项范围、鉴定人资质、遵纪守法情况等的审查、考核制度不够完善，导致有些社会鉴定机构的能力无法满足诉讼的需要。侦查机关内部鉴定机构拥有国家财政支持，在实验室的建设、仪器设备的配置和维护、技术的研发和创新、以及技术人员的培养和配备方面均有着得天独厚的优势。相比之下，社会鉴定机构的经费实力有限，机器设备的配置较为落后。因此，尽管职权鉴定机构“自侦自鉴”的问题严重，却成为现实之下的无奈选择。

社会鉴定机构能力不足集中体现在其出具的鉴定意见中。以安阳市鉴定机构为例，2014 年安阳市共登记社会鉴定机构 13 家，司法鉴定人 76 人，平均每个鉴定机构不满 6 人。这些人中，从业时间在 10 年以上的仅有 6 人，多数在 5 年以下，具有高级职称的 6 人，中级职称 13 人。课题组所调研的 107 份司法鉴定意见书主要存在以下不足之处：一是针对性不强，重点不突出，关键性问题不清晰。有的鉴定书的讨论部分只是泛泛而谈。二是论证环节薄弱，不充分，有些缺失论证。有的鉴定书只有寥寥数语，显得苍白无力。三是结论表述的清晰度、通俗度不够，容易影响当事人对鉴定意见的接受程度。

目前重复鉴定、多次鉴定等问题仍未消除，人们对社会鉴定机构和鉴定人的能力、水平存有疑虑，鉴定机构和鉴定人的权威短期内还难以树立。为应对上述问题，中央遴选了一定数量的国家级司法鉴定机构，以期发挥鉴定机构建设中的示范作用，以此推动司法鉴定行业整体水平的提高，增强司法鉴定的科学性、权威性和社会公信力。[①] 然而，这种改革思路其实是给鉴定机构贴上了级别的标签。一旦形成国家级、省级、普通级的管理体系，鉴定机构的级别将与鉴定意见的证据效力的有无及强弱挂钩，反而激发了当事人为追求“权威”而反复申请鉴定的欲望，国家级鉴定机构将成为鉴定争议的必经之地。实际上，鉴定意见赖以依存的科学知识并不具有等级之分，且资质高的鉴定部门作出的鉴定意见未必具有较高的证据能力。提升司法鉴定质量还是应从鉴定机构、鉴定人和鉴定方法三方面着手。首先，提高社会鉴定机构鉴定的能力，要对鉴定机构的资质进行严格审查，确保仪器设备合格，实验室环境适宜，避免鉴定活动中的证据内容失真。在市场配置资源的机制下，社会鉴定机构之间的竞争需要以实力说话，具

---

① 参见《国家级司法鉴定机构遴选委员会办公室负责人就国家级司法鉴定机构遴选工作答记者问》，载《法制日报》2010 年 10 月 22 日。

备优良仪器、设备和高素质人才的鉴定机构能够获得更多的业务，而实力相对较弱的鉴定机构则可能逐渐被淘汰，实现“优胜劣汰”的良性循环，以此促使鉴定机构不断精进鉴定业务质量。其次，保障质量需要严格限制鉴定人的资质。鉴定人需具备专家资格，在专门性问题上有足够的鉴定能力，精通鉴定的原理、方法并遵循程序，而不能仅仅以登记管理作为专家与否的判断标准，否则会降低准入门槛。如果鉴定人的专业素质不够，提取程序、鉴定程序、鉴定依据任何一个环节出现偏差，鉴定意见的质量均难以保障。除了专业素质过硬之外，鉴定人的职业素质也是鉴定意见质量的重要考量因素，与鉴定意见的准确性、科学性密切相关。如果其职业素养不高，屈从于他人意志或为利益所诱惑，故意造成鉴定结果的偏差甚至进行虚假鉴定，同样会影响司法鉴定的质量。最后，鉴定质量的提升不仅取决于鉴定人、鉴定机构等主体要素，还深受鉴定标准的影响。我国的鉴定程序以及标准都是由各部门制定的，导致鉴定质量体系的多元化，这与司法鉴定的科学性的要求是根本相悖的。[①] 鉴定方法的科学与否需要以鉴定标准为参考，鉴定标准不统一难保鉴定质量符合要求。制定统一的鉴定标准能够确保鉴定机构遵循其在鉴定过程中的义务，按照规范的步骤、方法进行鉴定，逐步提高鉴定质量。考虑到各分散部门的管理之间可能存在的矛盾，国家司法行政部门应会同中央司法机关及相关部门，制定全行业通用的、统一的能与国际标准相衔接的技术方面的国家标准。其内容主要有鉴定技术标准、鉴定方法标准、鉴定设备标准、鉴定度量衡标准、鉴定对象标准、鉴定技术程序标准、鉴定结论表述标准等。[②]

我国目前尚未制定统一的鉴定立法，有关鉴定问题的规定散见于各种法律法规、规定、文件中，规定的混乱问题近些年来已受到诸多学者的诟病，其背后的根源在于缺乏健全的管理体制。要彻底解决鉴定问题中的顽疾，小修小补是无法完成的，必须要触及有关各方利益，推进鉴定体制改革。未来的鉴定立法应当注意对社会鉴定机构进行有效的规范，真正形成良好的鉴定秩序。

---

① 参见汤维建、王德良：《我国司法鉴定体制改革研究》，载《中国司法鉴定》2015 年第 5 期。

② 参见霍宪丹、郭华：《中国司法鉴定制度改革与发展范式研究》，法律出版社 2011 年版，第 260 页。

2. 医疗损害鉴定二元化问题突出

在专业性极强的医疗侵权诉讼中，法官往往不具备专业医学知识，对于鉴定的问题知之甚少，所以一旦遇到此类问题，启动鉴定便成为审理的必经之路。不仅如此，法官对此鉴定意见采信的比例非常高，医疗损害鉴定意见在案件审理过程中具有决定性作用。

然而，相关法律规定未明确医疗损害鉴定的主体，不存在统一的医疗损害鉴定机构，保持了鉴定主体的二元制局面。该体制下医学会组织的医疗损害技术鉴定和社会法医鉴定机构开展的医疗纠纷鉴定二足鼎立，且大多以法医鉴定为主导，使得医疗损害鉴定问题备受争议。从北京、上海、广东、浙江、江苏、安徽和新疆 7 地的高级人民法院出台的相关文件来看，这些地方都没有统一的医疗损害鉴定机构，在保持了二元制的基础上，对于优先启动医学会或司法鉴定机构做出了不同的选择，但也有对两者一视同仁的。[①] 鉴定主体二元制具有一定的合理性。医疗服务极具复杂性和技术性，二元制主体考虑了医疗损害鉴定必须具备相当水平的医学知识和临床经验的现实要求。如，曾有病人因跌伤比较严重被送至医院就诊，后因不治身亡引发医疗纠纷。据悉，该病人跌倒前 3 个月有外伤史。司法鉴定人根据病理切片得出的鉴定意见表明其内出血可能与 3 个月前的外伤有关，而脑外科专家的鉴定意见推翻了该鉴定意见，而是从临床与影像学角度认定此次出血不超过 3 天。还有案例涉及产科医疗损害的鉴定，该案的原告提出相关证据材料申请法院进行鉴定，法院委托某国家级鉴定机构进行鉴定，该机构以超出该鉴定机构的鉴定能力为由拒绝委托。医疗损害本就专业性显著，而在医疗损害鉴定中，更存在着很多专业问题，即某一专业的专家是否有能力识别其他专业中医疗行为的过错值得怀疑。如，有一家医院由于某些原因，头颈科和妇瘤科没有分开管理，白天是各科医生分管各科病人，查房、开医嘱及病例讨论等都分别进行，但夜班只有一个医生值班，这就会出现头颈科医生处理妇瘤科病人的情况及妇瘤科医生处理头颈科病人的情况。某天，头颈科一位甲状腺瘤术后病人在术后当天出现了呼吸困难等临床症状，这种情况对头颈科医生来说会往术后出血导致的压迫

---

① 参见陈小嫦：《〈侵权责任法〉背景下医疗损害鉴定程序改革研究》，载《证据科学》2013 年第 2 期。

症状方面分析，并采取相应的措施。但当天值班的是妇瘤科医生，他认为这只是甲状腺肿瘤术后常见的症状，未采取相应的检查措施，只交代病人不用太过担心。第二天，病人出现明显的呼吸困难等严重症状，最终抢救无效死亡。此案例说明了医疗过程中专业的重要性，而在医疗损害鉴定中，某一专业的专家是否有能力识别其他专业中医疗行为的过错值得怀疑。因为医疗行为的特殊性，很多情况下，只有本专业的医生才能掌握该专业的知识体系和专业特点，更具备该专业的临床经验。医学会同行的评价使其中立性饱受质疑，有学者认为医学会鉴定难免会存在包庇行为，所以最后鉴定为医疗事故的比例极低。实际上这种观点有合理之处，毕竟医学会和医院之间存在着千丝万缕的联系，但大多数学者认为医疗损害技术鉴定具有极大的合理性。从广州市中级人民法院 2007 年至 2011 年的统计数据看，涉诉医学鉴定认定为医疗事故的比例并不低，有的年份甚至高达 30%。①医疗损害鉴定问题究竟应以医学专家为主体还是以法医专家为主体存在诸多争议，学界主流观点是建立一元化的鉴定制度，但在具体如何构建的问题上有不同意见。有学者认为，医学会应独立为面向社会服务的司法鉴定机构，引入竞争机制确保医学会的中立性，使其成为类似于律师事务所、会计事务所这样的民间中介机构。但是，该医疗鉴定机构独立于司法行政机关和卫计委而自成体系意味着需要新设全国性的领导机构统一管理。这一过程必然会涉及权力分配和管理成本上升的问题，跨度太大，可行性不强。还有观点认为，医疗损害鉴定体制应吸收临床医学专家进入鉴定机构。《司法鉴定程序通则》第 33 条明确了咨询临床医学专家意见的可行性，说明临床医学专家的加入能够弥补鉴定机构能力不足的问题。该规定还为鉴定人咨询临床医生提供了依据，为吸收临床医学专家进入鉴定机构提供了可能。在这种情况下，临床专家意见对鉴定意见的影响是实质性的，换句话说临床专家实际担任了鉴定人的角色，但在鉴定书上以“咨询专家”的角色签字，并在存入鉴定档案的资料上签名。原来的这种形式隐藏了其对鉴定意见的实质影响，也不利于其出庭参与质证，有可能会架空鉴定制度的安排。我们认为，可以直接吸收临床医学专家进入鉴定机构，在此过程

---

① 参见年亚、魏巍：《完善当前涉诉医学鉴定制度的建议》，载《法治论坛》2014 年第 4 期。

中应将其参照鉴定人进行管理，对其责任和回避事项等进行规定，增强其中立性。

四、鉴定意见的审查与使用问题

司法鉴定启动后，通过鉴定程序获得的鉴定意见对于案件事实的认定具有重要作用，与其他证据种类相比有其自身的特点。一是它诞生于诉讼中，不是随着案件事实的发生而生成的；二是它的内容是由其他证据的内容转化而来的，转化的每一个环节均存在否定转化内容真实性的可能；三是它不表现为一种坚硬的客观化事实，只是一种带有权威性的主观性判断意见。这些特征决定了鉴定意见的作出需要相关制度、程序、规则的支撑，要想保障鉴定意见的可靠性和可信性，使其顺利地在诉讼中发挥作用，完善的管理体制、诉讼程序以及审查判断体系缺一不可。在我国目前的司法实务中，鉴定意见在公安机关侦查阶段、检察机关工作阶段以及法院审判阶段等各个诉讼阶段的使用还存在很多程序上和实体上的问题，制约了它的证据能力和证明力，直接影响了审判质量和审判效率，对司法鉴定的公信力和司法机关的权威性都产生了一些消极影响。

根据《关于健全统一司法鉴定管理体制的实施意见》的规定，按照建设公正、高效、权威的社会主义司法制度的要求，目前需要进一步优化职权配置，完善司法鉴定工作与审判、检察、侦查工作的衔接协调机制。一方面统一准入标准、统一执业规范、统一鉴定标准、统一评价体系，严格规范鉴定活动，保障鉴定人依法独立执业、客观公正鉴定，对鉴定意见负责，为公正司法提供可靠技术保障，应当对各个诉讼阶段中鉴定意见相关的工作规则、审查机制进行进一步的完善，保证对鉴定意见的充分审查，确保其作为科学证据在案件事实的认定中发挥正面作用，帮助人民法院作出公正的裁判。

（一）鉴定意见的类型分析

1. 鉴定意见的法定类型

《司法鉴定管理决定》第 2 条规定：“国家对从事下列司法鉴定业务的鉴定人和鉴定机构实行登记管理制度：（一）法医类鉴定；（二）物证类鉴定；（三）声像资料鉴定；（四）根据诉讼需要由国务院司法行政部门商最

高人民法院、最高人民检察院确定的其他应当对鉴定人和鉴定机构实行登记管理的鉴定事项。”

这是根据鉴定对象的物质属性不同以及所依据的科学知识和技术方面的不同对司法鉴定业务的划分，相应地，鉴定意见也可以划分为法医类鉴定意见、物证类鉴定意见、声像资料类鉴定意见，其他实践中常见的鉴定意见还包括司法会计学鉴定意见、计算机技术鉴定意见、工程学鉴定意见、知识产权的鉴定意见等。根据《司法鉴定管理决定》第17条的规定，法医类的鉴定意见包括法医病理鉴定意见、法医临床鉴定意见、法医精神病鉴定意见、法医毒物鉴定意见和法医物证鉴定意见；物证类鉴定意见，包括文书的鉴定意见、痕迹鉴定意见和微量物证鉴定意见；声像资料的鉴定意见则包括对录音带、磁盘、录像带、图片、光盘等载体上记录的一些声音、图像信息的真实性、完整性及其所反映的情况的过程进行的鉴定和对记录的声音、图像中的语言、人体、物体作出的种类或者同一认定方面的鉴定意见。

2. 理论上的分类

在我国，鉴定意见的载体和书面表达方式是鉴定文书。鉴定文书“是鉴定委托、鉴定过程和鉴定结果的书面表达方式，是鉴定人将鉴定所依据的资料、鉴定的步骤与方法、鉴定的依据与标准、分析得出的数据图像等用文字和图片的形式表述出来的一种法律文书”。从科学鉴定原理角度探析，鉴定意见可以划分为不同类型。按照鉴定意见判断被鉴定事项的确定程度的不同，可以将其分为确定性意见与不确定性意见，还有可能因为检材数量、质量或鉴定技术的问题，鉴定人根本无法作出鉴定意见。其中确定性意见指明确的鉴定意见，是一种必然性意见，鉴定人能够将被鉴定问题肯定或否定到确定不移的程度，包括肯定性鉴定意见和否定性鉴定意见，如“同一”或“不同一”意见，“是什么”或“不是什么”意见，“有什么”或“没有什么”意见。不确定性意见是一种或然性意见，即推断性意见，也可称为倾向性意见，是指被鉴定问题可能存在或可能不存在、可能是也可能不是的情况，通常会表述为“可能”“大概”“不排除”等。因为鉴定意见的不同，鉴定文书也可以分为不同的形式，作出肯定或否定鉴定结论的为鉴定书，叙述检验过程和检验结果的为检验报告书，提供倾向性、可能性分析意见的为鉴定报告。鉴定书是基本法律文书，其他各类均为派生性文书。另外，当实践中出现提供给鉴定人的样品数量不足、质量不高、检材存在问题或者鉴定技术不具备等情况时，鉴定人也会陷入“巧妇难为无米之炊”的窘境，从而无法作出鉴定意见。

（1）确定性意见

确定性鉴定意见表面上对于案件专门问题具有唯一或排他性的结论，所以对于确定性意见，办案人员在司法实践中往往十分信赖，疏于审查。但其实确定性的鉴定意见也并不意味着完全正确，也有可能存在问题。譬如在2015年的南京宝马案中，王某某在南京市秦淮区驾驶宝马轿车造成2人死亡、1人受伤后，南京脑科医院司法鉴定所出具的司法鉴定意见书认为：“王某某作案时患急性短暂性精神障碍，有限制刑事责任能力。”针对这一鉴定意见，被害人家属和公众普遍质疑，提出了什么是急性短暂性精神障碍、为什么要强调“作案时”等问题。在四川师范大学杀人案中，犯罪嫌疑人滕某也进行了法医精神病学鉴定，鉴定意见表示：“被鉴定人患有抑郁症，对其2016年3月27日的违法行为评定为部分刑事责任能力。”该精神病鉴定意见一经公布，也受到了被害人家属和社会公众的广泛质疑，被害人家属表示不接受该鉴定结果，将会申请重新鉴定。

这两个案件中的精神病鉴定意见都属于确定性意见，但仍存在很多争议。一方面，对于“急性短暂性精神障碍”“抑郁症”等精神卫生领域的专业术语，普通民众难以理解，鉴定意见往往会受到“精神障碍”“抑郁症”等是否属于精神病的医学判断方面的质疑。另一方面，也包括一些法律判断方面的争议，包括犯罪嫌疑人“精神障碍”“抑郁症”等鉴定结果是否影响其作案时的刑事责任能力，是否表明其作案时丧失了辨认和控制能力，对之后定罪量刑的影响如何以及刑事责任能力的判断是应当纳入精神病鉴定范围还是应当由法官进行，等等。

关于精神病鉴定医学判断方面的问题，因为其本身是一种主客观交织的复杂认识活动，这种认识不仅源于认识对象的“主观性”精神状态，而且还是对过去已发生且现在早已“存而不在”的作案时的行为具象与当时精神状态之间关系的推断，本身就很难具有确定性。而且在非精神病专家的普通人眼里，只有披头散发、胡言乱语、哭笑无常的所谓“异常”或者

“不正常”的行为才能算得上精神病。而在精神病专家的视野里，幻觉、妄想等外在症状不明显的精神病，甚至一些精神障碍也被视为精神病。而且即使是针对同一精神现象，不同的精神病专家也可能存在不同的认识。在实践中，精神病鉴定人对同一精神现象作出不同的鉴定结果、普通人对精神病鉴定人的鉴定意见存在不同的认识都属于正常现象，而这种“正常现象”就不免使精神病鉴定产生了争议。精神病鉴定认识的复杂性带来了认识结果的多样性，具体表现为多次鉴定后前后结论的相互矛盾，有法官曾指出，“经历过几十件有司法精神病鉴定的案件讨论，有一半以上的案件作过两次以上的鉴定……没有一例是两次鉴定结论完全一致的。只要有两次鉴定，最后的结论肯定是不一样的”。这种鉴定意见的前后冲突在一定程度上削弱了精神病医学的科学性，其鉴定的权威性也因此受到减损，要当事人认可鉴定意见存在困难。[①] 精神现象的评定本身是十分复杂的认识问题，当事人普遍缺乏专业知识，难以对鉴定意见提出科学性层面上的质疑，仅仅能凭借常识、常情、常理质疑鉴定意见是否可信。在这种情况下，鉴定程序中的问题就会被当事人选择性地放大，用来支持自己提出的异议。其实有的时候，这些方面的问题与鉴定意见之间并没有直接的关联，但当事人会利用其借题发挥。所以，无论精神病鉴定如何复杂，在认识中存在何种分歧，只有将精神病鉴定作为法律问题来讨论，才有可能通过完善制度来减少认识上的分歧，借助于正当程序来减弱这些分歧性认识对评定结果的影响。科学的精神病鉴定程序和正当的启动程序对于实践中争议的解决显得尤为重要。

在法律判断方面，关于刑事责任能力由法官判断还是纳入精神病鉴定范围的问题尚未达成共识。在上述两个案件中，鉴定意见中都包含了刑事责任能力的认定，对此实践中也存在分歧和质疑，很多人认为应当由法官对刑事责任能力进行认定。但是对精神病人的刑事责任能力评定属于精神病与辨认或者控制能力之间关联度或者影响程度的判断，这种判断不仅涉及被鉴定人所患疾病的性质及严重程度，还需要判明与其行为之间在作案当时状况下的关联度，对这种关联度的判断不仅需要心理学知识、社会学

① 参见郭华：《精神病司法鉴定若干法律问题研究》，载《法学家》2012年第2期。

知识，还需要医学知识。所以，对于精神病与辨认或者控制能力关联度的判断，尤其是精神病对辨认或者控制能力影响度的认识，多数可为精神病鉴定人的知识和经验所覆盖，在此方面鉴定人要比法官更适合对心理学要件进行判断。而且在精神病鉴定实践中，精神病的严重程度与刑事责任能力存在一定的关系，但与刑事责任能力的有无以及大小并不具有必然的正比关系，重型精神病并不必然导致作案时精神病人对其行为的辨认与控制能力弱于轻型的精神病。刑事责任能力与精神病之间的现实关系也不完全被其整体性行为所影响，即使精神病对精神病人的整体性行为有影响，也不宜简单确定患有精神病的人就必然为限制刑事责任能力人或者无刑事责任能力人。因为严重精神病人，如精神分裂症，在很多情况下存在着“辨认能力”。也就是说，刑事责任能力的判断离不开精神病医学知识的参与，更不能完全脱离精神病鉴定人依据医学知识的判断。所以，鉴定实践中由精神病鉴定人对刑事责任能力进行评定具有合理性，但即使鉴定人对刑事责任这一法律问题作出判断，在庭审中仍要接受法官的审查判断，刑事责任能力的鉴定意见对法官来说不应像单纯的精神病意见一样具有约束力，法官对其可以结合案件的其他情况作出选择性判断，所以鉴定意见中“部分刑事责任能力”或“无刑事责任能力”的意见并不意味着一定会从轻、减轻处罚，最终的决定权还是在法官手上，这也是防止鉴定权对审判权的实质性篡夺或者替代。[①]

确定性意见仅仅是一种鉴定人的判断，而非是准确无误的。即使是被公认为最科学、最权威的DNA鉴定，也可能会出现错误。新疆的一起案件便出现了DNA鉴定错误，两具尸体经DNA检验竟为同一个人，由此导致死者从“自杀”变为“他杀”。2004年7月13日，雷某国失踪，后被怀疑溺水身亡。为了确定第一具尸体的身份，公安机关抽取雷某国父亲的血液，与尸体进行了DNA鉴定，《鉴定结论通知书》称：“有关人员对无名尸体与雷某富血样进行了DNA及无名尸体胃内容物鉴定，鉴定结论是无名尸体与雷某富有血缘关系，累积亲权概率为99%，无名尸体胃内无有毒物质。”但雷某国家属不相信雷某国溺水死亡，认为该尸体不是雷某国，后

① 参见郭华：《精神病司法鉴定若干法律问题研究》，载《法学家》2012年第2期。

提交线索请求公安机关继续调查。公安机关调查后抓获了犯罪嫌疑人，该嫌疑人交代了杀害雷某国的事实和埋尸地点。根据犯罪嫌疑人交代的埋尸地点，警方发现了第二具尸体，又一次与雷某国家属进行了 DNA 鉴定。这次的结论为："雷某国尸体与其母施昌会的 mtDNAHV 区碱基序列一致"，指明了这具尸体就是雷某国。这样一来，第一具尸体的 DNA 鉴定意见虽然属于确定性意见，但是很明显是错误的。这一错误鉴定引发了公众对于 DNA 鉴定可信度的争议。总的来说，还是要科学对待司法鉴定，即使是确定性鉴定意见也不能盲目依赖。

（2）不确定性意见

鉴定意见的这几种类型中，对于不确定性意见的讨论和分歧是最多的。鉴定意见作为鉴定人主观上的科学判断，必然会出现确定或不确定的结果，将判断限制为"确定性结果"既不符合认识规律，又违背客观事实。所以不确定性鉴定意见是鉴定实践中的客观存在，很多的鉴定事项因为鉴定对象复杂、鉴定客观条件以及鉴定主体认识能力等多个方面的原因不可避免地会出现不确定性的鉴定意见。主要的现实原因包括：①送检材料质量、数量方面的问题。鉴定通常要求检材需具备鉴定条件，样本需具备可比性，但实践中往往因为收集、提取和保管工作的疏忽导致检材条件较差，或者作为比较对照的参照物即样本的数量不足、不具备可比性，从而无法判断有无其他可能（如笔迹鉴定中无法判断书写形式的多样性等），或者因为检材本身情况复杂、鉴定难度大，鉴定人对特征的符合点及差异点无法作出确切认定，无法形成"内心确信"，所以只能根据带主导性的依据出具倾向性意见。②鉴定人的知识水平和认识能力有限。人的认识是有限的，鉴定所依据的现有理论和方法只能是相对的，而非绝对真理。鉴定意见因其与科学知识的密切关系，需要时刻进行鉴定理论和鉴定方法的更新，当鉴定涉及某些尚未形成定论的科学理论，或者目前的鉴定方法、鉴定设备达不到得出确切结果的要求时，鉴定人只能根据现有的理论、方法和设备作出不确定性鉴定意见。③鉴定对象具有复杂性，司法鉴定对象多数是在异常条件下产生的，常常具有变异性、不可重复性、虚假性、局部性等特点，存在各种料想不到的突发偶然性因素和随机性因素，而且鉴定涉及的科学知识大多是由交叉学科形成的应用科学，对其进行认识、比较、判断困难较多。④社会因素的影响。鉴定意见在证据体系中占据重要地位，它对案件的判决往往会产生很大影响，所以鉴定意见常常会导致鉴定人和当事人之间的关系紧张，从而使鉴定人背上沉重的社会压力。

不确定性意见出现较多的鉴定领域有死因鉴定、笔迹鉴定等复杂性鉴定以及检材不足的案件。死因鉴定中，死亡的结果可能是由多种因素共同作用导致的，往往还需要进行主要原因和次要原因的划分和判断，十分复杂，难以准确认定，因此容易形成不确定性鉴定意见，出现死因不明的情况。笔迹鉴定中，因为其对鉴定人经验的依赖性较高，出现不确定性鉴定意见的几率也较高。笔迹鉴定是通过分别对物证笔迹和样本笔迹的形象痕迹整体进行分析，从带有规律性的现象中发现和选择表明笔迹特性的特征，进而对特征进行分类，忽视细小的差别，形成特征组合。将充分反映物证笔迹和样本笔迹的特征组合进行比较分析，发现或寻找其符合点和差异点，并对发现的符合点和差异点进行分析与综合，确认差异点的性质和符合点总和的特定性，就物证笔迹和样本笔迹是否同一进行论证。判断笔迹是否同一的实质是一定的数量和质量的特征组合在无关客体中出现的概率，如果特征组合是无关客体难以或无法达到的，只有客体自身的反映形象才可能达到，则符合同一认定的标准，但这无疑是概率性的认定，只能说无关客体达到如此吻合程度的概率极小。如果特征组合的数量不充足或质量不高，在无关客体中存在出现的可能性，则采用或然性司法鉴定意见的表述方法才和概率性认定的实质相适应，才能体现鉴定的科学性。而且笔迹的稳定性是相对的，特定的书写环境、书写条件、心理状态会对正常笔迹有所干扰和阻碍，物证笔迹数量有限或样本材料的缺乏，都可能导致笔迹的本质特性不能客观充分地反映出来，主观上如果认识能力有限、经验缺乏，则无法通过笔迹的反映形象充分认识笔迹的特性，往往无法得出确定的鉴定意见。①

不确定性意见是鉴定实践中不可避免的一种鉴定意见，存在具有客观性，但对于其证据能力尚存争议，因而在使用中存在问题。鉴定意见的本质目的是要在诉讼中作为证据使用，从而实现其预期的价值，而不确定性

---

① 参见朱妮娜：《论或然性司法鉴定意见的证据地位》，山东大学2011年硕士学位论文。

意见没有对鉴定要求给予明确的答复，无法解决案件中特定的争议事项，无法帮助法官及当事人对特定的争议事项进行充分、正确的认识。而且我国对不确定性鉴定意见的划分方法过于简单，缺乏等级式的划分。美国的笔迹鉴定将鉴定意见分为9种，其中倾向肯定类的意见分为：非常可能是同一人所写、可能是同一人所写、倾向是同一人所写三个等级；倾向否定的意见分为非常可能不是同一人所写、可能不是同一人所写、倾向不是同一人所写三个等级。我国的司法鉴定将不确定性鉴定意见分为倾向肯定和倾向否定。由于倾向性的认定存在较大的模糊性，到底是很可能的认定还是有迹象的认定很不明确，完全由鉴定人自行掌握，随意性、主观性太大。对于鉴定意见的使用者来说，不易把握其证明价值，不利于发现案件事实。也有学者对不确定性鉴定意见的关联性和合法性提出质疑，认为其没有能够达到证明特定案件事实的要求，因此并没有满足法律对这种关联性的具体要求，不能成为诉讼中的证据。司法实践要求法官应当审查是否具有明确的鉴定结论，据此，不确定性意见不符合合法性要求，不能作为认定案件事实的根据。

但是，我国《刑事诉讼法》《民事诉讼法》《行政诉讼法》以及《司法鉴定管理决定》等规范性法律文件并没有对司法鉴定意见的确定程度进行限制。对审判者而言，相对于不确定性鉴定意见，确定性司法鉴定意见更容易令其把握认定证据的标准，更加便于使用，这种规定还是值得商榷的。

其实证据材料与定案证据两者具有不同的标准，不能强求证据提供者必须达到审判人员认证证据的标准。鉴定意见未经法院审查认证前只是一种待证事实的证据材料，提供证据材料的法律标准是“如实”，之后是否能够作为定案根据应该由法官在审判过程中进行审查和判断。由于各种不同类型的条件所限，鉴别、检验的活动发生结论不确定的情况、无法得出结论的情况的可能性都是客观存在的，鉴定人按照法定程序出具的不确定性鉴定意见即使达不到定案根据的要求，也可能指示案件的审理方向，与其他证据形成证据链条，发挥一定的印证作用，对其他证据的证明力进行补强，为法官判断事实问题提供参考。所以，鉴定人应当坚持客观性原则，客观性的基本要求就是鉴定意见的真实性，对被鉴定问题认识到什么程度就作什么程度的鉴定意见，不允许有任何虚假成分。即根据条件和标准，能确定的就确定，不能确定的不能强求鉴定人确定。一味要求出具确定性意见不符合科学规律，对鉴定和诉讼是有害的。

（3）无法给出结论的鉴定意见

司法实践中，因为客观因素的限制，鉴定人也有可能无法给出结论。主要的原因包括提供给鉴定人的样本数量不足、质量不高、检材存在问题，或者是当时尚不具备相应的鉴定技术。

鉴定意见作为“科学证据”，应当以科学技术标准来评判其可靠性，而不是片面地要求其得出肯定或否定的确定性结论。鉴定人作出鉴定意见应当符合科学技术标准，符合客观真实，前者是保证，后者是目标。只有符合科学技术标准，才能达到客观、真实。符合科学技术标准，是指鉴定意见的依据应当达到某一时期该技术领域认识的相对极限，依据的科学技术和专门知识得到该领域的广泛认可，符合法律法规规定的鉴定事项统一标准。只有以符合科学技术标准作条件，鉴定意见的客观真实性才有衡量的尺度和评断审查的依据。所以，鉴定人出具鉴定意见应当以符合科学技术标准、符合客观真实为根本要求，而不是一味地追求鉴定意见的“确定性”。

（二）公安机关侦查阶段中鉴定意见的审查与使用

公安机关侦查阶段中的司法鉴定活动是对勘查中所提取的痕迹、物证进行检验和鉴定，并将鉴定意见与勘查相结合，使得鉴定内容起到证明犯罪事实的作用。公安机关司法鉴定的合法、有效，是侦查中收集的物证、书证等证据材料能否发挥证明作用的关键。因此，公安机关侦查阶段中司法鉴定质量的提升以及鉴定意见审查机制的完善便显得更为重要。

1. 相关规定

《刑事诉讼法》侦查章节中有关于鉴定的规定，根据第144条～147条的内容，侦查中为了查明案情，需要解决案件中某些专门性问题的时候，应当指派、聘请有专门知识的人进行鉴定。鉴定人进行鉴定后，应当写出鉴定意见，并且签名。侦查机关应当将用作证据的鉴定意见告知犯罪嫌疑人、被害人。如果犯罪嫌疑人、被害人提出申请，可以补充鉴定或者重新鉴定。根据《司法鉴定管理决定》的规定，侦查机关根据侦查的工作需要可以设立鉴定机构，公安机关侦查工作中的鉴定意见大多数由侦查机关内设的鉴定机构出具，该鉴定机构不得面向社会接受委托从事司法鉴定业务。

《公安机关办理刑事案件程序规定》较为详细地规定了公安机关的鉴定工作程序，根据第239条～248条的内容，公安机关聘请有专门知识的人进行鉴定，应当经县级以上公安机关负责人批准后，制作鉴定聘请书。公安机关应当为鉴定人进行鉴定提供必要的条件，侦查人员应当做好检材的保管和送检工作，并注明检材送检环节的责任人，确保检材在流转环节中的同一性和不被污染，然后及时向鉴定人送交有关检材和对比样本等原始材料，介绍与鉴定有关的情况，并且明确提出要求鉴定解决的问题。禁止暗示或者强迫鉴定人作出某种鉴定意见。

鉴定人应当按照鉴定规则，运用科学方法独立进行鉴定。鉴定后，应当出具鉴定意见，并在鉴定意见书上签名，同时附上鉴定机构和鉴定人的资质证明或者其他证明文件。多人参加鉴定，鉴定人有不同意见的，应当注明。对鉴定人出具的鉴定意见，侦查人员应当进行审查。侦查机关将用作证据的鉴定意见告知犯罪嫌疑人、被害人后，犯罪嫌疑人、被害人对鉴定意见有异议并提出申请，以及办案部门或者侦查人员对鉴定意见有疑义的，可以将鉴定意见送交其他有专门知识的人员提出意见。必要时，可以询问鉴定人并制作笔录附卷。如果犯罪嫌疑人、被害人要求补充鉴定和重新鉴定的，需经县级以上公安机关负责人批准，在规定的具体情形下才可进行补充鉴定、重新鉴定。不符合具体情形的，经县级以上公安机关负责人批准，作出不准予补充鉴定或重新鉴定的决定，并在作出决定后三日以内书面通知申请人。

除了以上法律、法规的规定，具体的鉴定工作规范、鉴定技术标准体系也在建立当中。一方面中华人民共和国国家质量监督检验检疫总局和中国国家标准化管理委员会联合发布了《中华人民共和国国家标准》。2008年4月发布了《法庭科学DNA数据库建设规范》，同年8月发布了《刑事技术微量物证的理化检验》。2012年12月发布了《法庭科学枪械射击弹壳痕迹检验规范》《法庭科学枪械射击弹头痕迹检验规范》《法庭科学照相制卷质量要求》《物证检验照相、录像规则》和《现场照相、录像要求》等规范标准。另一方面，公安部也发布了一系列《中华人民共和国公共安全行业标准》的具体标准文件。包括《刑事照相、录像词汇》《手印鉴定书的制作》《指纹专业名词术语》《微量物证的提取、包装方法》《法庭科学枪弹痕迹检验鉴定文书编写规范》《法庭科学弹子锁开启痕迹的检验技术规范》《法庭科学枪支物证的提取、包装和送检规则》《物证的封装要求》《法医生物检材的提取、保存、送检规范》《法庭科学物证照相配光检验方法》等。

关于公安机关侦查阶段鉴定工作的规定从总体上看比较完整，2012年修订的《公安机关办理刑事案件程序规定》进一步完善了鉴定的相关程序规定，特别是针对实践中的问题细化了重新鉴定、补充鉴定的条件。但内容仍过于粗疏，缺乏实际的可操作性，比如侦查人员对鉴定意见进行审查的规定不够细化。由于我国鉴定工作的国家标准和行业标准起步较晚，其中也存在规定不细致、不科学的地方，在实践中，即使不完善的现有规定也没有得到严格执行，执法过程中对法律规定的歪曲和偏离使得公安机关侦查阶段的鉴定意见的使用出现了很多问题，导致鉴定争议频发。

2. 实践中的争议

与司法人员对鉴定意见过度信任的态度正好相反，当事人以及社会公众往往对鉴定意见过度怀疑，致使侦查机关提供的鉴定意见权威性不足，鉴定争议频发。初查或侦查阶段最容易发生鉴定争议，并且影响深远，被社会给予的关注最多。首先，侦查机关实施了刑事案件中90%、甚至更高比例的鉴定，按概率分布，鉴定争议在此阶段发生的几率肯定最高；其次，鉴定基本上是由侦查机关在初查或侦查阶段独立启动与完成的，缺乏制约，存在着很多可能引发争议的问题；而且鉴定意见往往决定着有无立案必要、是否需要追究嫌疑人的罪责等核心问题，关系到当事人及其家属的切身利益。再加上初查或侦查阶段时，犯罪案件发生不久，被害人一方与犯罪嫌疑人之间的对立情绪最高，他们不可能、亦无法（如死因鉴定）将鉴定争议留待于起诉、审判阶段再解决。庭审阶段当然也会存在鉴定争议，其中的多数是侦查程序鉴定争议之延续，或起因于侦查机关的鉴定。

在公安机关进行的诸多鉴定门类中，相关争端主要集中在法医鉴定。其中又以死因鉴定、损伤程度鉴定、犯罪嫌疑人或被告人的精神病鉴定为最，其他涉鉴类型（如痕迹类鉴定）则相对较少。最为棘手的应该是死因鉴定争议，毕竟，尸检意见对侦查机关是否立案、被害人家属能否将“凶手”绳之以法具有决定性意义，故在被害人突发性地、而又疑似非正常死亡的情况下，家属一般很难接受不利于己的鉴定意见。而伤情鉴定意见同样关系到是否立案（轻伤、轻微伤的争议）、被告人罪行之轻重与刑罚之疾缓（轻伤、重伤的争议）。倘若此类鉴定还存在特殊的案件背景，如当事人积怨颇深、存在利益冲突等，则办案部门的任何鉴定意见，都可能受到当事人一方的强烈抵制。[①]

鉴定争议既容易导致过度重复鉴定，也会引发当事人的不满，上访、闹事等情况不断升级，甚至一度还衍生出暴力性群体事件，对社会秩序造成极大的破坏，同时影响诉讼效率，导致办案部门案难结、事难了。一旦处理不好，会对司法公信力造成很大的消极影响。

近年来，在侦查阶段发生鉴定争议的案件层出不穷。我们通过对下面典型案件进行分析，可以发现鉴定过程中存在哪些问题容易导致鉴定争议产生。

案例1：黑龙江代某案。2007年8月25日，黑河市嫩江县居民代某死于家中，死时嘴角流血，包括颈部在内身上有多处伤痕。嫩江县公安局刑事技术大队对代某的尸体进行检验作出符合口服氨基比林、咖啡因类药物致中毒死亡的结论。死者家属质疑鉴定结果，认为，氨基比林咖啡因作为一种感冒药，不可能让代某在短短半小时内死亡。他们怀疑代某是被丈夫徐某所害。后黑龙江省公安厅刑事技术总队法医到嫩江县对代义进行第二次尸体检验，其结论为代某符合氨基比林、咖啡因类药物致中毒死亡。死者家属仍然质疑其鉴定结果。公安部物证鉴定中心法医、病理、毒理技术人员作了第三次尸体检验，其结论仍为“符合氨基比林、咖啡因中毒死亡”。代某亲属对三级公安机关的鉴定意见均不服，多次赴省进京上访，其姐姐不惜“以身试药”来试图否定鉴定意见。此事引起震动，黑河市政法委委托华夏物证鉴定中心对代某死因再次鉴定，结论是代某“排除药物中毒死亡，不排除扼颈并捂压口腔死亡”，否定了此前的鉴定意见，法医界对代某死因的争议更为激烈。黑龙江省黑河市委政法委组织司法部司法鉴定科学技术研究所、中国医科大学法医学院、公安部物证鉴定中心、上海市公安局物证鉴定中心、北京市公安局法医检验鉴定中心的专家对代某死因

① 参见陈如超、刘竹：《刑事专家辅助人制度的反思与重构》，载《中国司法鉴定》2014年第4期。

进行专家论证，其论证意见仍为代某“口服含有氨基比林、咖啡因成分的药物中毒死亡”。在华夏物证鉴定中心的鉴定中，排除代某氨基比林咖啡因药物中毒死亡的主要依据是在代某的肝组织中未检出氨基比林的代谢产物4—氨基安替比林，这说明氨基比林咖啡因并未在代义体内吸收代谢，因此也不可能导致中毒死亡。此结论一度在法医圈内引起震动，因为如果肝内没有代谢产物，却有相关药成分，意味着肝内检出的药物可能是人为添加所致。对此黑河市政法委又委托国家生物医学分析中心对代某肝内是否有4—氨基安替比林专门进行检测。结果是代某肝组织中含有4—氨基安替比林845.9微克/千克。然而有专家认为，如此的剂量绝对不足以致人死亡。专家参与争议使得案件更加扑朔迷离。

案例2：南京虐童案。2015年3月31日晚，养母李某某在其家中因为家庭教育问题，使用抓痒耙、跳绳对男童施某某殴打，致使施某双手、双脚、背部大面积出现红肿痕迹。经南京市公安局物证鉴定所鉴定，施某某伤情已构成轻伤一级。这一鉴定意见遭到了李某某及其辩护人的质疑，认为警方鉴定人员在无法定代理人也无其他见证人在场的情况下，仅由一名法医进行伤情鉴定，明显违反了法律规定，鉴定程序不合法。还提出南京市公安局物证鉴定所出具的伤情鉴定涉嫌鉴定时间虚假、鉴定人签名虚假、鉴定人数虚假等问题。除了这些程序性问题之外，该案最主要的鉴定争议在于“轻伤”的认定。这一认定关系到殴打行为是否构成犯罪，所以在本案中具有非常重要的意义。李某某及其诉讼代理人向法院递交了由法医鉴定专家胡志强出具的“法医学书证审查意见书”，认为“皮内出血”不属于《人体损伤程度鉴定标准》中的“挫伤”。根据公安部和司法部分别发行的《人体损伤程度鉴定标准适用指南》和《人体损伤程度鉴定标准释义》，关于挫伤的概念是：首先是要由钝性物体对于组织器官的损伤，造成的皮下和（或）皮下及软组织它的闭合性损伤。故孩子的伤情不符合这一情况，所以不构成轻伤，而是轻微伤。而南京市物证鉴定所出具的法医学人体损伤程度鉴定书系关于“挫伤”的认定是依据了《法医病理学》教科书中关于“挫伤”的概念，目前并无法律、法规及司法解释对此进行明确规定，现有法医学理论通说均认为挫伤包括了皮内和（或）皮下及软组织出血。法院最后认为南京市物证鉴定所出具的法医学人体损伤程度鉴定书的认定符合法医学理论通说及理论沿革，应予采纳。《法医病理学》系卫生部规划的法医学科专业教材，在无任何法律法规和行业规范的情况下，将教科书作为医学鉴定的依据，是鉴定中通常的做法。而辩方专家证人出具的法医学书证审查意见书中的认定所引用的《人体损伤程度鉴定标准释义》及《人体损伤程度鉴定标准适用指南》既非规范性法律文件，亦非有权机关所作的司法解释，其仅系学术观点的一种，虽可在鉴定时作为参考，但不能当然否定教科书作为鉴定理论依据的通行做法。

3. 问题与对策

在公安机关的侦查活动中，鉴定意见具有侦查指向价值，属于一种侦查行为，在侦查中能够发挥重要作用，包括排查犯罪嫌疑人的范围、避免将无辜的人卷入刑事诉讼；减少对犯罪嫌疑人口供的依赖；弥补办案手段的不足，实现串并案侦查，有效提高侦查效率等，是侦查阶段明确侦查方向、收集证据的重要手段。随着鉴定技术的不断发展，鉴定意见在公安机关侦查中的运用越来越多，公安机关运用鉴定手段切实提高了侦查水平，很多过去所谓的疑难案件在现代的刑侦技术手段下已经能够迎刃而解。但是，目前我国司法鉴定管理体制尚未完善，相应的诉讼程序也未能发挥其应有的作用，整个司法鉴定制度的运行机制尚未受到法律法规的严格规范。

为了更好地了解当前公安机关侦查期间鉴定活动中存在的问题，课题组了解了北京市公安局某某分局刑侦支队技术队的工作情况，并结合上述典型案件暴露出的问题和学界的普遍意见进行了分析、比较。目前我国公安机关侦查阶段的鉴定工作中导致鉴定意见的公信力不足、鉴定争议频发的主要问题包括：

（1）鉴定主体的问题。鉴定机构的中立性不足，容易引发怀疑和争议。鉴定机构无法保持中立，其可信性难以获得。鉴定机构地位不中立，鉴定人必然依附于侦查机关，其独立性就会令人担忧，当事人很难相信其鉴定意见的公正性，案件经常会进行多次重新鉴定。但我国司法鉴定主体是公安系统法医，后续的重新鉴定一般还是由上级公安机关法医作出，其往往倾向于维护先前公安机关作出的鉴定意见，又加剧了争议。另外，鉴定主体方面，鉴定人的鉴定能力和鉴定态度也很重要，如果鉴定粗糙、草率，很大程度上会影响当事人对其出具的鉴定意见的认可。

（2）鉴定程序不规范。鉴定程序的问题也是影响鉴定意见可信性的重要因素，从上述鉴定争议的案件中也可以发现很多鉴定程序不规范、不合法的情况，如南京虐童案中因伤情鉴定的鉴定时间虚假，鉴定人数、鉴定人签名等存在问题，引发了质疑。鉴定程序方面的问题主要包括鉴定人不回避、鉴定主体不适格、鉴定书错误、不及时告知或拒绝告知鉴定意见等。

公安机关刑侦支队的工作实务中存在着一些程序不规范的情况，如勘验、检查现场时的见证人缺失问题。公安部《公安机关刑事案件现场勘验检查规则》第24条第2款规定：勘验、检查现场时，应当邀请一至二名与案件无关的公民作见证人。由于客观原因无法由符合条件的人员担任见证人的，应当在笔录材料中注明情况，并对相关活动进行录像。同时该条第3款规定：勘验、检查现场，应当拍摄现场照片，绘制现场图，制作笔录，由参加勘查的人和见证人签名。对重大案件的现场，应当录像。但是在实际的勘验工作中，由于许多客观因素的限制和出于公安工作的保密需要，在现场并没有见证人见证勘验过程。因此，当刑事诉讼中对现场所提取痕迹的鉴定产生质疑而需要见证人出庭时，就会出现问题，引发争议。

不论是对嫌疑人采取强制措施，还是进行现场勘查、检验，公安工作都缺乏第三方的现场监督和见证。为此，公安机关为现场勘查人员统一配发了现场执法记录仪，要求勘查人员在现场全程录像，如实记录工作过程，尤其是对于痕迹的提取情况进行客观录制，录制影像由专门的存贮仪器保留一年时间。记录仪的使用确实是对不完善的见证人制度的补充，但并不意味着它就可以将见证人取代，如何能落实见证人制度，还需要更多的实际解决办法。

当事人普遍缺乏专业知识，难以对鉴定意见提出科学层面上的质疑，所以往往倾向于凭借常识、常情、常理质疑鉴定意见是否可信。在这种情况下，鉴定程序方面的问题容易被当事人选择性地放大，用来支持自己提出的异议。其实有的时候，这些方面的问题与鉴定意见之间并没有直接的关联，但当事人会利用其借题发挥。一些学者调研指出，当事人不服鉴定意见而上访，因鉴定程序不规范而引发的上访，已经占司法鉴定信访案件的1/2；更有学者说，法医鉴定程序瑕疵、问题或漏洞，已成为当前当事人质疑办案部门鉴定意见是否可靠的最主要理由。

(3) 鉴定检样的收集、保存程序存在问题。侦查中收集鉴定检样的方式主要包括物证检验、尸体检验、人身检查、现场勘验等。对现场原始情况的记录和固定，是现场勘验的第一步，也是使得现场痕迹检材真实、可靠的有效保障。鉴定人要作出准确、可靠的鉴定意见，充分、完善的检材和样本基础是必不可少的，所以需要对鉴定检样进行科学、合法的提取、保管。但是目前我国尚未建立规范化的鉴定检样收集、保管程序，在实践中也出现了很多问题。首先，实践中侦查人员专业性不足，不能严格按照鉴定操作守则对检样进行收集和保存。负责检样的侦查人员需要具备特定的专业技术水平，检样的提取必须符合实验室的操作规范，保存也必须严格按照检样的性质特征妥善操作，一旦操作不当，就会造成检样毁损、污染、变质、甚至被调包等危险，影响鉴定结果的准确、可靠。而且有时候由于现场条件的客观限制，报案时间与发案时间相隔较远或者派出所民警在现场保护中存在的疏漏，导致许多关键检材不是由勘验人员在现场提取，而是由事主或报案人提供，派出所民警移交的，难以保证检材来源的可靠性。其次，对检样进行收集、保存的过程中，侦查人员往往忽视程序的合法性问题。程序合法性是指检样的提取、固定、保存都需要符合相关法律程序的规定。但是目前从法律角度对鉴定检样收集保管的规范仍然存在很多漏洞。比如：在实际鉴定中，将检材送至公安鉴定中心，只需要填写一张纸质版的《鉴定聘请书》，其中对于案件情况的说明只留有一行的空格可以填写，而检材的来源、性状、含量等是在送检过程中，通过公安局内网填写的送检系统中体现出来的，但送检人在填写时，其内容的真实性是无从考证和检查的。公安鉴定机构会要求送检人在《委托受理协议》中，填写检材真实、合法的声明书，并通过此方式推卸法律责任，只对检材本身负责。由此可见，对检材的审核其实更多地是靠勘查人和送检人的职业操守，只要在诉讼阶段没有被提出异议，或者通过《工作说明》对鉴定意见中检察院或辩护律师提出的异议做出了合理解释，就没有更多的方式进行监督和审查了，因此，目前实践中的相关规定和做法难以保证检材来源的可靠性。另外，对于提取方式是否存在侵犯隐私权、人格权，甚至是否可能违反非法证据排除规则等缺乏必要的关注。

(4) 鉴定的科学性问题。一方面是因为鉴定的科学性不能被客观认识，科学标准尚未建立，影响了当事人对鉴定的认可程度。如精神病鉴定、伤情鉴定等，当事人普遍缺乏相关的专业知识，对事物的认识仅仅凭借常识、常情、常理，在有些情况下会与科学标准之间存在鸿沟，并因此质疑鉴定意见是否可信。另一方面是由于鉴定事项疑难复杂，超出当前科学能力的解决范围。目前被广泛应用于司法鉴定中的鉴定技术都已经发展得较为成熟，但现实中的具体问题是千差万别的，偶然情况、个体差异等情况无法避免，即使专家也无法保证能够完全准确认识。例如在死因鉴定中，溺水死亡、高坠死亡等的性质确定，以及某人是因自身疾病还是外在原因或二者兼而有之死亡的性质确定等方面，在鉴定实践中难以准确认定，法医界本身就存在争议。这一困境导致了大量的鉴定争议，上文提到的两个案例均涉及这一问题。

（5）重复鉴定加剧鉴定争议。我国解决鉴定争议的方式没有稳定、完善的机制约束，在立法、理论与实践中呈现出较大的任意性，一定程度上加剧了鉴定纠纷的发生。目前解决争议的主要方式就是重新鉴定。因为司法人员与当事人一样缺乏专门知识背景，但又必须直面鉴定意见在科学问题上的争议，常常陷入进退维谷的两难困境。在这种情况下，司法人员和当事人往往会选择通过回流程序将鉴定意见争议退归鉴定人解决，即进行重新鉴定。这种争议解决机制是目前实践中非常常见的，但也造成了很多问题，首先，多头鉴定、重复鉴定现象严重，既难以真正地解决争议，又浪费了司法资源，影响了诉讼效率。其次，多次鉴定后鉴定意见之间的相互冲突又加剧了当事人对办案部门鉴定意见的不信任。司法实践中反复上演这一恶性循环，重新鉴定次数越多，鉴定意见分歧越大，争议也愈加激烈，难以平复。在湖南黄静案中就先后进行了六次不同结论的死因鉴定，使当事人和社会大众对司法鉴定的权威性产生了巨大的怀疑。

公安机关在侦查实践中对鉴定的运用存在的这些问题，未来的司法鉴定制度改革应当予以解决。

第一，要打破侦查阶段鉴定的封闭性，树立鉴定主体的中立形象。鉴定主体的中立性是鉴定意见作为证据“中性”品质的必然要求。为了保证鉴定机构的中立性，应当要求其不隶属于任何诉讼主体以及不依附于任何其他鉴定机构，所以深化司法鉴定制度改革应当取消侦查机关的内设鉴定机构。但是在现有制度框架下，将鉴定机构与侦查机关完全脱离还不具有现实可能性。《关于健全统一司法鉴定管理体制的实施意见》中对此问题也有所涉及，提出了侦查机关应当保障所属鉴定人和鉴定机构独立开展鉴定活动的要求。我们认为，改革的基本路径应该是在保证侦查机关所属鉴定机构为侦查服务的基础上，增设技术侦查部门，改变技术侦查与鉴定混同的现状，形成“侦鉴分离”机制，其所属鉴定机构不隶属于侦查的实施部门，不再参与现场勘查、检查等有关侦查取证的活动，仅仅负有鉴定的专门职责，具有相对的独立性；同时，鉴定机构也要接受司法行政部门的统一登记管理，借助于外部约束来维护其相对的中立性。按照《关于健全统一司法鉴定管理体制的实施意见》的规定，侦查机关内设鉴定机构由侦查机关进行审核，符合条件的要由司法行政部门依法予以登记，编入鉴定人和鉴定机构名册并公告。另外，可以考虑扩大侦查阶段鉴定中专家辅助人和社会鉴定机构的参与度，打破侦查阶段鉴定的封闭状态，有利于增强鉴定意见的可信程度。在 2008 年哈尔滨“10・11”案林某某的死因鉴定中，哈尔滨市警方尊重当事人家属的意见，同意当事人家属委托的社会鉴定机构与侦查机关的鉴定机构共同鉴定，鉴定结果为“林某某系头面部受钝性外力作用致蛛网膜下腔出血死亡”。仅一次鉴定就结束了死因的认定，其结果也为当事人所接受，与侦查机关的鉴定机构对一个案件的反复鉴定和关于鉴定意见的激烈争议形成鲜明的对比。一旦打破侦查阶段鉴定的封闭状态，使鉴定处于阳光之下，受到外部机制的制约，使当事人愿意相信鉴定机构和鉴定人是中立的、公正的，鉴定程序的问题以及对鉴定科学性认识的问题也能得到妥善解决。

第二，要规范鉴定检样的收集、保管程序，建立“节点”式过程管控机制。为了保证鉴定检样的质量，规范检样的收集、保管程序，首先应当对鉴定检样建立“节点”式过程管控机制。从提取、固定、保管到交付鉴定，这一过程需要严格的监控管理，每个阶段内部以及衔接节点都要严格按照相关规定进行，建立“证据保管链”，形成完善的轨迹记录以供审查和核对。每个节点的检样转移必须有相关的物证转移签名，并且填写关于提取检样、送至鉴定实验室检测的时间、地点、数量、标准等详细信息，鉴定时要对检样要做好备份，填写证据移送清单。其次，立法上要细化提取、保管、送检的技术标准和行业操作规则，建立一系列制度规范，包括采集时见证人监督、采证的基本规则、防止人为故意或无意地破坏样本的责任制度、样本交接记录制度等。这些制度规范真正建立后，如果出现鉴定意见争议，检样方面能有据可循，对于提高鉴定意见的可靠性和可行性也大有裨益。最后，在执法中要加强对侦查人员相关专业知识的培训，增强其证据意识和程序意识。公安机关侦查人员在办案过程中必须做到检材和样本的来源、提取、保管和送检符合相关的法律法规，与提取笔录、扣押物品清单等记载的内容相符，保证检样的充足、可靠。物证的收集必须符合法律的有关规定，经过勘验、检查、搜查、提取扣押的物证、书证，必须附有相关的笔录或清单；笔录清单必须由侦查人员、物品持有人、见证人签名，没有物品持有人签名的，必须注明原因。对物品的特征、数量、名称等必须清楚注明。对现场遗留与犯罪有关的具备检验鉴定条件的血迹、指纹、毛发、体液等生物物证、痕迹、物品，对于能够通过 DNA 鉴定、指纹鉴定等方式与被告人、被害人的相应生物检材作同一性认定的，必须及早鉴定。①

第三，要构建规范的鉴定争议解决机制。鉴定争议在诉讼中的存在是必然的，彻底根绝不仅是不可能的，也是不现实的。从科学层面上看，将鉴定意见争议完全交给鉴定专家去解决并非是最为理想的模式。重新鉴定作为解决鉴定意见争议的机制本身具有正当性，能够使当事人的鉴定权得到有效的保障，促进司法鉴定走向客观、公正。这种机制一方面反映出当事人法律意识的增强和制度对其诉讼权利的尊重，但另一方面又会因其无休止地进行，促发鉴定意见争议的加剧或者升级，致使重新鉴定的鉴定机构的地理位置逐渐从县市到省城再到中央部门，浪费了大量的司法资源。因此，重新鉴定并不是解决鉴定争议的“治本之策”，对其应当有所控制。另外，重新鉴定或者鉴定机构自身的内部复查应当按照规定的程序启动和进行，否则不仅不能平息鉴定争议，反而会加剧当事人之间的矛盾。例如 2014 年的一起医疗纠纷案件，一名婴儿出生第 3 天在医院死亡，家长及医院委托中山大学法医鉴定中心进行了死因鉴定，鉴定机构出具的《中山大

① 参见陈邦达：《司法鉴定在刑事侦查中的运用》，载《中国司法鉴定》2013 年第 1 期。

学法医鉴定中心鉴定意见书》中的组织学检查提到：肺出血，部分肺泡腔和支气管内可见红细胞，细支气管及肺泡内可见胎粪样污染物。认定该新生儿是因“宫内窒息引起的肺内大量羊水吸入致呼吸障碍死亡”。家长据此认为医院应当对此事故承担责任。医院对上述鉴定意见书的鉴定结论并不认可，并以书面形式向中山大学鉴定中心就鉴定意见提出复议申请。接到复议申请后，中山大学鉴定中心组织出具原鉴定意见的鉴定人进行核查，并作出《关于张某某死因鉴定意见的补充更正说明函》。这份补充更正说明函称，进一步检查发现，“肺组织的肺表面活性物质 A 免疫染色阳性结果，提示呼吸窘迫、肺组织的 CK－13 免疫染色发现肺内少量角化上皮样细胞，提示排除大量羊水吸入的病理诊断。同时，结合临床病例记录（剖宫产，阿氏评分 10 分/5 分钟），鉴定人认为之前出具的张某某死因鉴定意见不再适用。”根据案情摘要（5 月 15 日 9 点 46 分突然出现呼吸、心跳骤停）、新生儿记录单、进一步检验资料及鉴定人对临床病例的分析，中山大学鉴定中心将原鉴定意见更正为“张某某符合婴儿猝死综合征”。家长对更正后的鉴定意见不予认可，并向广州市司法局投诉鉴定中心补充更正鉴定违规。广州市司法局调查后认为中山大学鉴定中心对原鉴定意见的复查启动程序不符合《司法鉴定程序通则》以及《司法鉴定机构内部管理规范》的相关规定，要求其严肃处理并限期整改。因为该处罚仅仅是对鉴定人通报批评、停发奖金，该婴儿家长又多次向广州市司法局投诉，强烈质疑中大鉴定中心前后作出截然不同的鉴定意见的原因，要求严厉查处。在该案中，鉴定机构随意启动鉴定意见的补充更正，不仅导致了当事人双方在鉴定问题上长时间争执不下，还造成了当事人与司法行政机关之间的纠纷，浪费了大量的行政、司法资源，不利于案件的及时、有效处理。

我国应当在多元化机制的基础上建立符合我国诉讼制度要求的分流与递进并行的争议解决机制。首先，对重大、疑难、复杂以及特殊的鉴定意见争议进行预防。单一的鉴定机构对此类鉴定往往无力承担，对此当由司法鉴定主管部门或者鉴定协会根据鉴定的需要组织多个司法鉴定机构进行共同鉴定。同时，建立鉴定意见争议的分流解决机制，根据鉴定意见存在争议的不同采取相应的解决机制，借助于不同机制分流功能来使鉴定意见争议得到迅速解决而不延误诉讼。这种机制运行的前提是将鉴定意见告知当事人双方，由他们针对鉴定意见提出意见，根据提出的意见分析判断属于非实质性的问题还是实质性的问题。然后，根据涉及问题的性质及其难易程度，分别采用不同的解决机制。首先，非实质性鉴定意见争议主要指涉及鉴定条件、鉴定程序、鉴定实施的方法和鉴定标准的适用等存在问题。对于这些问题一般的专家或者鉴定人根据现有规定能够作出判断，无需采用重新鉴定或者专家论证的方式解决，采用快捷的专家咨询的机制就可以解决问题。其次，对鉴定意见的争议属于规定的重新鉴定情形的，应当依照规定重新鉴定。再次，对鉴定意见存在实质性争议的，可以采取专家论证机制。专家论证解决鉴定意见争议的前提条件是鉴定意见已经过法庭质证，当事人及其专家辅助人与鉴定人之间对争议鉴定意见存在本质上分歧，相互之间无法说服而法官对其信之有疑，抛之又会影响案件基本事实的认定的，可以采用这种专家论证的特殊机制。最后，无论采取上述何种方式来解决所争议的鉴定意见，即使是重新鉴定获得新的鉴定意见，也应当再次经过法庭质证，否则不得作为定案的根据。通过上述解决机制仍存在较大分歧、导致法院无法选择适用争议鉴定意见的，应当排除适用，并对当事人双方应当承担的证明责任作出事实认定。

另外，由于公民非正常死亡的案件性质恶劣，死因鉴定又容易引起争议，《关于健全统一司法鉴定管理体制的实施意见》中提出了探索建立公民非正常死亡法医鉴定的制度。非正常死亡公民的监护人、近亲属对死亡原因有异议的，可以申请委托具有法医病理司法鉴定资格的鉴定机构和鉴定人进行法医鉴定。由高等医学院校、科研院所、医疗机构等社会优质资源建设的法医鉴定机构进行鉴定，有利于减少鉴定争议，缓和当事人之间以及当事人与侦查机关之间的矛盾。

侦查阶段鉴定争议频发对社会安定造成了极大的危害，也大多会延续到后续的审查起诉及审判阶段。因为这些鉴定争议中往往只有部分能够被合理解决，其他争议或被恶化、或被不了了之、或被无限拖延，随着诉讼进程流入后续程序，对案件最后的审判造成困难。另外，有些证据因自身性质并不能长久保存，如被害人尸体等。如果侦查期间对尸体进行的法医鉴定存在疏忽，后果是不可逆的，围绕其产生的鉴定争议将难以平息，甚至可能会使案件事实难以查清，导致案件审判陷入困境。所以应当对侦查阶段的司法鉴定加以严格规制，避免鉴定意见出现纰漏，防止鉴定产生争议影响侦查效率和诉讼的顺利进行。

（三）检察机关工作中鉴定意见的审查与使用

检察机关与鉴定有关的两个重要内容：一是自侦案件侦查中的鉴定任务，二是在审查起诉过程中对侦查机关提交的鉴定意见进行审查，并出具审查意见。

1. 自侦案件侦查中的鉴定意见

检察机关司法鉴定的鉴定主体一般是检察机关内设的检察技术部门，通过鉴定查明案件事实真相或者甄别证据的真假，作出鉴定意见为案件侦查提供技术协助。

其中司法会计鉴定是指司法会计人员对于诉讼领域涉及的会计专业问题进行鉴定和判断，并提供鉴定意见的活动。应当保证鉴定人独立鉴定的地位，杜绝外界因素的干预，应当明确其协助办案部门工作、为案件侦查提供技术支持的地位，这是一种工作上的帮助和配合关系，不能归类为从属关系。①

目前，检察机关自侦部门转隶监察委员会，监察委员会拥有鉴定措施；同时，《中国共产党纪律检查机关监督执纪工作规则（试行）》第 33 条规定："对价值不明确的物品应当及时鉴定。"这种鉴定如何进行，特别在诉讼中公诉机关如何审查需要进一步明确。

2. 鉴定意见的文证审查问题

《人民检察院刑事诉讼规则（试行）》第 368 条规定，人民检察院对鉴定意见有疑问的，可以询问鉴定人并制作笔录附卷，也可以指派检察技术人员或者聘请有鉴定资格的人对案件中的某些专门性问题进行补充鉴定或者重新鉴定。公诉部门对审查起诉案件中涉及专门技术问题的证据材料需要进行审查的，可以送交检察技术人员或者其他有专门知识的人审查，审查后应当出具审查意见。这是学界普遍认为的关于文证审查的规定。2013 年《人民检察院法医工作细则》对法医文证审查做了权威的法律解释，细则中把法医文证审查规范为技术性证据审查，具体是指具备法医鉴定资格

① 参见段文惠：《浅议检察机关会计司法鉴定的主要职责》，载《中国司法鉴定》2015 年第 4 期。

的人员，受检察机关办案部门委托或指派，就案件中涉及的法医学证据材料进行审查、判断，并提出审查意见的专门活动。

目前学界普遍将文证审查界定为对鉴定意见进行审查的方式之一。之所以称之为文证审查，是因为审查是根据鉴定的书面资料进行的。法律规定“证据必须查证属实”，但办案人员不具备专业知识，所以需要检察技术部门帮助其对技术性证据进行审查。文证审查一方面是为了有效发挥检察机关的法律监督意义，对侦查监督来说，通过对鉴定意见进行程序性和实质性的审查，能够指导侦查机关全面收集和固定证据，进一步完善证据体系，确保案件质量。如果鉴定意见不够全面或者有重大缺陷还可以及时补充鉴定或重新鉴定；对公诉阶段来说，主要是帮助公诉人员向法庭陈述鉴定的科学依据，经过这种肯定性的评价能使公诉部门对该鉴定结果的采信更具有说服力，进一步增强鉴定意见的证明力和透明度，在质证的过程中确保法庭对技术性证据的采纳，确保公诉的顺利进行。另一方面，根据审查意见，可以向司法鉴定行政管理部门提出检察建议，提高司法鉴定管理水平，推动司法鉴定制度良性发展，有效确保司法公正。[①]

对于文证审查的性质，目前学术界有所争论，主要有三种观点：第一种观点认为文证审查是一种鉴定，文证审查意见书应归为法定证据的“鉴定意见”，可以作为证据使用；第二种观点认为，文证审查是对证据内容的一种审查活动，只能作为办案人员采信证据的参考依据，本身不能作为证据使用，但必要时进行审查的技术人员或专家可以出庭说明情况。第三种观点认为，文证审查是一种法律监督手段。文证审查是从技术角度对特定证据——鉴定意见、勘验笔录等涉及技术问题的证据在审查起诉阶段的审查，并不产生新的证据，它不能用来证明案件事实，而只是对特定证据的真实情况进行审核、说明。而且依据类似的规定，如《最高人民法院技术咨询、技术审核工作管理规定》认为，文证审查意见一般仅供办案人员参考，不能作为定案根据。所以专家意见说更符合文证审查的本质，不能代替鉴定意见，但通过进一步的审查能够去伪存真，提高技术性证据的可采性和检察机关的公信力。

---

① 参见徐跃灵君：《检察机关法医文证审查的监督意义》，载《中国司法鉴定》2012年第5期。

关于文证审查在实践中的运行情况，湖北省麻城市人民检察院曾对2004年到2008年期间该院办理的500例法医文证审查进行了分析，首先，法医文证审查主要来源于公诉部门，占70.2%。其次，文证审查结果显示原鉴定准确率为73%，改变原鉴定的案件为64件，比率为12.4%，完善补充原鉴定的为14.6%，这说明文证审查在发现、纠正错误鉴定意见方面发挥了一定作用。追诉机关的这种自我努力对保障鉴定结论的质量确实能够发挥一定的作用，但这些问题仅仅依靠其内部纠正，特别是没有辩方质疑的单方面审查，即使有些鉴定意见得到了纠正，其纠正的作用也是有限的。这种没有制度上保障的内部“清洁”，如果不从体制机制上予以考虑，仅具有治标的作用而没有治本的功效，依然不具备制度的规范意义。而且检察机关技术部门由于技术力量和专业设备缺失的限制，对公安机移送的各种鉴定意见如DNA证据、指纹分析报告、法医解剖资料等，很大程度上只能进行形式上的审查，无法进行有效的实质重核，这难免导致一些认为文证审查不具有实质意义的诟病。目前尚有一些检察机关和公安机关的办案人员对文证审查的认识不明确，认为其没有实质意义，在相关工作开展上难免疏忽，能力不足。另外，目前检察机关文证审查需要完善操作程序规范，提升文证审查意见书的公信力。

3. 公诉人员对鉴定意见的审查

在审查起诉阶段，公诉人员应当对侦查机关提交起诉的案件证据进行审查，决定将哪些证据呈交法庭使用。《人民检察院刑事诉讼规则（试行）》第252条规定：“对于鉴定意见，检察人员应当进行审查，必要的时候，可以提出补充鉴定或者重新鉴定的意见，报检察长批准后进行补充鉴定或者重新鉴定。检察长也可以直接决定进行补充鉴定或者重新鉴定。”但是现实中对鉴定意见的审查往往遭到忽略，一方面是因为检察技术人员进行文证审查后，公诉人员便认为鉴定意见万无一失了，便直接使用鉴定意见对案件进行审查起诉。另一方面是因为公诉部门在审查起诉阶段审查鉴定意见的具体操作规则缺失，使得这一审查难以实质化。

但其实，文证审查仅仅是对鉴定意见进行技术性问题的审查，公诉人员还需要认真审查鉴定主体资格、鉴定程序情况以及鉴定意见与其他证据的印证情况。如果发现鉴定意见和其他证据之间存在矛盾，就必须进行全案审查，找出原因，排除矛盾。鉴定意见必须要与其他证据进行印证，才能成为公诉人指控犯罪的证据。

为了更好地对鉴定意见进行审查，首先应当建立规范的操作规则，力求让公诉人员对鉴定意见的审查“有法可依”。鉴定意见涉及的学科专业领域多种多样，不同类型的鉴定意见应当制定对应的审查标准，与各自的鉴定技术标准相衔接，实现鉴定意见审查的规范化、科学化。其次，应当加强与侦查机关的协作机制，更好地进行侦查监督。近年来，当事人针对价格鉴定意见提出异议并要求重新鉴定的情况层出不穷，河南省郑州市二七区检察院会同辖区公安机关、价格认证中心对刑事案件涉案物品价格鉴定进行专题调研，发现刑事案件中侵财类的犯罪所占比重较大，每年公安机关移送起诉的涉及价格鉴定的案件占全年案件总数的25%至30%，而检察机关对价格鉴定却存在着监督盲点。涉案物品价格鉴定关系到定罪量刑，特别是鉴定价格处于“临界点”时，更易导致反复鉴定案件久拖不决。针对这种情况，郑州市二七区检察院与区公安分局、价格认定中心建立了涉案物品价格鉴定协作审查机制，具体是由检察院技术部门和价格认证中心分工协作，共同开展对刑事案件涉案物品价格鉴定的审查工作。检察技术部门进行程序审查，价格认证中心评估案件内卷。其中检察技术部门对赃物、罚没物的价格鉴定应详细审查送审材料是否全面、完整，鉴定的受理程序是否合法，鉴定人是否具备资格等进行审查。这一鉴定协作审查机制在实践中的效果良好，二七区检察院2012年办理的360余起涉及物品价格鉴定的案件，未有引起争议的鉴定。[①]

（四）法院审判阶段中鉴定意见的审查与使用

党的十八届四中全会提出“推进以审判为中心的诉讼制度改革，确保侦查、起诉的案件事实证据经得起法律的检验。全面贯彻证据裁判规则，严格依法收集、固定、保存、审查、运用证据，完善证人、鉴定人出庭制度，保证庭审在查明事实、认定证据、保护诉权、公正裁判中发挥决定性作用”。根据这一指导意见，从鉴定意见的证据本质出发，法院必须坚持任

① 参见张金环、康锦、任聪：《价格鉴定审查，360案无一争议》，载《检察日报》2012年12月19日。

何鉴定意见均没有预定证据效力的证据理念，对待任何鉴定意见均应进行审查判断。目前我国法院审判阶段对于鉴定意见的审查分为法院司法技术人员的审查和法官在法庭中的审查两个部分。

1. 司法技术人员的审查

（1）相关规定

2007年，最高人民法院颁布了《技术咨询、技术审核工作管理规定》。该《规定》第2条第2款、第11条分别规定："司法辅助工作部门应审判、执行部门的要求，对送审案件中的鉴定文书、检验报告、勘验检查笔录、医疗资料、会计资料等技术性证据材料进行审查，提出审核意见……""技术审核主要解决具体案件中的鉴定方法、程序、结论、因果关系等问题，适用于以下情形：（一）当事人提出重新鉴定申请，法官需要明确是否有必要再次启动鉴定程序及启动何种程序的；（二）多个鉴定结论不同或有矛盾，法官需要明确如何从科学角度取舍或采信鉴定结论的；（三）需要明确鉴定结论对送审事项在科学上的证明意义的；（四）其他需要技术审核的。"司法技术人员进行技术审核时，需要关注鉴定材料和鉴定对象是否符合鉴定要求，是否具备鉴定条件；鉴定手段、方法是否科学，鉴定过程是否规范；鉴定意见及其分析所依据的事实是否客观全面，特征的解释是否合理，适用的标准是否准确，分析说明是否符合逻辑，鉴定结论的推论是否符合科学规范等内容。对于重大、疑难、复杂的案件，经审判、执行部门同意和司法辅助工作部门负责人批准，应当组织专家论证。

技术审核一般采用书面审核的方式进行，承办人认为确有必要的，经审判、执行部门同意和司法辅助工作部门负责人批准，可以辅以一些其他的审核方式，如勘验现场、检查被鉴定人或查看原鉴定中与案情有关的物品；询问本案的当事人；与鉴定人座谈等。

司法技术人员综合分析审核事项后，根据鉴定的不同情况，出具不同内容的审核意见：①鉴定对象和材料符合要求，鉴定方法科学，程序规范，依据准确，未见不当之处，则出具肯定的审核意见。如果仍然存在争议，则通过法庭质证的方式予以解决；②鉴定中存在疑问，可以提出在质证中应当重点解决的问题，或建议补充鉴定；③鉴定存在严重差错，鉴定意见不能成立，建议重新鉴定。最后形成的审核意见仅供法官、合议庭或审判委员会参考，不作为定案的依据，不对外公开。

为了更好地发挥鉴定意见对法官审理案件的帮助作用，审核意见中对于鉴定缺陷、差错的表述应当全面、具体，并提出在质证中应当解决的问题、质证内容和方法，说明理由、目的，预测结果；建议补充鉴定或重新鉴定的，应说明补充鉴定或重新鉴定的理由、要求和目的。

（2）对司法技术人员审查模式的评价

法院内部建立司法技术辅助部门的初衷是弥补法官专业知识方面的缺陷，帮助其对鉴定意见进行审查。但从制度改革的视角进行分析，这种鉴定审查模式也对过滤错误或者不规范的鉴定意见具有积极的意义。21世纪以来，无论是英美法国家还是大陆法国家诉讼制度的改革均存在相互借鉴、相互融合的趋势，这也是程序制度改革走向文明化、现代化、国际化的基本方向，司法鉴定制度的改革亦不例外。我国司法制度改革正朝着吸收当事人主义合理因素以及诉讼程序不断扩大当事人诉讼权利的方向进行，证据制度改革方面将专家辅助人引入诉讼则是遵循这一改革方向的有益尝试。然而，司法技术辅助部门的建立却走了一条与国际社会诉讼制度改革以及我国证据制度改革不相同的道路，不仅没有减弱职权色彩，反而再次加重了职权主义成分。而且法院内设司法技术辅助部门后，法官不可避免地会依赖司法技术人员对鉴定意见的审查，实质上使鉴定意见的庭审质证程序被法院的内部技术审核程序代替，司法技术人员在“幕后”行使着鉴定意见能否作为证据的认证权，这在一定程度上损害了当事人的质证权，使庭审对鉴定意见的质证流于形式，与目前的诉讼制度改革方向相违背。法院的司法技术人员因法院不存在鉴定机构，在科学技术方面的研究和实践能力因不从事鉴定活动而受到限制，随着时间的推移可能会逐渐弱化。在此种背景下，法官依赖其审核意见而疏于质证，不利于保证鉴定意见的可靠性。最后，法院依赖内部的司法技术人员得出可靠与否的审查结论或者启动重新鉴定程序的建议后，当其提供启动重新鉴定后的结论一旦不利于一方当事人时，很容易让当事人产生法院与另一方当事人存在不正当关系以及法院暗箱“内定”的感觉，当事人极可能以此为由重复申请“重新鉴定”，司法技术人员的活动不仅徒劳无益，而且又成为产生“重复鉴定”的根源，酿成法院与当事人或者鉴定人之间的纷争，诉讼效率不仅没有得到提高，反而影响了法院的权威性，妨害了司法公正，与法院工作追求的公正与效率不相一致。[①]

2. 法官在法庭中的审查

（1）相关规定

2012年《刑事诉讼法》修改后，借鉴了2010年《关于办理死刑案件审查判断证据若干问题的规定》中对死刑案件鉴定意见审查的相关规定，最高人民法院在司法解释中建立了鉴定意见的审查规则。[②] 审查规则不仅从正面规定了法院对鉴定意见的审查内容，并且从反面规定了不得作为定案根据的鉴定意见排除情形。[③] 首先，对鉴定意见应当着重审查以下内容：①鉴定机构和鉴定人是否具有法定资质；②鉴定人是否存在应当回避的情形；③检材的来源、取得、保管、送检是否符合法律、有关规定，与相关提取笔录、扣押物品清单等记载的内容是否相符，检材是否充足、可靠；④鉴定意见的形式要件是否完备，是否注明提起鉴定的事由、鉴定委托人、鉴定机构、鉴定要求、鉴定过程、鉴定方法、鉴定日期等相关内容，是否由鉴定机构加盖司法鉴定专用章并由鉴定人签名、盖章；⑤鉴定程序是否符合法律、有关规定；⑥鉴定的过程和方法是否符合相关专业的规范要求；⑦鉴定意见是否明确；⑧鉴定意见与案件待证事实有无关联；⑨鉴定意见与勘验、检查笔录及相关照片等其他证据是否矛盾；⑩鉴定意见是否依法及时告知相关人员，当事人对鉴定意见有无异议。

其次，当鉴定意见具有下列情形之一的，不得作为定案的根据：①鉴定机构不具备法定资质，或者鉴定事项超出该鉴定机构业务范围、技术条件的；②鉴定人不具备法定资质，不具有相关专业技术或者职称，或者违反回避规定的；③送检材料、样本来源不明，或者因污染不具备鉴定条件的；④鉴定对象与送检材料、样本不一致的；⑤鉴定程序违反规定的；⑥鉴定过程和方法不符合相关专业的规范要求的；⑦鉴定文书缺少签名、盖章的；⑧鉴定意见与案件待证事实没有关联的；⑨违反有关规定的其他

① 参见郭华：《论鉴定结论审查模式的选择——从最高人民法院的一项“管理规定”说起》，载《法学》2008年第5期。

② 参见《最高人民法院关于适用〈中华人民共和国刑事诉讼法〉的解释》第84条、第85条。

③ 参见《关于办理死刑案件审查判断证据若干问题的规定》第23条、第24条。

情形。

总的来说，根据刑事诉讼司法解释中明确的审查规则，审判中对鉴定意见的审查应该主要集中于鉴定意见的合法性问题以及相关性问题，可以概括为以下几个方面：第一，对鉴定主体的审查。鉴定主体的法定资质问题主要参考《司法鉴定管理决定》的相关规定，对鉴定人回避的审查可以依据《刑事诉讼法》的相关规定；第二，对鉴定对象的审查。这是为了保证检材、样本的客观性和真实性，防止通过非法手段获取的证据进入刑事审判，导致错案的产生。第三，对鉴定程序的审查。鉴定程序的规范、合法也是保障鉴定意见可靠性的重要内容，具体的审查可以参考《司法鉴定管理决定》的相关规定。第四，对鉴定结果的审查，主要是对鉴定意见文书的形式要件的审查。第五，审查鉴定意见的相关性问题，判断是否与案件事实具有关联性以及鉴定意见是否能与其他证据形成证据链条。

《民事诉讼法》以及相关的司法解释没有规定具体的审查规则，而是明确了鉴定人和专家辅助人出庭参与质证的义务。落实鉴定人出庭和专家辅助人的相关规定是为了帮助法官对鉴定意见进行有效质证，实现对鉴定意见的实质性审查，帮助法官更好地完成审查、采信的工作，消除控辩双方对鉴定意见的异议。当事人对鉴定意见有异议或者人民法院认为鉴定人有必要出庭的，鉴定人应当出庭作证。经人民法院通知，鉴定人拒不出庭作证的，鉴定意见不得作为认定事实的根据，支付鉴定费用的当事人可以要求返还鉴定费用；当事人可以申请人民法院通知有专门知识的人出庭，就鉴定人作出的鉴定意见或者专业问题提出意见。最高人民法院《关于民事诉讼证据的解释（征求意见稿）》中细化了鉴定人拒不出庭后果的规定，鉴定意见不得作为认定案件事实的根据，而且法院应当建议省级人民政府司法行政部门对鉴定人予以处罚，并在三日内作出裁定，责令鉴定人在收到鉴定书次日起七日内向当事人返还鉴定费用，逾期不返还的，由法院强制执行。2015 年《民事诉讼法解释》规定，当事人可以在举证期限届满前申请一至二名具有专门知识的人出庭，代表当事人对鉴定意见进行质证，或者对案件事实所涉及的专业问题提出意见。具有专门知识的人在法庭上就专业问题提出的意见，视为当事人的陈述。法官在庭审中可以对出庭的具有专门知识的人进行询问。经法庭准许，当事人可以对出庭的具有专门知识的人进行询问，当事人各自申请的具有专门知识的人可以就案件中的有关问题进行对质，这可以有效弥补当事人质证能力的不足。

(2) 鉴定意见法庭审查中的问题与分析

在我国目前的司法实践中，一方面，法官没有认识到鉴定意见法庭审查的重要性，表现在法庭中对鉴定意见的审查与采信过于“形式化”，对实质内容的审查意识极其淡薄；另一方面，法官的审查能力和技术欠缺使得对鉴定意见的实质内容进行审查确实“心有余而力不足”。所以，法官更多地是根据鉴定机构级别、委托鉴定的机关等外部因素进行判断，并不关注鉴定意见内容本身的可靠性。

司法实务中，因为多次鉴定、重复鉴定现象的存在，很容易出现前后鉴定意见不一致甚至相互冲突的情况，这不仅加剧了当事人对办案部门鉴定意见的不信任，更是为法官的审判留下了难题。根据山东省泰安市中级人民法院进行课题调研时对该问题的了解以及查找到的资料，实践中很多法官是根据鉴定机构的级别高低对鉴定意见进行采信的，认为鉴定机构的级别高低决定了其出具的鉴定意见的可靠与否。除此之外，目前案件审判中对鉴定意见的采信往往会考虑是否是经法院委托作出的鉴定意见、鉴定主体的鉴定资质、鉴定意见作出的前后顺序以及鉴定意见基础事实和鉴定理由是否确实、充分等因素。[①] 可以看出，在目前的司法实务中，法官对鉴定意见的审查、采信处于混乱状态。

首先，很多法官认为鉴定机构级别越高，则权威性越高，其所出具的鉴定意见就越可靠，所以在面对若干个针对同一专业问题作出的不一致的鉴定意见时，往往选择级别较高的鉴定机构所出具的鉴定意见予以采信。但《司法鉴定管理决定》中明确规定了各个鉴定机构之间没有隶属关系、没有层次等级之分。我国鉴定机构的设置中虽然存在部属、省级、地市级设立的鉴定机构，但它们之间并没有隶属关系和等级关系，而是彼此独立的。这是因为鉴定运用的科学技术和专门知识没有等级之分，即使鉴定机构存在级别划分，无论是在理论上还是制度上，一个高级别的鉴定机构出

---

① 参见赖华平、张如曦：《试论鉴定结论的审查与认定》，载《福建法学》2009 年第 3 期；参见《两份鉴定意见不一致的鉴定意见书，法院在判决时如何认定》，载山西省祁县人民法院网，http://jzqxfy.chinacourt.org/article/detail/2014/11/id/1493364.shtml，最后访问时间：2017 年 6 月 17 日。

具的鉴定意见也并不必然比低级别的鉴定机构出具的鉴定意见更具有可靠性。鉴定意见的可靠性应该依赖于科学的鉴定方法、检材的真实可靠、鉴定人合理的分析判断等因素。鉴定机构级别再高，也有可能出现鉴定方法不科学、检材保管不善被污染、分析判断不合理等问题，最后形成错误的鉴定意见。[①]

法官在实践中将鉴定机构人为等级化，实质上是为了能够按照鉴定机构等级的高低给鉴定意见贴上证明效力大小的标签，方便其选择。这是对鉴定意见的证据效力进行提前预设的做法，是不可取的。鉴定意见能否被采信绝对不能依据鉴定机构的情况来决定，而是应该依据鉴定意见内容本身所具有的科学性、可靠性以及与其他证据的印证情况来决定，并且需要在法庭上接受质证程序的检验。在鉴定主体的问题上，也不宜过分强调鉴定人学历对鉴定意见可靠性的影响。我国对于鉴定人的资质审查过于形式化，只要求满足规定的资格要求即可。但为了切实保证鉴定意见的可靠性，法官在审查中更应该关注鉴定人出具鉴定意见时是否运用了恰当的科学原理、方法与操作规程。

其次，有的法官将是否由法院委托鉴定作为采信的标准。有法官提到法院委托鉴定的效力优先，即相对于当事人以及其他机关委托的鉴定而言，法院委托的鉴定具有较高的证据效力。但是如果法院委托作出的鉴定意见在鉴定主体资质、鉴定程序、鉴定内容三个方面存在明显瑕疵的，则法院委托鉴定丧失其效力优先性。这是对鉴定意见的中立性进行的比较。因为侦查机关一般情况下都是委托其内设鉴定机构进行鉴定，鉴定人难免会受到侦查机关追诉倾向的影响，中立性不足。而当事人委托的鉴定人、专家证人与当事人之间存在事实上的雇佣关系，很可能受到当事人不合理要求的影响。相比之下，法院委托的鉴定可能更具有中立性。根据鉴定意见的来源进行采信，主要考虑的是鉴定意见的中立性，但客观中立的鉴定意见也不能保证其自身的科学性。

再次，实践中甚至形成了后委托鉴定效力优先的原则，认为对同一个案件要进行多次鉴定是因为前一次鉴定存在明显的不足与缺陷，需要重新

---

① 参见郭华：《健全统一司法鉴定管理体制的思路转向》，载《中国司法鉴定》2015年第1期。

进行鉴定予以纠正或补充，所以后委托的鉴定意见比先委托的鉴定意见具有更高的证据效力。[①] 这种选择方式体现了一个认识误区，即认为进行重新鉴定一定是因为前一次出具的鉴定意见存在缺陷。但其实在实践中的很多情况下，当事人对鉴定意见提出异议，要求重新鉴定只是因为前一次鉴定意见不符合其利益诉求，并没有针对鉴定意见提出实质性的异议理由。而法官为了避免不必要的纷争往往会对重新鉴定的申请“有求必应”。所以先委托的鉴定意见并不一定是错误的，而且后委托的鉴定意见也无法保证完全不存在问题。

除此之外，实践中也形成了一些具有可取之处的采信标准，如将基础事实和鉴定理由是否确实、充分作为采信的标准，因为这一标准关注的是鉴定意见内容的科学性。第一，基础事实资料是鉴定人作出鉴定意见的基础，如果基础事实资料不客观或者不充足，那么基于其作出的鉴定意见的可靠性自然存在疑问。而且基础事实资料的确实、充分与否是比较容易评价的，没有超出法官的能力范围，并且可以通过与其他证据的相互印证予以确定。第二，鉴定人得出最后的结论所依据的理由对于鉴定意见的可靠性也有很大的影响。一方面，鉴定人在鉴定意见书中充分论述其得出最后结论所依据的理由，有助于法官对鉴定过程和鉴定内容的充分理解，能够增强法官对鉴定意见的信赖程度；另一方面，理由本身的充分性能够增强鉴定意见的可靠性。[②] 另外，也有法官将是否属于确定性意见作为采信的标准。鉴定意见作为鉴定人主观上的科学判断，因为鉴定对象复杂、检材问题以及鉴定主体认识能力等多个方面的原因不可避免地会出现只能得出不确定结论的情况。所以，不确定性鉴定意见是一种客观存在，是鉴定实践中不可避免的现象。但对于其能否被采信目前尚存争议。鉴定意见的本质目的是要在诉讼中作为证据使用，从而实现其预期的价值，而不确定性意见没有对专门问题作出明确的答复，无法解决案件中特定的争议事项，无法帮助法官及当事人对案件事实进行充分、正确的认识。我国 2012 年

---

① 参见厦门市中级人民法院、厦门市思明区人民法院课题组：《关于司法鉴定结论作为民事诉讼证据的调研报告》，载《东南司法评论》2009 年。

② 参见刘英明：《不同鉴定结论如何采信——以黄静案为例》，载《首届证据理论与科学国际研讨会论文集》2007 年。

《刑事诉讼法解释》第84条中规定了应当着重审查“鉴定意见是否明确”，但在第85条关于不得作为定案根据的鉴定意见情形的规定中并没有“不明确的鉴定意见”。将是否属于确定性意见作为采信的依据有一定道理。确定性鉴定意见对于案件事实的认定更加明确，但也不意味着一定是完全正确的，法官对其不能过于信任，还是需要经过充分的审查判断后方可采信。不确定性的鉴定意见也不一定完全不能被采信，如果其鉴定主体、鉴定程序、依据的科学技术方法等方面没有问题，就可能在指示案件审理方向、与其他证据相互印证、对其他证据的证明力进行补强等方面发挥巨大作用，从而为案件事实的认定提供参考。

总的来说，目前司法实践中法官在鉴定意见审查和采信过程中考虑的这些因素易于观察，便于法官快速做出选择，但很多与鉴定意见内容的可靠性并没有直接的关联。法官对鉴定意见的审查仍然局限于形式审查，很少能对鉴定意见依据的原理是否妥当、采用的技术标准或方法是否符合常规、鉴定程序是否合规、是否将原理恰当地适用于鉴定对象等实质内容进行审查。其原因主要可归结为以下几个方面：

第一，缺乏专门知识与实质评价的能力。评判双方围绕专门性问题出示的证据需要专门知识，而法官或陪审员一般不具备评判这些证据所需要的专门知识，更何况诉讼中的专门性问题多种多样，无论他们多么博学多知，也无法全部掌握这些专门知识。“这是一个学术和职业日益专业化的时代。可得的知识现在是那么的浩如烟海，通过互联网是那么容易获悉，没有人能够指望在其教育或工作生涯中掌握整个知识领域。”① 在认定专门性问题时，事实认定者面临专业知识缺乏的困扰不可避免。“在一些领域，尤其是自然科学，是如此的复杂和专业，法庭甚至不能完全地理解鉴定人的理由，更不用说评价其可信度了。当几个鉴定人提供了矛盾的鉴定意见时，这一困难更加突出。”② 但是，裁判者的职责又使事实认定者必须对诉讼专门性问题作出终局性认定，去完成其“力所不能及”的裁判工作：事实认

① ［美］Edward j. Lmwinkelried：《论表象时代的终结》，王进喜译，载《证据科学》2011年第4期。

② ［德］托马斯·魏根特：《德国刑事诉讼程序》，岳礼铃、温小洁译，中国政法大学出版社2004年版，第182页。

定者在没有相关科学专业知识背景的情况下，被迫准确评估案件中有关科学证据的证明力，以确定它们能否作为定案的根据。

第二，无法使用事实认定的常规逻辑方法。事实认定的常规逻辑方法是归纳法，“事实认定者的推论主要是一个归纳推理过程，即运用经验知识或常识的经验推论过程。”归纳法是“不知情”陪审团成员和法官们作为事实认定者的逻辑学依据。依靠归纳法，事实认定者对要认定的案件事实与经验常识进行比较，判断二者是否符合，若符合就作出肯定性认定，反之则作出否定性认定。归纳法这一事实认定的常规方法，建立在事实认定者具有经验常识的基础上。之所以把常识称为经验常识，是因为常识作为“普通、平常但又持久、经常起作用的知识”，来源于经验，符合于经验，依附于经验，其最本质的特性就是经验性。但是，对于诉讼中的专门性问题而言，事实认定者缺乏相关的专业知识，并不具备与之相关的经验，更谈不上经验常识，所以，在认定诉讼专门性问题时，归纳法这一常规逻辑方法就显得无能为力。

第三，出于转移错误裁判风险方面的考虑。错案责任追究制，是防范法官滥用自由裁量权、枉法裁判的制度笼子，具有正当性。但是，现实中有些法官却因此如履薄冰。遇见有疑问的问题时，缺乏主动担当精神。在审查鉴定意见时，有的法官亦持此种认识：鉴定机构、鉴定人出具的专业意见，认识水平高于普通法官，如果当事人认可鉴定意见，法官无须多此一举地排除，如果当事人不认可，那就启动重新鉴定程序。

除了法官本身的问题导致鉴定意见审查不足之外，鉴定人和专家辅助人也未能有效地发挥作用，由于理论定位模糊，鉴定人与专家辅助人在庭审中角色不清、身份混淆的状态，难以保证法官在庭审中对鉴定意见进行有效质证。虽然《刑事诉讼法》和《民事诉讼法》强化了鉴定人出庭要求，并引入了专家辅助人制度。但鉴定人出庭的相关规定没有得到有效落实，专家辅助人的职责、地位等机制也并没有得到明确。为了帮助法官更好地完成审查、采信的工作，消除控辩双方对鉴定意见的异议，需要明确和落实鉴定人出庭和专家辅助人的相关规定。

鉴定人出庭接受质证，对法官实质审查鉴定意见能够发挥重要作用。鉴定意见本质上是鉴定人就案件中的专门问题所作出的主观判断，不符合实物证据的客观性要件。鉴定意见与证人证言一样都属于言词证据，都会受到主体的影响，所以鉴定意见的科学性、真实性和权威性在很大程度上依赖于鉴定人主观上的判断能力。如果说证人证言经常因为证人认识、记忆、表达的失误而出现问题的话，那么，鉴定意见也往往会由于鉴定人的资格、鉴定水平和职业操守等原因而发生错误。[①] 正因为如此，当控辩双方针对鉴定意见存在争议的时候，对鉴定意见的审查判断就不能仅仅通过当庭宣读书面意见或书面审查的方式进行，而应建立针对鉴定人的交叉询问程序。鉴定人出庭时，通过对鉴定人的交叉询问，一方面可以使法官对鉴定意见的内容有更全面、更深刻的理解，发现鉴定意见中可能存在的问题，比如鉴定程序是否规范、检材是否来源明确、保管得当，这些都是书面审查无法解决的；另一方面，与鉴定人面对面地交流、观察，能够帮助法官对鉴定人的专业水平进行评价。

另外，从本质上看，鉴定人在法庭上就鉴定意见接受双方质证，是保障当事人对不利于己的鉴定意见的质证权的需要。在刑事诉讼中，对质权是国际社会公认的刑事审判中被告人所应享有的一项基本诉讼权利。《公民权利和政治权利国际公约》第 14 条第 3 款戊项明确规定了被告人的对质权，即被告人有权传唤和讯问（询问）对他不利的证人，并使对他有利的证人在与对他不利的证人相同的条件下出庭和受讯问。与控方在同等条件下传唤和获得证人出庭并予讯问的权利体现了诉讼手段平等和公正审判的原则。[②] 公约在这里规定的是广义的“证人”概念，其中包括了专家证人（鉴定人）。

通过调研数据可以发现，我国的鉴定人出庭率一直以来都非常低，学界对此已经进行了大量的实证研究和理论分析，立法者在相关法律法规的修改中也予以重点关注，但鉴定人的出庭情况依然没有很大的改善。《刑事诉讼法》第 187 条规定了比证人出庭要求更高的鉴定人出庭条款：“公诉人、当事人或者辩护人、诉讼代理人对鉴定意见有异议，人民法院认为鉴定人有必要出庭的，鉴定人应当出庭作证。经人民法院通知，鉴定人拒不

① 参见陈瑞华：《鉴定意见的审查判断问题》，载《中国司法鉴定》2011 年第 5 期。

② ［奥］曼弗雷德·诺瓦克：《〈公民权利和政治权利国际公约〉评注》，孙世彦、毕小青译，三联书店 2008 年版，第 356 页。

出庭作证的，鉴定意见不得作为定案的根据。”《民事诉讼法》第78条规定：“当事人对鉴定意见有异议或者人民法院认为鉴定人有必要出庭的，鉴定人应当出庭作证。经人民法院通知，鉴定人拒不出庭作证的，鉴定意见不得作为认定事实的根据；支付鉴定费用的当事人可以要求返还鉴定费用。”这些规定体现了鉴定人出庭作证制度在立法方面的进步，特别规定了鉴定人拒不出庭作证的法律后果，《刑事诉讼法》中只包括程序性制裁后果，即限制鉴定意见的证据能力；《民事诉讼法》中除了程序性制裁后果之外还包括实体性制裁后果，赋予当事人鉴定费用返还请求权。① 而且根据这些规定，并不是所有的案件都需要鉴定人出庭，而是存在异议或者法院认为有必要的情况下，鉴定人才具有出庭的义务。实证调查显示，就多数涉及司法鉴定的案件而言，当事人对鉴定意见并无异议，有的则是异议显然不成立。如果排除上述两类案件，真正需要鉴定人出庭的案件并不多。可见，在我国，鉴定人出庭作证的主要问题并不是鉴定人出庭率低，而是如何保证那些因当事人对鉴定意见有异议而需要鉴定人出庭的案件中鉴定人会出庭接受质证。② 应当出庭的鉴定人不出庭，使得法官和当事人对鉴定意见的疑惑难以消除，鉴定争议难以解决，容易导致鉴定意见的权威性丧失，客观性和公正性受到质疑的后果。究其原因，可能有以下几点：

第一，鉴定人不愿意出庭。我国长期以来的发展形成了一种“熟人社会”，人与人之间联系较为紧密，导致鉴定人、证人对出庭作证都抱有心理上的排斥。在这样的前提下，就鉴定人个人而言，出庭作证有害而无利，要求鉴定人依据其职业责任出庭无疑是过于理想化的，不具有现实的可操作性。③ 除此之外，根据学者的实证调研，鉴定人不愿出庭的原因包括：人身安全难保障，害怕打击报复；出庭作证应对能力不足，担心庭审时表述不清；时间、交通、经济因素等考虑。

第二，法律对强制出庭以及责任的规定并不完善。目前的规定是鉴定人不出庭作证导致鉴定意见不能作为认定事实的根据，其结果必然是先前

① 参见李祖军、吕辉：《鉴定人出庭作证制度立法解读与完善进路》，载《河北法学》2014年第1期。

② 参见胡铭：《鉴定人出庭与专家辅助人角色定位之实证研究》，载《法学研究》2014年第4期。

③ 参见汪建成：《中国刑事司法鉴定制度实证调研报告》，载《中外法学》2010年第2期。

实施的一切与鉴定程序有关的诉讼行为归于无效，浪费了人民法院及双方当事人为此投入的人力、财力，与诉讼经济原则不符。鉴定人无正当理由不出庭的不利后果应同时指向鉴定人本身。

第三，现有鉴定人出庭作证规定未能细化，可操作性较差，在有关具体程序细节上缺少统一规定，无法保障鉴定人出庭作证实效，难以实现立法目的。而且相关的保障机制，如人身保障、经济报酬等规定不完善。

第四，刑事案件中，要求进行鉴定的侦查机关鉴定人出庭存在阻碍。

另外，即使鉴定人接到法庭通知后出庭作证，效果也难以保证。鉴定人出庭作证，具体来说应完成两项诉讼任务：一是就其针对鉴定事项出具的鉴定意见而向法庭作出正面陈述；二是接受法官和当事人对鉴定意见的询问，予以答复、解释和说明。从而帮助法官对鉴定意见进行审查与采信。如果达不到这一目标，鉴定人出庭也仅仅是“摆设”，只能流于形式，无法发挥实质作用。导致这一问题的主要原因包括：一是目前我国对鉴定人的质证程序、内容规定尚未完善，法官和当事人对鉴定意见的有效质证存在障碍，鉴定人出庭常常只是宣读鉴定书，并没有真正地质证，这使得鉴定意见的科学性和合理性不能在法庭质证过程中得到充分辨认。从国外的立法经验看，除通过设计完善的交叉询问或质证程序对鉴定意见本身的科学性进行审查外，还设置了专门的证人资格认定程序，即鉴定人出庭前，由法院或者律师对其教育、训练或经验等作必要的询问，以确定其具有资格和能力。相比之下，我国鉴定人出庭程序内容极不明确，缺乏科学性和合理性。[①] 二是鉴定人本身的问题。有的鉴定人没有进行过在法庭中接受质证的相关训练，面对法官或当事人的提问可能会出现表述不清、或其表述过于专业等问题。实践中甚至存在着因鉴定过程主要由助手完成，鉴定人在法庭上无法回答相关质疑等情况。

鉴定人出庭的问题已经被广泛认知，但是即便有鉴定人出庭，对鉴定意见的有效质证仍然存在专业上的障碍。鉴定意见涉及专业领域的知识，生成过程要比其他证据复杂得多，普通人无法充分认识和理解。鉴定人出庭后，需要对方具有充分认识、质疑鉴定意见的能力，这样才能保证双方

① 李祖军、吕辉：《鉴定人出庭作证制度立法解读与完善进路》，载《河北法学》2014 年第 1 期。

之间的良好、有效互动，从而对鉴定意见发挥实质审查作用。法官和诉讼双方当事人如果不具有这方面的专业知识，往往找不准询问的角度，也发现不了鉴定的漏洞。所以，如果没有专业人士的协助，对鉴定意见的询问往往很难辨明真伪，即使借鉴了英美法系的交叉询问制度，审查也无从进行，这将使诉讼通过庭审来审查判断鉴定意见的功能被架空，质询流于形式。[①] 所以，《刑事诉讼法》和《民事诉讼法》引入专家辅助人制度，允许为弥补专业知识的欠缺而聘请“专家辅助人”参与庭审，这一方面能够帮助当事人对鉴定意见加以研究，对鉴定事项发表专业意见，从而实现鉴定人和专家辅助人的充分辩论，将案件涉及的专门性问题展示在法庭上，使法官能够全面认识和理解鉴定意见的内容，判断其有无证明力和证明力的大小。另一方面也有利于解决专业垄断、暗箱操作的问题。鉴定人也可能误用科学原理和技术方法而形成错误的判断，完善的专家辅助人制度可以有效纠正鉴定人的错误判断，有效地对鉴定进行监督和制约，防止法官对鉴定意见过分依赖和轻信，保证司法活动的公正性。专家辅助人的证伪功能在一定程度上有利于减少重复鉴定的发生，避免使问题出现无意义的争议。专家辅助人既可以帮助司法人员审查判断证据，也可以帮助当事人充分行使对鉴定意见适用的监督权和参与权；既可以防止或有效避免前述的各种问题，保证鉴定意见使用的准确性和司法判决的公正性，又可以使当事人的诉讼主体地位得到充分的尊重、诉讼权利得到充分的行使。[②] 所以在法庭中引入专家辅助人参与对鉴定意见的审查和判断，是正确采纳鉴定意见的必由之路。

目前我国相关法律中对专家辅助人只有初步的规定，《刑事诉讼法》第192条规定，公诉人、当事人和辩护人、诉讼代理人可以申请法庭通知有专门知识的人出庭，就鉴定人作出的鉴定意见提出意见。有专门知识的人出庭，适用鉴定人的有关规定。可以看出，法条的规定极为简略，仅仅用“适用鉴定人的有关规定”来对专家辅助人在法庭上的权利义务做出概括性

---

① 卢建军：《司法鉴定结论使用中存在问题及解决途径——兼论我国诉讼专家辅助人制度的建构和完善》，载《证据科学》2010年第5期。

② 卢建军：《司法鉴定结论使用中存在问题及解决途径——兼论我国诉讼专家辅助人制度的建构和完善》，载《证据科学》2010年第5期。

规定。[①]《民事诉讼法》第79条规定，当事人可以申请人民法院通知有专门知识的人出庭，就鉴定人作出的鉴定意见或者专业问题提出意见。这对于司法实践来说是明显不够的。

据此，司法解释进行了一定的补充，《刑事诉讼法解释》第217条规定，公诉人、当事人及其辩护人、诉讼代理人申请法庭通知有专门知识的人出庭，就鉴定意见提出意见的，应当说明理由。法庭认为有必要的，应当通知有专门知识的人出庭。申请有专门知识的人出庭，不得超过二人。有多种类鉴定意见的，可以相应增加人数。有专门知识的人出庭，适用鉴定人出庭的有关规定。《民事诉讼法解释》第122条规定，当事人可以依照民事诉讼法第79条的规定，在举证期限届满前申请一至二名具有专门知识的人出庭，代表当事人对鉴定意见进行质证，或者对案件事实所涉及的专业问题提出意见。具有专门知识的人在法庭上就专业问题提出的意见，视为当事人的陈述。第123条规定，人民法院可以对出庭的具有专门知识的人进行询问。经法庭准许，当事人可以对出庭的具有专门知识的人进行询问，当事人各自申请的具有专门知识的人可以就案件中的有关问题进行对质。具有专门知识的人不得参与专业问题之外的法庭审理活动。

总的来说，目前关于专家辅助人的规定还是较为简疏、模糊，特别是《民事诉讼法》和《刑事诉讼法》在相同问题上还存在不同规定。例如，《刑事诉讼法》中专家辅助人是就鉴定意见提出意见，而《民事诉讼法》中还增加了就“专业问题提出意见”。出现这种问题是因为我国对专家参与诉讼的研究仅限于借鉴英美法系国家专家证人的浅层认识以及修改法律移植英美法倾向与部门实用主义的立场，未能将其与我国的诉讼制度、证据制度、鉴定制度作为一个整体予以全盘考虑。[②]

从立法意图来看，引入专家辅助人是为鉴定人出庭与鉴定意见的审查判断服务的，这使得专家辅助人制度明显处于从属地位。我国专家辅助人制度尚处于起步阶段，很多具体内容尚不明确，在实践中需要依赖鉴定人的有关规定运行。这使得鉴定人和专家辅助人在庭审中实质上是趋同的。

---

① 胡铭：《专家辅助人：模糊身份与短缺证据》，载《法学论坛》2014年第1期。

② 郭华：《对抗抑或证据：专家辅助人功能的重新审视——兼论最高法院审理“奇虎360诉腾讯”案》，载《证据科学》2016年第2期。

《刑事诉讼法解释》中也有条文直接将鉴定人和专家辅助人并列，规定了大量共同适用的规则，包括开庭前诉讼文书和证据材料的审查、开庭准备、庭前会议、法庭审理提纲的准备、庭审发问规则、审判人员询问、庭审旁听、庭审笔录的规定等。但事实上，专家辅助人与鉴定人的差异极大，首先是证据法上的地位不同。鉴定人提供的鉴定意见具有证据法上的独立地位，属于法定的证据种类，而专家辅助人的意见并没有被归属于证据种类。其次，资质不同。鉴定人有明确的资格要求和名册，而专家辅助人只有宽泛的所谓具有专门知识的要求。再次，管理制度不同。鉴定人需要在特定的鉴定机构执业并接受司法行政部门的管理，而专家辅助人并不是专门的职业，也缺乏相应的管理机关与机制。最后，产生方式不同。刑事诉讼中只有侦查机关和法院有权决定是否聘请鉴定人进行鉴定，当事人和辩护人、诉讼代理人则无权决定，只能申请补充鉴定或重新鉴定，而对于是否聘请专家辅助人，公诉人、当事人和辩护人、诉讼代理人均可自行决定并申请法庭通知其出庭。鉴定人是独立的诉讼参与人，而《刑事诉讼法》和《民事诉讼法》未将专家辅助人列为诉讼参与人，其地位是协助当事人进行质证的人。①

我国目前确立的专家辅助人制度与鉴定制度之间还是存在本质上差异的，专家辅助人制度应当体现自己独特的功能，才能更好地发挥制度的作用。现在一方面特别强调专家辅助人意见不是证据，而是为鉴定意见的质证提供服务的制度，从而试图区分司法鉴定与专家辅助人制度，但另一方面又有意无意地将鉴定人和专家辅助人相等同，适用诸多共通的程序和规则。这背后实际上是对相关理论的混淆，是对司法鉴定和专家辅助人制度认识上的模糊。② 理论上的质疑折射出对二者研究的不深入，实践适用状况也可想而知了。

自 2012 年《刑事诉讼法》和《民事诉讼法》实施以来，专家辅助人的引入并未能发挥其应有的影响。从理论上来讲，专家辅助人的引入应当能够提高鉴定人、侦查人员出庭作证的可能性，加强庭审中对鉴定意见的质证力度，对庭审的对抗化、实质化产生直接影响，从而推进庭审方式的改

---

① 参见胡铭：《鉴定人出庭与专家辅助人角色定位之实证研究》，载《法学研究》2014 年第 4 期。

② 参见胡铭：《鉴定人出庭与专家辅助人角色定位之实证研究》，载《法学研究》2014 年第 4 期。

革。但实践中专家辅助人出庭的情况非常少见。这背后的问题主要是法律规定的粗略，相关制度准备的不充分，再加上司法实践部门对于相关法律和司法解释的理解存在较大的分歧和争议，使得专家辅助人的法律地位、专家辅助人意见的属性、专家辅助人的权利义务、专家辅助人意见的审查规则、庭审质证程序等问题尚未得到明确，因而该制度在实际运行中缺少可遵循的规则。①

从术语概念上看，《刑事诉讼法》和《民事诉讼法》中并没有明确使用专家辅助人这一说法，专家辅助人目前只是学理上的一个概念。立法上也仅笼统地将学理上专家辅助人的资格条件表述为“具有专门知识”。从立法精神上来看，专家辅助人应当是诉讼双方聘请来帮助解释和理解案件中专门性问题的具有专门知识的人，或者法官允许出庭参加质证的专家。这一制度与两大法系相关国家的规定均有所差异，在英美法系国家，类似的诉讼参加人是专家证人，是指具备某种知识、技能、经验、接受过某种训练或教育，能够对证据或事实问题提供科学的、技术的或其他专业的意见的人。在大陆法系国家，德国的“鉴定证人”与证人比较接近、日本的“辅佐人”与代理人身份类似、意大利的“技术顾问”和俄罗斯的“专家”制度与我国也均有所不同。由于我国法律没有明确的界定，使得专家辅助人的身份仍然处于一种模糊的状态，无法给司法实践以明确指引，导致理论与实践在“专家辅助人”和“专家证人”两种称谓上左右摇摆的局面出现。最高人民法院在审理“奇虎360诉腾讯”不正当竞争案时，在法庭上将因“滥用市场支配地位”的专业问题而被申请出庭的专家表述为“专家证人”，而在判决书中却又将其表述为“专家辅助人”，致使其功能是协助当事人质疑鉴定意见还是协助当事人提供证据的“专家证人”模糊不清。最高人民法院在不同的司法解释、文件中对“有专门知识的人”也存在不同的表述，使得各地法院得以基于自己审理案件的便利与喜好对这种专家采取不同的称谓。如2012年四川省高级人民法院发布的《关于知识产权案件专家证人出庭作证的规定（试行)》；2012年新疆维吾尔自治区高级人民法院发布的《知识产权司法保护专家证人工作规程》；2013年江苏省高级人民法院发布

① 参见胡铭：《专家辅助人：模糊身份与短缺证据》，载《法学论坛》2014年第1期。

的《关于开展资源环境案件“三审合一”集中审判的若干意见》也规定了专家证人。

“专家证人”和“专家辅助人”的不同表述主要是源于对“有专门知识的人”所提意见的性质和功能的不同理解。如果将“就案件的专门性问题进行说明”理解为类似于鉴定人对“专门性问题”提出专家意见，则“有专门知识的人”实质上便扮演着专家证人的角色。但是在《民事诉讼法解释》）中，专家出庭的陈述被规定为“视为当事人的陈述”。2012年最高人民法院《关于审理因垄断行为引发的民事纠纷案件应用法律若干问题的规定》第12条、第13条均未将出庭专家明确为“专家证人”，最高人民法院释义《民事诉讼法》第79条规定的“有专门知识的人”时也仅仅强调“确立了我国民事诉讼中鉴定人与专家辅助人并存的‘双层’专家证据制度”，此制度“不是专家证人而是诉讼辅助人”。[①]

最高人民法院在这一用语上的混用反映出“有专门知识的人”的诉讼角色尚不明确，司法实践在此问题上的任意性也因此加剧。除此之外，专家辅助人制度还存在着以下几个方面的问题。

①申请专家辅助人出庭的问题。在刑事诉讼中，被告人及其辩护人都有权申请专家辅助人出庭，即具有相应的启动权，与鉴定人制度有所区别。但是辩护人申请专家辅助人是否需征得被告人或其家属的认可，法律未予明确。其次，专家辅助人的聘请往往缺乏有效指引，再加上信息不对称的问题，导致被告人和辩护人在相关领域聘请合适专家辅助人的渠道并不畅通。由于专家辅助人不是“全科专家”，其专业领域与所需解决的问题难免存在偏差，甚至还需要通过请教相关领域的专家以及查阅资料，才能得出相关结论，其本身准确性往往令人怀疑。此外，申请专家辅助人出庭要接受法院的审查，但法官的决定权规定得不具体。对于当事人提出的专家辅助人出庭的申请，法官准许的条件和标准、对专家辅助人资质的审查等问题均未得到明确。这样一来，当法院驳回申请时，当事人的救济权很难行使。

②专家辅助人的资质规定不明确。专家辅助人制度是在鉴定制度发展

① 郭华：《对抗抑或证据：专家辅助人功能的重新审视—兼论最高法院审理“奇虎360诉腾讯”案》，载《证据科学》2016年第2期。

较为完善、成熟的基础上兴起的。从国外一般情况考察，大多数情况下专家辅助人都是由具备鉴定人资格的资深鉴定专家担当，但专家辅助人的条件远比一般鉴定人高，需要更高的职业要求。[①] 但是法律对鉴定机构和鉴定人的法定资质作出了严格的规定，而对于专家辅助人只是宽泛地规定了具有专门知识，并未对其资质作严格限制。目前关于专家辅助人的统一条件和法定形式认可的规定还有所缺失。目前的规定无法解决专家辅助人的资质是达到一般资质还是权威地位、专家辅助人是否必须从从业人员、研究人员中聘请等问题，但是这些问题却会直接影响质疑的质量。

③专家辅助人出庭质证规则不够完善。《刑事诉讼法》和《民事诉讼法》规定，法庭质证过程中，公诉人、当事人、辩护人、诉讼代理人、专家辅助人以及审判人员均可向鉴定人提问。但由于鉴定意见的特殊性，专家辅助人应当是鉴定意见在法庭质证中的主要询问人，这也是专家辅助人出庭的主要任务。

但是，实践中专家辅助人出庭质证的程序仍然存在很多问题：首先，鉴定人和专家辅助人是否可以相互质询仍不明确。其次，公诉人、诉讼代理人是否有权向专家辅助人发问也有争议。最后，专家辅助人除了出庭质证，是否还须向法庭提交书面意见尚不明确。

另外，关于“有专门知识的人出庭，适用鉴定人出庭的有关规定”的解释。《刑事诉讼法解释》试图用这一句概况性的规定来解决专家辅助人出庭的诸多程序问题。这一规定表面上似乎简化了专家辅助人制度的诸多设计，即以鉴定人出庭制度来规范专家辅助人在庭审中的相关程序，实际上却不利于专家辅助人制度在实践中的顺利运行，留下了不少争议性的问题。

④专家辅助人的诉讼地位、意见属性不明确。首先，专家辅助人出席法庭的座席位置不明确，这是其诉讼地位不明确的重要表现之一。在我国目前的法庭上，设有原告席、被告人席、证人席、诉讼代理人或辩护人席、翻译席等，却没有鉴定人席，更没有专家辅助人席。受聘于当事人出庭参与法庭调查活动的专家辅助人，在法庭上被安置于何处，完全是随机安排。司法实践中，专家辅助人有时被安排在证人席、原告或被告席，有时则被

① 参见邹明理：《专家辅助人出庭协助质证实务探讨》，载《中国司法鉴定》2014 年第 1 期。

安排在旁听席。[①] 法庭上有无独立的席位，或者在法庭上就坐于何处，表面上看虽然是个小问题，实质上却反映了专家辅助人的诉讼地位不明这一重要问题。

尽管我国《刑事诉讼法》及《民事诉讼法》均意识到了专家辅助人的重要性，并以专门条款明确了专家辅助人何时可以介入庭审，并在庭审中发挥怎样的作用，但均没有就专家辅助人在诉讼活动中的法律地位做出明确规定，这一问题直接关系到专家辅助人能否在诉讼中充分发挥其应有的作用。司法实践中的做法更是混乱：有的将专家辅助人看成证人，适用回避制度，只有涉及专门性问题时才允许出庭；有的将其视作鉴定人，不能发问而只能回答；还有的认为专家辅助人的发言只是辩论意见，只有在进入法庭辩论阶段时，专家辅助人才可以发言。[②]

《刑事诉讼法解释》中有部分条文将专家辅助人与鉴定人、证人并列表述，反映出立法机关有将专家辅助人与鉴定人和证人并列、视为一类独立的诉讼参与人的倾向，但两大诉讼法未在“诉讼参与人”中增加专家辅助人。

专家辅助人诉讼地位的不明确直接导致了专家辅助人意见的属性和效力的不明确。对于专家辅助人的意见属性，专家辅助人是就鉴定意见提出意见，从而弥补被告人和辩护人辩护上的专业知识不足。其意见能否作为证据使用，在法律未明确规定的情况下，基于我国的证据法传统，理论界和审判实务部门均有否定其证据属性的倾向，将专家辅助人意见定性为代表申请其出庭的一方就鉴定意见发表的专业质证意见，视其为申请方控诉意见或辩护意见的组成部分，不属于证据材料的范畴。对此，《刑事诉讼法解释》第239条的规定有所体现，“法庭笔录中的出庭证人、鉴定人、有专门知识的人的证言、意见部分，应当在庭审后分别交由有关人员阅读或者向其宣读。”专家辅助人的言辞是以“意见”的形式呈现的，明确了专家辅助人的意见仅作为一种质证意见。但是《刑事诉讼法解释》在第213条中规定了询问证人、鉴定人、专家辅助人所通用的规则，同时第215条明确了“审判人员认为必要时，可以询问证人、鉴定人、有专门知识的人。”所

① 参见李学军、朱梦妮：《专家辅助人制度研析》，载《法学家》2015年第1期。

② 参见李学军、朱梦妮：《专家辅助人制度研析》，载《法学家》2015年第1期。

以专家辅助人同鉴定人一样都是交叉询问的对象。专家辅助人意见同证人证言和鉴定意见一样会影响到法官的自由心证，法官需要通过询问的方式对其进行审查判断。专家辅助人意见作为一种质证意见，比较类似于检察官的控诉或律师的辩护，即协助检察官或律师来进行质证。如果专家辅助人比较接近于证人的作用，则应该成为质证、审查的对象。

另外，专家辅助人意见对法庭采信鉴定意见产生的影响也不明确。鉴定人是否需要回应专家辅助人对鉴定意见提出的质疑、回应的效果是否直接影响已经被采信的鉴定、专家辅助人提出的质疑需要达到何种标准等，这些问题均未在现有规定中明确。事实上，法官对鉴定意见的审查和采信确实存在障碍，一是因为法官缺乏相关专业知识的客观限制，鉴定中涉及的科学技术原理、方法等内容过于专业，要求法官对其进行审查确实存在困难；二是因为充分审查需要耗费大量的精力和时间，为了庭审的效率和审理的轻松，其主观上也不愿意对鉴定意见进行审查。所以，为了在庭审中对鉴定意见进行有效质证，帮助法官更好地完成审查、采信的工作，消除控辩双方对鉴定意见的异议，需要让法官充分认识到鉴定意见法庭审查的重要性，建立完善的审查规则，同时落实鉴定人出庭制度、完善专家辅助人制度的具体规定。

五、司法鉴定导致错案的缘由

鉴定意见本身的错误或者在使用中出现的偏差都可能导致其在案件事实认定过程中产生负面影响并诱发错案，我们应当认真探究鉴定意见导致错案的具体原因，这样才能更好地防止类似问题重复出现，改变目前鉴定意见成为“是非之王”的困境。

（一）鉴定意见本身的错误

司法实践中，鉴定意见因为各种因素的影响存在出错的可能性，其中既包括鉴定检材、鉴定技术等客观因素，也包括鉴定人疏忽、认识水平有限等主观因素。

1. 鉴定检样存在问题

检样的问题在错案中相对突出。其一，鉴定所使用的检样来源不明，导致本来与案件无关的事项被鉴定意见建立了“联系”，从而对案情认定产生重要的影响。如杜培武案件中，《现场勘查笔录》及《现场照片》仅记载“车内离合器踏板上附着有足迹遗留泥土”，后却以现场勘查笔录不存在的“刹车踏板”“油门踏板”上附着的泥土作为嗅源得出“警犬气味鉴定”的“警犬反应一致”。其二，检样保管不善，检样在提取、运输途中被污染等情况时有出现。为此，《人民检察院文件检验工作细则（试行）》第13条规定：送检的检材需要化验分析的，应分别妥善包装，防止污染，并应在包装上注明案别、名称、数量及提取日期和送检单位。另外，第17条对血痕鉴定、毛发鉴定、精斑鉴定和骨质鉴定均作了具体的规定。在法医物证检验鉴定时，尤其是在血痕鉴定和在精斑鉴定的过程中，如果检样受到污染，就很容易导致鉴定意见出现错误。关于此种情况，一个典型的案例就是美国的辛普森案件。在该案中，一个重要的疑点就是袜子上的血迹问题。辩方专家在检验袜子上的血迹时发现了其中含有浓度较高的防腐剂，并就此认定检材受到了污染，借此推翻了检控方的一项重要的有罪证据。检材受污染，关键证据被排除，在一定程度上直接导致了辛普森的无罪释放。

这些检样方面问题的出现是因为没有相应的措施对检样来源以及运输、交接、保存等环节进行规范。特别是对于侦查机关内设鉴定机构来说，即使存在规范检样收集的法定程序，也可能因追诉需要而被忽略。鉴定程序规范的缺失，使得实践中难以保证鉴定检材的客观性，即使检材具有客观性，天气、运输以及保管等因素也会使之发生变化，如果鉴定时没有考虑这些因素，也难以保证鉴定意见的可靠性。[①]

2. 鉴定技术的可靠性

鉴定所采用的技术手段是否科学，是否具有较高的可靠性，是直接影响到案件的立案侦查和判决是否正确的关键性问题。很多错案的产生正是因为仅根据血型相同鉴定意见就作出犯罪嫌疑人的判定，没有进一步进行DNA鉴定。这些错案大部分发生在上世纪八九十年代，由于早期的鉴定技术落后，侦查人员对案发现场提取的血迹仅进行人身识别精确度较低的血型鉴定。血型相同鉴定意见应当仅具有排除的功能，可以作为排查性认定的证据，但不足以作为同一性认定的证据。

---

① 参见郭华：《侦查机关内设鉴定机构鉴定问题的透视与分析——13起错案涉及鉴定问题的展开》，载《证据科学》2008年第4期。

侦查阶段排除嫌疑对象的鉴定标准无需要求太高，血型鉴定即可胜任，即使为了排查嫌疑对象而进行DNA鉴定，鉴定的技术标准也不用要求太高，不必满足较高的15个位点以上的标准。这既符合诉讼的效益原则，避免造成鉴定资源的浪费，也符合诉讼的效率原则。但是，作为有罪裁判依据的鉴定意见必须是高度确定的，血型相同鉴定显然不足以达到确定人身同一性的要求，还需要进一步进行DNA鉴定。因为作为证据的鉴定与作为侦查依据的鉴定的要求不同。这一问题表面上看好像只是一个技术问题，但实质上也涉及制度不完善的问题。从某种意义上说，上述案件中DNA鉴定的缺失与侦查中心主义的诉讼结构有着密切关系。因为血型相同鉴定意见本身来说不一定是错误的，其错误就在于认定人身同一性仅止于此是不够的，应当进一步采用其他鉴定技术进行鉴定。DNA鉴定通常被称为"鉴定之王"，可靠性相对较高，但是如果不按规范操作，或者位点数量不足，也容易出现错误。曾有美国学者对DNA鉴定意见错误的原因进行了归纳，主要包括：（1）DNA生物样本内因异常；（2）DNA生物样本的环境影响；（3）DNA分型技术原因；（4）人为操作错误；（5）无孔不入的污染；（6）DNA鉴定意见的数据解读误差；（7）DNA鉴定品质保证之失。

科学技术是一个不断发展的过程，直到2009年，我国在案件中运用DNA技术的比例仍不足2%，强奸和杀人案件中利用DNA鉴定的不到10%。[①] 技术的限制也是鉴定意见可靠性的一个固有限制，需要进一步提高侦查中的鉴定技术含量。我国鉴定技术在侦查中的运用还处于较低的水平，表现在侦查中运用鉴定证据的比重还比较低、高尖端的鉴定技术运用的推广还不够全面、鉴定的标准确有待进一步完善。目前实践中存在的这些机制体制、人员配备、装备设备、技术水平等问题确实在一定程度上制约了基层侦查机关的侦查能力。近年来，为了响应科技强警、科技强检的战略目标，应当在未来刑事侦查中提高鉴定技术含量，尽量增加在鉴定技术、人力和设备方面司法经费的投入，改善基层侦查部门鉴定技术侦查方法的运用情况。[②]

---

① 参见陈学权：《刑事诉讼中DNA证据运用的实证分析——以北大法意数据库中的刑事裁判文书为对象》，载《中国刑事法杂志》2009年第4期。

② 参见陈邦达：《司法鉴定在刑事侦查中的运用》，载《中国司法鉴定》2013年第1期。

但与此同时，也要警惕新兴技术对鉴定可能产生的不良影响。很多新的技术和方法可能使鉴定工作更加便利，但也可能会对物证、检材本身的特性进行改变或破坏，影响其所反应出的特征点的真实性。数字技术在物证痕迹特征点显现领域的广泛应用，使得那些被我们直接观察，客观展现的细节特征很容易被人为改变。例如，伴随着图像处理技术在广大领域的运用，PHOTOSHOP 软件也被应用于司法鉴定中，新的技术将那些曾经难以被观察的细节特征更加清晰完整地展现在了鉴定人员面前，大大提高了司法鉴定工作的准确性，然而也随之带来了更多的问题，下面以一个足迹鉴定案例进行说明。

2014 年，某区刑侦支队送检一起入室盗窃案的现场足迹痕迹和嫌疑人所穿运动鞋一双进行同一认定检验，北京市公安司法鉴定中心最终做出了认定的结论。然而检察机关对最后的鉴定意见提出了质疑，要求司法鉴定中心出具工作说明，原因是鉴定中足迹照片的比例尺产生了镜像的效果。这种效果的产生是因为在鉴定过程中，使用了 PHOTOSHOP 软件的“反转”功能，这是一个必要的步骤，使得照片中的检材和样本能够达到一致的效果，让阅读者直观地看到两者特征点共同出现的位置。由此案例可见，数字影像具有易更改性，这显然对它作为证据进行使用提出了挑战，对证据进行质疑的主要力量就来源于对其可靠性做出的判断，一旦数字证据被接受就需要评估它的可靠性以便确定它的证据能力。即对数字图片是否存在恶意篡改等可靠性的任何怀疑，都会对它本身的证据能力产生负面影响。以下是实际侦查工作中使用 PHOTOSHOP 软件处理图像可能产生的两个问题：第一，人为故意制作假信息的效果。使用软件处理痕迹照片，非常简单地便可制作出以假乱真的假特征，例如足迹上的缺损特征。第二，容易产生假信息的工具。在 PHOTOSHOP 中调整图片，相当于对图片内的像素信息进行调整，某些操作会无意地造成图像内容的添加、减少或变换，以至破坏原始信息，产生虚假信息。例如：锐化增加对比度、蒙尘与划痕减少背景干扰，都是效果较好的常用工具，此外，滤镜类工具本身会使像素发生较大的变化，参数调整过大后更会影响效果，破坏原始图片的信息。可选颜色、替换颜色工具，都是针对某一特定颜色进行修改的工具，很容易改变图片中颜色的相对差值，从而使修改后的颜色与其他部位的颜色混合，尽管产生的是良性效果，但是也难免存在不易发现的虚假信息。类似的工具以及用法还有很多，即使是最简单的工具，如果参数控制不好，在操作过程中，都伴随着制造假信息干扰原始信息的风险。①

3. 鉴定意见的中立性不足

这个问题在刑事案件中较为严重，目前侦查机关仍然主要由其内设依附于侦查部门的鉴定机构提供鉴定意见，所以我国侦查机关启动鉴定、实施鉴定以及对鉴定结果的运用基本上是在封闭状态下运行的。侦查机关也意识到"自侦自鉴"模式不受其他诉讼主体制约的弊端，也力图通过加强内部制约机制防止鉴定出现问题，如"侦鉴部门"的内部分离，各自成为独立的部门。但仅通过内部制约机制或自我控制难以保障鉴定的质量，侦查机关作为独立的刑事诉讼主体有自己的诉讼职能，其自我设立的鉴定机构附属在侦查机关内部，一定意义上依然属于追诉方，难以做到客观地为发现事实提供科技支持，甚至会因追诉职能的影响使鉴定出现偏向。又因犯罪嫌疑人、被害人等刑事诉讼主体缺乏应有的鉴定程序参与权，他们基本上被隔离在司法鉴定之外，这种体制本身也难以促使侦查机关鉴定机构的鉴定客观中立，出现错误也是难免的。

我们可以看到，冤假错案的发生经常伴随着鉴定问题。但是在很多情况下，问题并不在于纯粹的科学鉴定本身，而在于侦查与鉴定成为一体，科学被卷进语言编造出来的故事的旋涡之中。如果鉴定机构不与侦查机构独立，鉴定不与抱有特定倾向性的侦查分开进行，那么就无法避免事先把所希望的结论考虑在内的"权宜主义"鉴定的危险性。② 强化侦察机关内设鉴定机构的内在制约机制的同时，也应当同时加强外部监督机制的建设。

（二）司法鉴定使用中的偏差

司法实践证明，鉴定意见作为证据，即使是 DNA 鉴定，在为认定案件事实提供坚实的证据支持、为许多无辜者洗刷冤情的同时，也有可能因使用的偏差为一些无辜者的有罪结论提供"扎实的证据"或者为制造冤假错案提供依据。

① 参见陈延华：《刑事诉讼中公安司法鉴定实证研究——以北京市公安机关为中心》，中央财经大学 2016 年硕士论文。

② 参见郭华：《我国司法鉴定制度改革的困境与出路》，载《政法论坛》2009 年第 6 期。

1. 鉴定意见的缺失

实践中存在因鉴定意见的缺失导致的错案。特别是在被害人死亡的案件中，应当启动却没有启动鉴定，仅仅通过辨认而对被害人的身份予以认定，因结果出现错误而导致错案。要解决鉴定意见缺失问题，应当建立强制鉴定制度予以保障。强制鉴定是指在司法机关控制鉴定启动权的情况下，为了保障犯罪嫌疑人、被告人的利益，对某些重要的关键事项需要通过法定的方式强制启动鉴定程序，将死因作为“强制鉴定”的事项是法治发达国家的通行做法。如《俄罗斯联邦刑事诉讼法典》第196条就规定了需要适用强制鉴定的相关情形，包括：（1）为了确定死因；（2）为了确定健康损害的性质和程度；（3）当对犯罪嫌疑人、刑事被告人的刑事责任能力或在刑事诉讼中独立维护自己权利和合法利益的能力产生怀疑时，为了确定犯罪嫌疑人、刑事被告人的心理状况或身体状况；（4）如果对被害人正确理解对案件有意义的情况的能力和提供供述的能力产生怀疑，为了确定被害人的心理状态或身体情况；（5）当犯罪嫌疑人、刑事被告人、被害人的年龄对刑事案件有意义，而又没有证实其年龄的文件或这种文件引起怀疑时，为了确定其年龄。①

我国也应当在法律中明确规定强制鉴定制度，因为鉴定的结果在发现案件事实方面意义重大，特别是在关乎事实真相的查明时，在被告人生死的案件中尤其应当重视，在大案、要案及特定类型案件中，构建法定强制鉴定能够避免案件中专门性问题的漏判，防止错案产生。在我国目前由司法机关独占鉴定启动权，特别是消极地不行使这一职权的情况下，强制鉴定制度就显得更为重要，能够为被追诉方的积极辩护提供依据，有利于保证司法的理性和审慎，提高司法权威。对于适用强制鉴定的具体情形，我国应充分考虑强制鉴定与诉讼效率、司法资源等各个因素间的平衡，合理规定强制鉴定适用的范围，将其限制在特定的、必要的、鉴定将直接影响案件走向和责任承担的案件中。必须明确，强制鉴定并不是无条件的鉴定，而是“符合一定条件”的必须鉴定。②

---

① 参见卞建林、李婵媛：《刑事强制鉴定制度初探》，载《中国司法鉴定》2010年第3期。

② 参见卞建林、李婵媛：《刑事强制鉴定制度初探》，载《中国司法鉴定》2010年第3期。

2. 鉴定意见的审查问题

客观来说，错误的鉴定意见是无法完全避免的，但是通过研究错案我们可以发现，一旦鉴定意见出现错误，几乎必然会导致错案的产生。首先这是因为鉴定意见与其他证据相比，是一种非常有效的发现案件事实的手段，如果有鉴定意见存在，司法机关在办案过程中往往会予以重视，绝大部分都会将其作为认定案件事实的依据，对最后的审判产生重要影响。其次，司法人员倾向于信任鉴定意见，疏于审查或者因为专业知识的不足对鉴定意见也会审查不力，使得鉴定意见审查程序的过滤作用难以发挥。往往在侦查阶段收集检材、运用鉴定意见的环节中就存在纰漏，但是鉴定错误一直没有被发现，导致侦查机关“起点错”，检察机关“跟着错”，最后法院“错到底”。之所以会出现“一错到底”的现象，很大程度上是由于我国刑事诉讼中长期存在的“侦查中心主义”“案卷中心主义”的问题，侦查阶段的案卷贯穿诉讼始终，对最后的案件事实认定往往具有决定作用。再加上鉴定固有的科学性使得法律职业群体在侦查、审查起诉以及审判阶段中都难以对鉴定意见进行有效鉴别，使得审查判断流于形式。所有这些因素组合起来，最终导致错误的鉴定意见被采用。

司法鉴定虽然涉及技术问题，但纯技术的问题在错案中并非普遍存在，即使存在，也并不都是最主要的问题。根据现有鉴定技术可能不出现错误的，或者存在错误很容易被发现的，因缺乏对鉴定技术标准的统一规范，司法人员无法进行有效审查，错误依然没有被发现。[①] 在错案中，如果审查规则明确、审查程序能够充分发挥作用，重新鉴定或者补充鉴定能够及时启动，很多错误是可以避免的。因此，鉴定意见未能得到充分审查的原因，除了审查判断人员的主观问题之外，在一定程度上与制度的设计也有密切关系。所以，应当进一步完善诉讼各阶段的鉴定意见审查制度，发挥审查程序的“守门员”作用，切实保障最后认定案件事实所运用的鉴定意见的可靠性。

3. 当事人权利未得到充分保护

在鉴定意见的运用程序中，对于作为证据使用的鉴定意见，无论是在

---

① 参见郭华：《侦查机关内设鉴定机构鉴定问题的透视与分析——13起错案涉及鉴定问题的展开》，载《证据科学》2008年第4期。

侦查、起诉还是审判阶段，应当告知当事人，通过当事人权利的充分行使来保障鉴定的质量。然而实践中普遍存在应当告知而没有告知的情况，我国在此方面没有明确规定相应的责任。侦查机关告知当事人鉴定意见的程序因为缺乏不利法律后果的限制往往被忽视，当事人因不知晓其所享有的权利而无法行使提出补充鉴定或者重新鉴定申请的权利，其合法权益未能得到充分的维护。侦查人员未告知的行为，影响了当事人诉讼权利的充分行使，也影响了当事人对涉及自己权益的鉴定行为的监督和制约，减少了检视鉴定意见的一道程序。因鉴定意见在适用上未能受到任何约束，错误鉴定导致错案也就不足为奇。法律之所以规定侦查机关应当将用作证据的鉴定意见告知犯罪嫌疑人、被害人，是旨在通过诉讼程序的约束来保证其办案质量，并通过告知当事人鉴定意见，促使其从相反的角度提出意见。这样不仅可以减少审判时控辩双方之间对鉴定意见的争执，确保审判的顺利进行，而且还可以通过控辩双方对鉴定意见的真实性和可靠性进行审视，保障鉴定意见的科学性和可靠性，保障办案的质量。另外，鉴定意见的告知应当是全面的，既包括鉴定书所有的内容，也包括鉴定采用的技术以及鉴定的过程等。

除了被告知的权利之外，当事人对于鉴定的启动权问题也需要进一步被关注和解决，对此问题详见第一部分内容。

第三部分　诉讼中司法鉴定制度的完善设想

在实地调研司法鉴定制度运行数据的基础上，我们分析了大量国内外涉及司法鉴定的案例，对其中反映的问题进行了分类和研究，并对这些问题背后隐藏的深层次原因进行了剖析，希冀提出有助于解决司法鉴定制度层面上问题的建议。我们将从实践中的问题出发，以问题为导向，结合现有的学界观点，以司法鉴定改革为方向，提出以下几点改革设想。

一、完善司法鉴定启动权配置制度的设想

鉴定的启动权包括鉴定的申请权、决定权和委托权以及救济权，其中的关键是决定权和委托权。该权力由谁行使，各国的做法不尽一致。在对抗制诉讼模式下的英美法国家中，多数事项根据当事人需要自行进行鉴定，且鉴定人的选任法院不加以干预，也就是说鉴定的启动、鉴定人的选任基本依靠当事人自己的选择，法官处于消极中立的地位。刑事诉讼中的鉴定启动权由控辩双方平等分享，法官不主动行使鉴定权，启动可延伸至侦查阶段进行。如《美国联邦民事诉讼规则》第 35 条第 1 款规定，当当事人的身体状况（包括血型）或精神状态成为争议点时，法院可以命令该当事人接受由符合资质的专家证人进行的身体或精神状态的检查。检查的启动需要由当事人提出申请并提供足够的理由。《美国联邦证据规则》第 706 条规定，法庭可以拒绝当事人指定专家证人的申请，但需要说明理由。专家证人的人选可以由当事人决定，法庭也有权指定专家证人，但该指定需要得到专家证人的同意。法院指定的专家证人得出的结果需要平等告知当事人双方，双方均可获得其发现，也均可传唤该证人出庭，充分保障当事人双方的公平利益。该专家证人还应接受双方的交叉询问。

在职权主义模式下的大陆法系国家中，鉴定被看作是法官发现真实的

助手，鉴定人被视为“穿白衣的法官”，具有司法权色彩，法官可根据审判的需要或侦查机关、检察机关、当事人的申请进行鉴定。鉴定人选也主要由法官决定。如《法国民事诉讼法》第263、264条规定，仅在经过验证或咨询仍不足以查明事实的情况下，有必要进行鉴定。鉴定人人数原则上为一人，当法官认为有必要时可任命多人。《法国刑事诉讼法典》第60条规定，警察可根据需要邀请有资格的人进行鉴定。第77条第1款规定，如果鉴定的需要刻不容缓，检察官或其授权的司法警察可以要求任何有资格的人鉴定。第156条规定，任何预审法官或审判法官，在遇到相关专门问题时既可以根据检察院的要求，也可依自己职权或一方当事人的要求，命令进行鉴定。法官拒绝鉴定要求的，最迟在一个月内说明接受与否的理由。第159条规定，鉴定人选由法官决定。

《德国民事诉讼法典》第372条规定，法院可以决定鉴定的人数及人选。有必要确定血统时，每个人都应受检查。这种检查应考虑受检查人和对其亲属的影响，应是无害并经过其同意的。无理由再次拒绝检查的，可采取强制，可使用拘传。第403条规定，申请鉴定时，鉴定事项必须明确。第404条规定，鉴定人选与人数由受诉法院决定。受诉法院可以任命另一人代替先任命的鉴定人。政府任命的特殊鉴定工作，只有在特殊情况确有必要时才可另行任命其他鉴定人。法院要尊重当事人协商一致的人选意见，但可以限制其人数的选定。除此之外，法院确定鉴定人工作的种类和范围，根据情况需要，可在确定鉴定事项之前讯问鉴定人，还要应鉴定人要求，向之阐明其受委托的事项。有争议的事项，由法院决定。必要时法院应决定鉴定人的实施鉴定的权限范围，鉴定人与双方当事人合作的情形，以及何时当事人可参与鉴定。对鉴定人的指示应通知双方当事人。第405条对重新鉴定和鉴定人回避做出了规定。《德国刑事诉讼法》第73条规定：“选任应延请的鉴定人并确定其人数，由法官为之。法官应当与鉴定人约定在何期限内作出鉴定。”第82条规定：“鉴定人应当以书面形式还是口头形式作鉴定，在侦查程序中由法官命令。”[①] 这表明法官对鉴定事项的决定权能够延伸至侦查阶段。第83条规定了重新鉴定和回避，以及法官可要求专门

① 参见宗玉锟译：《德国刑事诉讼法典》，知识产权出版社2013年版，第47页。

机关进行鉴定。

《俄罗斯联邦刑事诉讼法典》第78条则规定，在调查、侦查和法庭审理时，可根据需要指定鉴定。鉴定由调查人员、侦查员、检察长和法院所指定的有关机关的鉴定人或其他专家进行。可以传唤具有提供意见所必需的知识的任何人作为鉴定人。调查人员、侦查员、检察长或法院关于传唤鉴定人进行鉴定的要求，鉴定人工作的机关、企业或团体必须执行。向鉴定人提出的问题和鉴定人的意见，都不许超出鉴定人专门知识的范围。第81条规定，鉴定意见不够明确或不够完全时，可以指定同一鉴定人或另一鉴定人补充鉴定。在鉴定人的意见没有根据或对它的正确性发生疑问时，可以指定另一鉴定人或另一些鉴定人重新鉴定。[①] 但是近年来，世界各国在鉴定的决定权问题上，出现了相互吸收和融合的趋势，而且其中以英美法系国家借鉴大陆法系国家的法官控制鉴定启动，双方当事人享有平等请求权的模式最为显著。[②] 完善我国司法鉴定启动权需要参考国外的做法，并尊重我国规定，从制度层面予以探讨。

（一）司法鉴定启动权的配置

我国刑事诉讼中的鉴定启动权不同于国外的任何一个国家，当事人无法直接启动鉴定且侦查机关、检察机关可根据自己的办案需要进行鉴定，无需经过法官批准，许多学者对《刑事诉讼法》未明确当事人的鉴定申请权予以批判。诚然，这种批判是有道理的，《刑事诉讼法》第146条明确了犯罪嫌疑人、被害人有权提出补充或重新鉴定的申请。其鉴定对象实际为已做出的并由侦查机关用作证据的鉴定意见，对于一个已经做出的意见，只能申请补充或重新鉴定，并不能对不利于己的证据申请启动鉴定。但作为追诉方的警检机关可以直接指派或聘请鉴定机构或鉴定人实施鉴定。由此可见，公诉方和当事人在刑事诉讼的过程中，对鉴定意见这种具有较高可信度的证据形式的获得和运用权利有些失衡。

多数学者认为法律不应排除当事人因举证需要启动鉴定的权利，当事人有权根据鉴定获得有利于自己的证据，否则当事人的举证责任与鉴定启

① 参见王素芳：《诉讼视角下的司法鉴定制度研究》，上海大学出版社2012年版，第132页。

② 参见卞建林、郭志媛：《规范司法鉴定程序之立法势在必行》，载《中国司法鉴定》2005年第4期。

动受限之间会产生不可调和的矛盾。但具体如何操作存在意见分歧，有观点认为，应向英美法系的做法靠拢，引进对抗制的精神，即当事人可根据需要自行委托鉴定，无需法院批准，鉴定意见的真伪在法庭上通过控辩双方的交叉询问审查核实。但是，制度的选择应当尊重我国实际情况。我国目前职权主义色彩浓厚，一旦放松法院对鉴定的审查控制，启动权就会被滥用甚至误用，多头鉴定、重复鉴定现象就会加剧，还可能因利益关系导致虚假鉴定和诉讼延误的情况，导致引入司法鉴定实现查明真相的目的落空。还有观点认为可采大陆法系的做法，启动权应由法院统一享有，控辩双方只能在同等程度上享有申请鉴定的权力。可以借鉴俄罗斯的做法，从限制侦察机关的鉴定启动权逐渐过渡到完全取消其鉴定启动权，由法院统一行使鉴定的最终决定权。①

前文论述了当事人鉴定启动权缺失情形下存在的诸多弊端，消除弊端的模式有多种，但这并不意味着第一种模式是最佳的选择，也并非赋予当事人启动权就能够解决问题。原因在于鉴定意见的采纳与否是由法官进行审查判断，当法官认为没有必要鉴定而当事人径行鉴定时，庭审时鉴定意见得不到审查，犯罪嫌疑人、被告人进行鉴定的目的落空，必然会造成大量的资源浪费和不必要成本的付出。其次，如果鉴定的启动无需法官同意，犯罪嫌疑人、被告人可根据需要直接进行鉴定，则有可能造成权利的滥用。鉴于当事人与社会鉴定机构之间的委托关系，在巨大的经济诱惑面前，鉴定人或鉴定机构很可能难保公正性，为犯罪嫌疑人脱罪或者为确保当事人胜诉做虚假鉴定。在我国统一司法鉴定管理体制建设还尚未完成的状态下，“市场经济”的负面效应有可能扩展到鉴定领域，使司法鉴定制度承担更大的风险。这种设计实施的结果更有可能导致司法鉴定的公正性消解，还会因金钱腐蚀而走向反面，使司法鉴定制度的改革付出惨痛的代价。② 需要注意的是，当事人的申请鉴定权实际上也是鉴定启动权的一种，只是还需办案机关的审查和同意，这与我国的职权主义模式密切相关，对法院决定权予以制约，保证其公正行使权力不失为有效的解决思路。第二种模式是

---

① 参见卞建林、郭志媛：《规范司法鉴定程序之立法势在必行》，载《中国司法鉴定》2005 年第 4 期。

② 参见樊崇义、郭华：《论刑事鉴定启动权制度》，载《中国司法鉴定》2010 年第 1 期。

法官占强势地位的产物，而我国的侦查、起诉、审判各个阶段都有其独立的价值，这种模式在承认当事人自行申请鉴定合理性的同时忽略了办案机关收集证据的需要，将侦查机关、检察机关与当事人完全对立，抛弃了侦查机关应当履行收集对当事人有利证据的义务。

事实上，因诉讼职能的不同，诉讼主体之间存在不同“待遇”的情况是必然的。但一方的权力过大而不受限制，而另一方权利缺失而无任何救济程序，则有失公正性。[①] 公诉案件中，控辩双方鉴定启动权分配存在巨大差异，犯罪嫌疑人、被告人不享有独立委托鉴定人的权利，也不享有申请鉴定的权利，只在有对公检法机关的鉴定意见不服时，才有申请重新鉴定或补充鉴定的权利。但申请的决定权在法院，其不同意鉴定申请无需说理，也没有相应的救济渠道。即使法院同意鉴定，当事人也无法参与鉴定机构或鉴定人的选任。鉴定启动权牢牢地把握在办案机关手中，权利与权力的配置就会失衡。失衡的权力（利）配置必然侵蚀司法公正。当侦查机关故意或无意漏掉证明犯罪嫌疑人无罪、罪轻的证据时，犯罪嫌疑人、被告人只得以纠缠法院，以要求重新鉴定、补充鉴定的方式抒发不满。我们认为，司法鉴定启动权应立足于我国大陆法系的传统，保证侦查机关原有鉴定权的配置，赋予当事人申请司法鉴定权并完善对司法鉴定启动的救济权。

（二）细化司法鉴定的启动条件

目前，司法鉴定的启动存在左右摇摆的随意性，且对重新鉴定的条件没有界定标准。这就导致在同一案件中，可能存在对同一鉴定对象的反复鉴定，从而导致鉴定意见的混乱，对案件的审查、审判及诉讼效率带来负面影响。尤其是在刑事诉讼中，鉴定意见凭借其自身的证据功能及对其他证据的印证功能，对于查明案件事实、正确适用法律具有重要作用，备受犯罪嫌疑人、被害人的重视。曾有一起故意伤害案中，公安机关在没有任何病史资料、相关证人证言，更没有犯罪嫌疑人在羁押场所任何反常表现的情况下，仅凭犯罪嫌疑人家属的口头申请，随意启动了精神病司法鉴定

---

① 郭华：《对我国司法鉴定制度改革现状的评价——以建设公正高效权威的司法鉴定制度为视角》，载《中国司法》2008年第5期。

程序，并获得了犯罪嫌疑人系限制刑事责任能力人的鉴定结论。当案件移送审查起诉后，被害人的法定代理人对该鉴定结论提出质疑，并提供了犯罪嫌疑人无精神疾病的一些间接证据，要求予以重新鉴定。为此，检察机关委托了上海市专家鉴定委员会对犯罪嫌疑人在作案时的精神状况再次进行鉴定。经专家评定，结论是其具有完全刑事责任能力。对此，犯罪嫌疑人及其家属亦提出了异议。虽然原先的鉴定意见未影响到案件最终的判决，整个司法鉴定活动对本案的审结没有造成任何的阻碍，但是，被害人的法定代理人却始终对原先的鉴定结论纠缠不休，并据此对司法机关的公正执法提出质询，也成为其以后不断上访、闹访的理由之一。[①] 在有些司法鉴定中，没有任何一个环节明显违背法律规定，但却引发了鉴定争议，甚至发展到上访、闹访，原因在于鉴定的启动过于随意，何种情形下启动鉴定及其何种情形下不启动、是否进入重新鉴定都没有明确的条件。这样一来，公检法机关各自为政，启动鉴定的程序混乱，影响了司法的权威性。

完善鉴定启动权应确定启动鉴定的标准，需要对“专门性问题”作出细化规定，只有达到该标准才能进行鉴定，这样可以控制办案机关的任意启动。鉴定启动权的条件应包括一般性规定和特殊规定。一般性规定侧重于对鉴定必要性的分析，应包括三个方面：一是待鉴定事项具有复杂性，超出了当事人及司法人员的认知水平。二是鉴定事项属“专门性问题”范畴，系科学技术或专门知识能够解决的问题。三是鉴定事项的重要性，即对案件事实认定必不可少。一般来说，鉴定事项具备上述要件时，就符合了启动鉴定的必要性条件。特殊规定意为考虑到不同类型鉴定所具有的不同特点和要求，[②] 对每一类司法鉴定应设置不同的启动条件，以便体现鉴定的科学性。以上述案件中的精神病司法鉴定为例，司法机关或当事人认为需要作此类鉴定的，一般应具备被鉴定对象的病史资料、是否存在家族遗传、熟悉其起居特征的家庭成员或其他证人的证言，并结合其在羁押场所是否存在反常举动等情况综合分析。对于存在精神病可能的，应当予以

① 参见陈靖宇：《刍议刑事司法鉴定启动权和专家委员会的设立》，载《中国司法鉴定》2006年第1期。

② 具体而言，司法鉴定包括法医类鉴定（包括法医病理鉴定、法医临床鉴定、法医精神病鉴定、法医物证鉴定和法医毒物鉴定）、物证类鉴定（包括文书鉴定、痕迹鉴定、微量鉴定）、声像资料类鉴定（包括对录音带、录像带、磁盘、光盘、图片等载体上记录的声音、人体、物体作出种类或同一认定）。

鉴定，对于这类鉴定，应防止以开脱罪名为目的提出的精神病鉴定申请，轻易启动后带来不利的法律后果。此外，对于人身损伤程度、死亡原因等对案件事实产生决定性影响的案件，公、检、法三机关应当决定鉴定，以维护程序的正当性，查明案件事实。

当事人的鉴定启动申请权带有必要性色彩，即启动鉴定是当事人的必然选择，但重新鉴定作为一项救济性权利是为了避免职权机关错误鉴定损害当事人利益的现象出现。然而，事实真相的发现并非必然经历多次鉴定。为避免当事人滥用重新鉴定申请权，相对于初始的鉴定启动权而言，重新鉴定启动权除需具备上述条件外，还应附加其他条件。其中最为重要的是犯罪嫌疑人、被告人对鉴定意见提出的质疑能够引起法官的重视，使法官怀疑鉴定意见的客观性、真实性、可靠性。为提高诉讼效率，同时维护程序公正，当事人提出的对既存鉴定意见的质疑应通过庭审质证的方式加以解决。如果当事人提出了合理的依据，对鉴定意见的质证能够获得法官采信，法官应决定重新鉴定，但如果法官不予采信当事人对鉴定意见的质疑，则应说明理由，消除当事人对鉴定意见的不信任。

（三）强制启动与任意启动相结合

与此同时，考虑到犯罪的危害程度、有可能被判处刑罚的严重程序以及当事人的精神状况，可规定强制启动的情形，将强制启动与任意启动相结合。对于认定案件事实的关键性、专门性问题，必须启动鉴定，不存在衡量余地，否则应被视为程序违法或纳入事实不清的范畴。任意启动与强制启动相对，是指在符合强制启动的情况下，当事人享有自主鉴定的权利。这种设计不仅能够避免出现公检法机关怠于行使启动权，导致出现应当启动而未启动的案件，还能够使犯罪嫌疑人、被害人及辩护人、诉讼代理人的启动权获得维护。

在审前程序中，应保障当事人申请鉴定的权利。经办案机关审查后，认为需要对申请事项进行鉴定的应当支持，不支持的说明理由。不予支持的鉴定事项经办案机关鉴定后不得用做证明有罪的证据，法官也不得据以定罪。在侦查和审查起诉阶段，当事人可以申请重新鉴定，但需经办案部门审查同意。对鉴定意见有异议的，应当通过质证来解决，而不是无休止地重复鉴定。目前刑事诉讼中侦查机关、检察机关享有重新鉴定启动权，而当事人只享有重新鉴定申请权。针对这种差异，应限制办案机关主动重新鉴定的权利，重新鉴定的启动必须具备明确的理由，除《司法鉴定程序通则》的规定之外，还应包括鉴定方法不科学或鉴定程序违法等情形。

特别要指出的是，应当强化鉴定程序中的制约机制，增强双方当事人对鉴定程序的参与能力，以减少鉴定中可能出现的错误几率，通过程序机制体现公平、公正、公开，保障当事人的参与权和监督权，创造性地采取有效措施和科学机制促进工作质量和效率，增强鉴定的科学性、公正性和公信力以及结论的可采性，并提前化解或减少当事人在庭审中对鉴定意见可能出现的争议。在涉及重罪或重大社会影响的案件时，当事人可享有直接鉴定的权利。尤其要说明的是，司法精神病鉴定中司法机关是唯一的启动主体，这就忽视了办案人员可能存在的知识限制，他们不是精神病研究专家，难以对是否有精神病做出判断，犯罪嫌疑人、被告人的刑事责任问题因此也无法明确。故应允许被告人、犯罪嫌疑人通过鉴定完成举证，证明自己是否存在精神障碍，与此同时还要防范装精神病，逃避刑事责任的情形。精神病的确认鉴定意见一定程度上相当于“免死金牌”，因而必须要严格审查精神病鉴定机构、鉴定人的资质，还可完善观察制度。

在审判阶段，当事人对鉴定的申请仍需经法院审查，在当事人提出的鉴定申请符合程序要求及启动鉴定的标准时，法院应当同意，不得对控辩双方实行差别待遇或对一方有所歧视。另一方面，法院不同意时应以决定的方式驳回，并在申请后的一定期限内明确说明不符合启动鉴定的理由，当事人对此决定应被赋予上诉或复议的权利，防止法官滥用职权，影响案件事实的查明。

当自诉案件需要鉴定时，受害人如果没有鉴定意见就无法提交证明自己权利受到侵害的事实，也就无法直接向法院起诉。而在公安机关、检察院做出不予立案或不起诉的决定之后，受害人即使有不同意见，也难以提出有力的反对依据。被害人与犯罪嫌疑人、被告人同属刑事诉讼的当事人，但被害人往往拥有鉴定检材，特别是在伤害案件中，被害人为轻伤还是轻微伤决定着案件的性质，为防止受害人与鉴定人之间的委托关系造成鉴定意见丧失客观、中立性，该鉴定可以视为鉴定报告，能否作为提起诉讼的理由和依据，能否在审理中作为证据，应当经过实质性审查后再判断。基于同样的思路，民事诉讼当事人也应享有在审前程序直接鉴定的权利，但为防止权利的滥用和虚假鉴定的可能性，不允许其将鉴定结果作为证据使用，但可以作为提起诉讼的理由和依据。而在审判阶段，当事人的鉴定申请权仍需法官审查同意，不同意的应说明理由，并提供相应的救济途径。

二、完善司法鉴定委托机制的设想

委托司法鉴定是现代司法活动中的一种工作，是人民法院与行政部门、社会有关机构分工协作，共同维护促进司法公正的重要途径。建立科学完善的委托工作制度是正确认清案件事实，保障法律准确适用，有效化解社会矛盾纠纷，实现社会公平正义的重要方面，也是当前深化司法鉴定体制和人民法院工作机制改革的内容之一。人民法院司法技术部门是委托鉴定业务的实际操作者，需要和法官、鉴定人密切沟通，能够发现鉴定中出现的问题和漏洞，在制定、更新准入标准和强化淘汰机制方面具有天然优势。由法院司法技术部门管理司法鉴定，既可避免法官意志对鉴定人的鉴定工作造成影响，满足鉴定机构、鉴定人的中立性要求；又能动态地对鉴定机构、鉴定人进行监督，保证鉴定意见的公正和客观。

（一）对司法技术部门进行科学定位

《司法鉴定管理决定》实施后，人民法院的鉴定职能被取消，大量的司法鉴定工作走向了社会。但社会鉴定机构的实力参差不齐，错误鉴定、重复鉴定甚至虚假鉴定的事件偶有发生。此外，社会快速发展必然带来诉讼领域的复杂化，各个行业、各个专业的技术也随之发展，如物证、痕迹、声像、司法审计、工程质量、评估、计算机、化学检验等社会各领域也在不断深入发展。但是，法官不具备专业技术知识，难以甄别鉴定意见的真假、可靠性，只得对鉴定意见进行程序性审查，盲目采信或无理由不予采信的情形并不少见。鉴定意见能否被认定与当事人的权益能否实现密切相关，因此无论采信与否都可能引发当事人的不满，更有当事人走上投诉、上访、闹访之路以抒发不满，滋生了社会不稳定因素。最高人民法院为加强法官在审查鉴定意见、认定案件事实方面的作用，要求各地成立司法技术辅助机构。法院原有的司法技术部门职能转换为对外委托司法鉴定和进行技术咨询、技术审核，原有的人员作为司法技术辅助人员的主要工作是对外委托司法鉴定，接受法官的委托开展技术咨询和技术审核。

然而，由于职责和法律定位的缺失，法院技术辅助部门人员的意见对法官认定案件不存在制约作用，也无法作为证据使用，大量司法技术力量被闲置浪费。在对外委托中，司法技术辅助人员只能对材料进行程序性审查，对鉴定意见的客观公正无法进行实质性审核。对于技术咨询，技术辅助人员可以对法官的技术疑问解疑答惑，让其对某一技术问题建立内心确信，但其解答的内容无法作为证据使用。在技术审核时，由于缺乏法律依据，法官无法使用技术审查的结果，只能督促社会鉴定机构对鉴定意见进行修改。尽管司法技术辅助部门人员发现鉴定意见确有错误，但如果社会鉴定机构拒绝修改，审判法官仍然可据此作出裁判。这样一来，因鉴定意见有误而导致错案的可能性便难以杜绝，司法公正的价值和权威也难以得到保障。

有论者认为，“人民法院司法技术辅助工作有三种可供选择的工作模式：一是行政模式，主要从事对外委托和管理工作；二是技术模式，即利用技术力量为法官提供技术咨询、技术审核等方面的技术服务；三是司法模式，即通过担任技术法官的途径直接对技术证据进行审查认定。当前司法技术辅助工作的职能同时包含了以上三种模式的内容，可以说是混合模式。发展司法技术辅助工作，应从司法改革的顶层设计出发，结合工作实际，摸索出一种适合我国法院工作自身特点的工作模式和工作机制。”人民法院司法技术部门要积极适应审判工作改革和发展的需要，根据职能变化和肩负的责任，更多地向法律性工作和其他更高层次的工作转移。具体包括“归口管理法庭科学工作”和“审鉴分离、审执分离”“鉴定的组织监督”以及“技术性证据的审核”“技术咨询与技术服务”“破产管理人指定”“执行死刑的技术监督指导”，还有“组织联合鉴定”“技术证据调查”等，这些观点对于人民法院建立完善的、符合诉讼规律的司法审判管理体制具有现实意义。

人民法院司法技术部门是人民法院解决法庭科学问题和审查法庭科学争议的专门工作机构。“解决法庭科学问题”是指专门负责审判执行工作中鉴定等的委托与组织监督、技术性问题的调查、解答相关技术性疑问、提供技术方面的其他服务等各种与技术有关的工作，以解决审判执行工作中出现的相关法庭科学问题，其中侧重于委托组织鉴定、技术性问题的调查和技术咨询与其他技术服务职能。“审查法庭科学争议”是指负责审核法庭审理案件中遇到有争议或有疑义的技术性证据或问题，为法庭采信技术性证据或观点提供专业方面的审核意见。强调基于技术性证据的审核职能。鉴于法院司法鉴定及其他技术性工作日益繁重，有必要设立专门的司法技术辅助部门，其职责就是负责司法鉴定管理及其他技术性辅助工作。

司法技术部门在目前的司法改革中必然成为司法行政管理部门，只办理文书、资料、鉴定意见的转送、移交，不涉及程序法律事务，真正在审判与鉴定之间起到隔离带、防火墙的作用。其主要职责应是对司法鉴定机构和鉴定人的鉴定情况与信息实行动态监管。通过严格的审核，保证委托的司法鉴定机构的硬件水平、人员规模和技术能力能够胜任司法鉴定工作；通过分析司法鉴定案件的数量和类别，合理配置鉴定资源。

随着司法改革以及与之相生的职能深化和职责任务变化，人民法院司法技术部门在工作中的角色也应当作出重新调整，业务实质由过去的技术性向法律性转变，工作内容由过去从事具体技术活动向主持组织技术活动转变，工作方式由出具证据向调查、审核证据转移，研究对象从具体的科学技术问题调整为科学技术的法律性问题。[①] 其工作重点是保证委托鉴定机构和鉴定人具有鉴定能力。由此，增强法官对鉴定意见的审查能力，让懂技术的司法技术人员作为技术法官参与到审判中审理技术问题，不仅是解决法官审查难的重要思路，也适应了社会分工不断细化，诉讼领域不断扩展的现实需求。

（二）完善司法鉴定委托机制

人民法院所委托的司法鉴定履行的是程序性的辅助工作，不具备司法审判权和执行权。因此，对外委托司法辅助工作过程中，委托管理部门应当是受制于审判权之下的，在权限和职责范围内与合议庭分工协作。青海省高院《对外委托司法辅助工作管理规定》提供了可供参考的经验，其中第 4 条规定：“人民法院委托管理部门负责对外委托中的程序性工作和对委

---

① 参见杨海云：《解决法庭科学问题审查法庭科学争议——解读人民法院司法技术工作若干基础性问题》，新浪网，http：//finance.sina.com.cn/sf/news/2015－12－04/114112232.html，最后访问时间：2017 年 6 月 17 日。

托事项及其参与人的组织、协调与监督。涉及证据材料质证、评估基准日确定等实体性问题应由移送案件的合议庭决定。对外委托过程中，移送案件的部门应与委托管理部门相互配合、相互监督。”第 21 条规定：“当事人对补充提供的材料有争议的，人民法院委托管理部门应交移送案件的合议庭确认。对人民法院委托管理部门依职权无法收集，需强制措施才能提取的证据材料，由移送案件的合议庭收集。”这种定位适度吸纳借鉴了国外的一些有益的做法。如法国的预审法官制度中法院主持、监督鉴定的内容。日本法院设有法院调查官，由法院调查官协助法官固定技术争点并负责协调解决问题。此外还有德国的技术法官制度。鉴于我国的法律制度，已对人民法院司法技术部门和审判业务部门在对外委托司法辅助工作过程中的权力做了制约和限制。黑高法〔2010〕151 号文件第 10 条规定，“选择专业机构，案件承办部门应当配合司法技术管理部门提前通知各方当事人到场；当事人不到场的，人民法院可将选择机构的情况，以书面形式送达当事人”。而司法实践中，无论是选择鉴定机构，还是到鉴定机构进行司法鉴定，必要时可要求各方当事人聘请专家到场。

青海省高院《对外委托司法辅助工作管理规定》第 10 条至第 16 条规定：“人民法院选择受委托机构应遵循公开、公平、择优、回避原则”；“人民法院选择受委托机构实行当事人协商、法院依职权随机选定或直接指定相结合的办法。法律法规、司法解释对鉴定、检验、评估、审计有规定的，从其规定。”人民法院在组织当事人协商选择受委托机构时，应当将备选机构名册中相关机构的资质等材料提供给各方当事人，并告知其自愿协商选择和申请回避的权利。当事人协商选择受委托机构时，可以在本辖区中级和省高级人民法院备选机构名册中选择。当事人协商选择机构可以不受备选机构名册限制，但必须具备相应资质且不违背其他规定；人民法院只对该机构资质进行程序性审查。“下列案件，由人民法院在当事人或其他人员在场的情况下从备选机构名册中用抽签、摇号、计算机排位、轮候等方式随机选定受委托机构：当事人协商不一致的；当事人在通知协商选择时间内缺席的；委托标的物涉及国家、集体、第三人利益的；规定须随机确定受委托机构的。当事人不配合确定受委托机构活动的，不影响活动的进行。”“下列案件，由人民法院直接指定受委托机构：（一）刑事诉讼中的鉴定、检验、评估、审计案件；（二）法律法规规定应当由专门机构进行的案件；（三）现有专业机构缺乏可选择余地的案件；（四）双方当事人书面请求由人民法院直接择优指定的案件；（五）当事人协商或人民法院随机指定的受委托机构拒绝受理或退回委托的案件；（六）其他不适宜当事人协商选择或随机确定的案件。”

关于“随机指定”确定受委托机构的问题。有些人认为许多司法鉴定情况复杂，因此对采取随机方式指定的受委托机构能否与案件难易程度相适应产生了疑虑。首先，随机指定方式针对的是一般鉴定案件，对于重大疑难或专业性强的案件本规定还规定了其他的指定方式。其次，随机指定方式指定的范围限于人民法院的备选机构名册，人民法院在编制备选机构名册时，即对社会中介机构的专业资质、执业资格、业绩记录以及社会信誉情况等进行了事前审查并以“择优”原则进行了筛选，编入名册的机构应能具备一般案件的鉴定能力。第三，随机指定社会中介机构已经为审判实践所长期广泛使用，采取此种办法选用社会中介机构，效果良好；第四，其他国家和地区为公平对待中介机构也有采取轮候的随机方式指定管理人的做法的。因此，采取随机方式确定受委托机构可以公正高效地完成委托的鉴定工作。

需要明确司法鉴定各流程中法院内部部门的工作职责与定位，就鉴定具体事项加强与鉴定机构、当事人之间的沟通。审执部门作为沟通当事人与鉴定委托部门的桥梁，其主要工作职责为：决定是否委托鉴定，及时办理申请鉴定的相关手续，督促、组织当事人及时提交、补充鉴定所需相关资料，将了解的鉴定进展及时告知当事人，对鉴定中出现的问题，如当事人拒绝选择鉴定机构、不及时提交鉴定资料、不按期缴纳鉴定费用等，积极协同鉴定委托部门令当事人限期纠正。鉴定委托部门作为沟通鉴定机构与审执部门的桥梁，其主要工作职责为：接受审执部门的委托申请，选择鉴定机构，对外委托鉴定，移送鉴定资料，督促鉴定机构开展工作、及时形成鉴定结论，掌握鉴定进展及出现的问题并及时向审执部门反馈，提醒和协助审执部门作出相应处理意见。

（三）构建司法鉴定委托的监督机制

随着司法鉴定案件的逐年增多，法院司法技术部门基于案件反映的鉴定瑕疵和程序问题，应当完善委托流程，制定新的司法鉴定办案规则。

1. 最高人民法院对鉴定委托工作应当进行信息化改革，简化司法鉴定程序，增加办案透明性。建立统一的电子信息平台，细分鉴定类别，下发计算机随机软件，规范司法技术委托工作。并明确选择鉴定机构的就近原则，提高鉴定效率。

2. 司法技术部门对检材内部流转应采用全程监控模式，其中委托鉴定程序主要包括鉴定材料的确认、鉴定机构选任、鉴定方案或鉴定方法与规范的适用确定、现场检查或勘验、鉴定依据的确认及质询、初步鉴定意见的勘误和答疑及完善鉴定意见争议化解等，人民法院司法技术部门应立足委托鉴定各环节，强化对鉴定的制约监督措施。例如，按照黑高法〔2010〕151号文件第13条的规定，专业机构到现场进行勘验，应当通知当事人到场，当事人不到场的，应当有见证人见证，并且应当在勘验笔录上签字或盖章确认。青海省《对外委托司法辅助工作管理规定》对委托事项监督机制规定为，“建立法院、当事人三方或通过各自委任的技术顾问对鉴定活动的共同监督、制约机制”。组织监督的主要内容是通过程序上的公平、公正、公开监督鉴定材料的取舍、工作程序、当事人参与和质询权利的保证、对鉴定意见的勘误答疑以及争议的化解或减少等。

具体做法为，立案人员审查、交接业务庭移送的鉴定资料；对选取鉴定机构，全过程直播，供当事人和社会群众网上查看；鉴定机构受理委托全程监控，交接鉴定意见全程监控；司法技术部门向审判业务部门移交鉴定意见报告时，附送记录司法鉴定全过程的电子数据存储卡。强化鉴定程序中的制约机制，增强当事人和人民法院对鉴定程序的参与、监督能力，以减少鉴定中可能出现的错误；对委托工作环节实行流程化管理，以提高主持、主导鉴定的质量和效率，这也应当成为人民法院司法技术部门管理委托工作的基本理念。人民法院对外委托工作改革的落足点和切入点是委托鉴定的程序改革，即通过程序上进一步、深层次地体现公平、公正、公开，加大对外委托工作的透明度，保障当事人的参与权和监督权，创造性地采取有效措施和有机机制促进工作质量和效率，增强鉴定的科学性、公正性和公信力以及结论的可采性，并提前化解或减少当事人在庭审中对鉴定结论可能出现的争议。

另外，最高人民法院在行业收费标准的基础上，制定和诉讼收费相适应的司法鉴定收费办法，取消协商机制也是必要的可行的做法。

三、完善司法鉴定实施程序的设想

（一）完善鉴定检材的提取、保管程序

司法鉴定实施程序的规范化不仅关乎程序的正当性，对于保证鉴定意见的可靠性，实现司法公正也具有重要意义。中国共产党十八届四中全会发布的《中共中央关于全面依法治国重大问题的决定》中明确提出了全面推进依法治国的指导思想、总体目标、基本原则，提出推进“以审判中心的刑事诉讼制度改革”思路。2016 年 10 月“两高三部”发布《关于推进以审判为中心的刑事诉讼制度改革的意见》指出，建立健全符合裁判要求、适应各类案件特点的证据收集指引……对物证、书证等实物证据，一般应当提取原物、原件，确保证据的真实性。需要鉴定的，应当及时送检。所有证据应当妥善保管，随案移送。“审判中心主义”无疑对法庭采信证据提出了要求。对于鉴定意见而言，法官在审查鉴定人、鉴定机构的资质及鉴定书的形式要件等方面尚可应对，但对于鉴定检材的提取、收集、保管、实施检验等能够确保鉴定意见真实性、可靠性的实质性要件则略显吃力。尤其在刑事案件中，绝大部分鉴定由公安机关负责，鉴定的实施具有浓厚的行政色彩，行政化的审批和封闭性的实施，给法官审查鉴定意见带来了很多困难。为进一步规范公安机关的鉴定工作，适应司法鉴定在诉讼中的蓬勃需求以及司法改革对公安机关鉴定工作的要求，公安部于 2017 年 2 月 16 日发布了《公安部关于发布〈公安机关鉴定规则〉和鉴定文书式样的通知》，对实施了近十年的《公安机关鉴定规则》进行了修订，特别增加了鉴定人发现有违反鉴定程序，检材、样本和其他材料虚假或鉴定意见错误的，可以向鉴定机构申请撤销鉴定的权利，还增加了送检人的法律责任。《公安机关鉴定规则》的发布对于规范公安机关鉴定机构和鉴定人的鉴定行为，保证鉴定质量、保证鉴定意见的证据价值符合审判的要求具有深远影响。

我国《司法鉴定程序通则》第 22 条规定，司法鉴定机构应建立科学、严密的管理制度，严格监控鉴定材料的接收、保管、使用和退还程序。司法鉴定机构和司法鉴定人在鉴定过程中应当严格依照技术规范保管和使用

鉴定材料，因严重不负责任造成鉴定材料损毁、遗失的，应当依法承担责任。鉴定检材的来源、提取、保存、运输等环节中，任何一个环节出错都有可能导致检材被污染或被破坏。但对于具体如何规范这些环节，目前并没有明确规定。在我国的刑事侦查过程中，鉴定样本的提取、送检等皆为秘密形式。秘密侦查过程中，高度保密性使得鉴定的启动程序、鉴定人的选择以及鉴定过程是否符合程序规定的审查难上加难，阻碍了法官对鉴定过程等相关程序问题的审查。鉴定过程中鉴定材料的来源与送检过程对鉴定意见的形成有着决定性作用，鉴定机构必须保证鉴定材料的真实性和完整性，否则得出的结论可能与真实情况相差甚远，与虚假鉴定无异。《法国刑事诉讼法典》第163条规定，在把鉴定物品移交鉴定人以前，有必要时法官应依法制作清单，并在移交笔录中载明。鉴定人应在自己的报告中列明每次开封或多次开封的情况，同时也应编制清单。这就体现了相应的备案制度，将鉴定材料与清单内容进行比较，便于对鉴定实施过程的审查。

鉴定检材的保管对于重新鉴定而言意义重大，当检材来源不明、被调换、受到污染或者降解时，针对此类检材所进行的鉴定就丧失了意义。在辽宁省李化伟故意杀人案中，李化伟的新婚妻子和腹中的胎儿惨遭杀害。公安机关从李化伟衬衣领口上提取到了被害人留下的血迹。检察院在审阅李化伟卷宗的过程中却发现，李化伟的案子的确存在着重大疑点。刑警从作案凶器的菜刀上、李化伟家碗柜的把手上和录音机的磁带上这几个不同的地方都提取到同一个人留下的指纹；而且还从炕上提取到了41码到42码的布鞋足迹，这些都不是李化伟的，但是公安局也无法确定这些痕迹到底是谁留下的。最终，辽宁省营口市中级人民法院立刻受理了此案，以故意杀人罪判处李化伟死刑，缓期两年执行，剥夺政治权利终身。14年后，海城市检察机关在监狱中发动犯人检举他人犯罪，争取立功活动。毒贩田某揭发了一个叫江海的男子在鞍山参与抢劫出租车、将女司机杀害的犯罪行为，经过深挖发现他还曾连续杀死3名女青年，并且是杀死李化伟妻子的真凶。警方找到了当年有幸保留下来的指纹，经过核对正是江海所留。最终使李化伟沉冤昭雪。[①]

---

① 陈文飞：《洗冤录：辽宁李化伟杀妻案》，载 http：//www.360doc.com/content/16/1210/06/19446_613448006.shtml，最后访问时间：2017年6月1日。

由此可见，建立包括检材在内的实物证据保管链制度、实物证据的记录体系，涵盖收集、运输、保管、鉴定等涉及实物证据使用诸环节的证据规则有利于规范侦查、检察人员收集、保管鉴定检材的行为，也能保障鉴定意见的证明力，从而确保法院能够准确查清案件事实，对于防范冤假错案意义重大。首先，应建立鉴定检材记录留存制度，要求公安司法人员在诉讼过程中建立严密的鉴定检材记录体系，鉴定检材的收集、运输、保管都需遵循严格的规则，确保鉴定检材的连续性、安全性。要实现这一目标，不仅要在鉴定检材外包装上加贴标签，载明检材的主要特征，还要对保管、运输检材的情况进行记录，记录内容需涵盖鉴定检材的数量、鉴定检材在运送过程中质、量方面的变化情况等，任何环节都应有具体、详细的记录，确保检材整体储存状况处于安全水平①。其次，鉴定意见的可靠性与鉴定检材的状态密切相关，侦查机关内设鉴定机构应当为重新鉴定保留必要的检材，建立与之相关的备鉴制度，以便重新鉴定时的结果能与已有的结果相对照，从而发现它们之间的差异。保管人员需防止检材因各种主客观原因被污染、毁损或遗失，在保管记录文件中应详细记载接触过检材的人员及接触的具体情况，以此规范侦查机关收集、保管鉴定检材的行为，确保鉴定检材的客观性。最后，有条件的地区，可试行建立鉴定过程录像制度，这样有利于实现对鉴定过程的有效监督，判断鉴定人在鉴定过程中是否遵循合法的鉴定程序、科学的操作标准，从而减少当事人因鉴定过程不透明而对鉴定意见可靠性产生的争议。

（二）统一行为规范、鉴定标准

鉴定行为具有主观性，即鉴定是鉴定人运用自己所掌握的专业知识对专门性问题进行检验、鉴别和判断的活动，这种个人行为如果不受统一行为规范的约束，则鉴定人从事鉴定行为就仅受个人素养和专门知识经验的制约，从而导致了鉴定行为混乱、滥用鉴定职权等现象，因此，为规范鉴定人的行为，必须要有明确的执业行为规范。当事人在鉴定过程中的充分参与也能够对鉴定人的行为规范产生积极影响，通过对鉴定人行为、鉴定方法等进行监督，实现对鉴定行为的外部监督，从而增强其对鉴定意见的

① 参见陈永生：《证据保管链制度研究》，载《法学研究》2014年第5期。

可接受程序。例如，《浙江省司法鉴定机构受理鉴定委托规则》明确了鉴定时鉴定机构的通知到场义务。规则针对当前容易引起争议的涉鉴案件类型，如法医临床、法医精神病鉴定中的伤情类型，以及诉前和诉中委托等类型进行了列举，明确了司法鉴定机构通知到场的义务，规范通知到场和不到场的记录方式。[①] 对于实践中争议较大的鉴定项目，必须通知到场。通知当事人到场无疑能够保障双方当事人的知情权，增强对鉴定结果的认可，减少争议，更好地为诉讼活动提供证据支持。但是当事人囿于专业知识的匮乏，即使参与到鉴定程序中也难以发现鉴定人行为的不端之处，而且如果参与不当，还会产生妨碍鉴定顺利进行，拖延诉讼程序等问题。因此，在一些重大、疑难、复杂案件中，可允许犯罪嫌疑人、被害人聘请专家参与鉴定，对鉴定活动予以监督，从源头上转变其对鉴定意见的怀疑态度，赋予鉴定程序公开性，降低和减少鉴定争议。专家参与还有利于督促侦查机关严格按照法律规定开展鉴定，且能够为鉴定解决专门性问题提供专业性、针对性的专业意见，防止鉴定行为的不规范。可以说，通知当事人聘请专家到场制度的建立能够充分保障当事人在司法鉴定中的参与权。

司法鉴定的标准与司法鉴定实施程序密切相关，不同鉴定类型所依据的学科技术方法有所不同，因而其所对应的鉴定标准也不完全一致。针对不同种类的鉴定制定专门的标准规范能够体现各个鉴定事项的特点，这样得出的结论才能体现证据的一致性，才能经得起质疑的检验。此外，由于司法鉴定依托于科学技术的发展，鉴定实践中不断衍生出的新鉴定类型，给鉴定带来了挑战。例如，在原告某航道局公司诉被告某建筑公司建筑工程合同纠纷一案中，原告诉称被告违反了双方签订的《工程施工分包合同》，因此要求被告承担的违约金逾1000万元。被告辩称双方仅是签订了《工程施工分包意向书》，且未具体约定工程总量及单价，因此违约问题无从谈起。双方就此分别提供了各自所持的证据，包括内容相反的《工程施工分包合同》及《工程施工分包意向书》的原件共两页。双方也均申请对两份证据材料打印形成的时间进行司法鉴定。经法院向多家司法鉴定机构

① 参见《浙江省修订浙江省司法鉴定机构受理鉴定委托规则》，载司法部网，http://www.moj.gov.cn/Judicial_identification/content/2017－03/08/content_7044393.htm?node＝74589，最后访问时间：2017年5月27日。

了解，目前打印机墨盒或硒鼓中均采用纯度较高的碳元素为原料，而碳元素系自然界中稳定性较高的物质，且纯度越高稳定性越强，因而打印形成的文字不容易产生变质、退化等现象，目前尚无有效的司法鉴定技术手段完成上述鉴定。[①] 如何规范新型司法鉴定的标准是目前应当探索的路径。

在国家层面，需要建立国家司法鉴定标准委员会，需要充实、完善诸多鉴定项目的技术标准。目前，我国存在的关于司法鉴定管理的法律法规数量较少，位阶偏低，过于笼统与分散等问题，是司法鉴定管理难度较大、重复鉴定等弊端的制度性根源。就法律而言，目前只有《司法鉴定管理决定》，但该法只针对我国司法鉴定管理制度中的主要内容作了规定，并未涉及整个司法鉴定制度，该制度应包括司法鉴定的核心概念与一般原则，司法鉴定中的各项具体制度包括管理制度、委托制度、实施制度、鉴定意见使用制度等。现有关于司法鉴定的技术标准出自不同的部门，既有司法部牵头制定的，还有行业协会制定的，更有质量监督管理部门制定的，但更多地由公安部牵头制定。这样尽管可以发挥不同部门的作用，但不同部门制定标准时的立足点与程序要求不尽相同，必然会给司法鉴定的具体使用带来一定的难度。应当由司法部牵头抓总，紧紧围绕诉讼专门性问题的展开即司法鉴定事项的确定、鉴定的技术标准、鉴定的法律标准这一主题，在合理规划的基础上，制定司法鉴定项目的各类标准，以解决无标准可依、标准各不相同的问题，对于这一方面，国家也正在努力。

（三）提升司法鉴定质量

有学者指出，目前中国司法鉴定实践混乱的根本症结主要表现在两个方面：一方面是缺少统一的鉴定标准和程序规则以及有效的监督制约机制，另一方面则是鉴定机构多重设置而且资格权限都不够明确。[②] 为了保证司法鉴定的有效、公正实施，必须对鉴定机构的中立性与独立性问题进行探讨。其中，侦查机关内部的鉴定机构在考虑侦查工作紧迫性、秘密性、专业性的同时，还应考虑中立性与独立性要求。

因此，未来的发展方向应该是逐步建立侦查机关内设机构与侦查主体

---

① 参见江涛：《略论司法鉴定中四项制度的完善——以审判实践为视角》，载《中国司法鉴定》2011年第2期。

② 参见何家弘：《论司法鉴定的规范化》，载《中国司法鉴定》2005年第3期。

相分离的机制，改革现有体制，将这些机构纳入统一登记管理制度之下。庭审过程中应对鉴定人是否具备回避情形予以审查，避免与案件有利害关系或者其他关系制度之下等可能损害公正审判的鉴定意见影响法官裁决，确保鉴定人的中立性。随着社会鉴定机构设备的更新及鉴定人员专业知识水平的提高，在市场配置资源原理的作用下，侦查机关内部鉴定机构的垄断地位需要被打破。在一些重点高校、科研部门内部的实验室中，拥有着一流的技术力量和人才，且依托于国家级中心实验室的设备，能够促进司法鉴定的产学研相结合。由于这些鉴定机构往往由政府财政拨款，不受诉讼双方的影响，能够居于超然的中立地位，也能够确保鉴定意见的中立性、客观性。但这种高校所具备的司法鉴定实力具有地域性特征，即常见于经济发达地区，虽然有时也成为部分经济欠发达地区司法鉴定资源的重要组成部分，但另一些落后地区的高校尚没有能力设立司法鉴定机构。要解决经济不发达地区司法鉴定资源不足的问题，最有效率的方法就是依托当地医学、政法类院校的现有资源，开展鉴定活动，带动这些地区司法鉴定的全面发展。①

四、完善鉴定意见审查与采信机制的设想

目前法院对于鉴定意见的审查与采信存在诸多弊端，应当完善法官对鉴定意见的审查机制，落实通过庭审程序确认鉴定意见的证据能力和证明力，同时完善鉴定人和专家辅助人出庭制度，切实发挥其出庭参与诉讼的证实与证伪、真理越辩越明、发现真实的作用，协助法官对鉴定意见进行实质审查，打破鉴定意见“形式化”审查的困境。这种模式既符合现代审判模式的发展方向，也与我国司法鉴定制度的改革目标基本一致；同时，也有利于为司法鉴定制度改革完成后推进证据制度的改革奠定基础，更是推进以审判为中心的诉讼制度改革的合理路径。

（一）完善法官对鉴定意见的审查规则

基于对司法实践中已形成的采信标准的反思与总结，为了帮助法官跨越专业知识的鸿沟，保证法官能够根据鉴定意见内容的可靠性进行采信，

① 参见闵银龙：《论我国高校司法鉴定机构的完善与发展》，载《中国司法鉴定》2008年第3期。

同时尽可能消除充分审查对诉讼效率带来的负面影响，建立起一套科学的采信鉴定意见的参考规则，首先应当明确，法官的采信应该立足于对鉴定意见的充分认识、理解与审查的基础之上，这样才能保证最终采信的鉴定意见具有可靠性，真正地解决鉴定争议。在司法实践中，因缺乏对鉴定意见本质特征的客观认识，法官往往过于信任鉴定意见，将其作为确定的“结论”在案件事实认定中使用，导致了一些错案的发生。司法人员应当对鉴定意见进行重新认识，不可再盲目迷信其科学性，避免对其证明效力进行预设。鉴定人提交的鉴定意见仅仅属于一种“证据材料”，而且是鉴定人的一种主观性判断意见，存在错误的可能。要将其作为定案的根据，必须经过合法的法庭审理过程，通过完整的举证、质证、辩论程序，由法官对其证明力和证据能力进行充分的审查判断。

2012年《刑事诉讼法》颁布后，最高人民法院借鉴了2010年实施的《关于办理死刑案件审查判断证据若干问题的规定》中对死刑案件鉴定意见审查的相关规定，在司法解释中建立了鉴定意见的审查规则。该审查规则中主要包括法院对鉴定意见的审查内容以及不得作为定案根据的鉴定意见情形。综合目前司法实践中形成的采信标准以及司法解释中规定的审查规则，对鉴定意见的审查应该主要集中于鉴定意见的合法性问题，包括鉴定主体的资质是否合法、检材流程是否合法、鉴定程序是否合法、鉴定文书的形式是否合法、鉴定过程和依据的方法是否符合专业规范要求以及鉴定意见的相关性问题，以及审查鉴定意见与案件事实有无关联。具体应当从以下几个方面入手：

1. 对鉴定主体的审查。主要对鉴定机构和鉴定人是否具有法定资质、鉴定人是否存在应当回避却未回避的情形进行审查。鉴定主体的法定资质问题主要参考《司法鉴定管理决定》的相关规定。对鉴定人回避的审查可以依据《刑事诉讼法》的相关规定。

2. 对鉴定对象的审查。主要是审查鉴定所使用的检材的来源、保管、送检等各个环节是否严格按照规定进行，以及鉴定对象是否与送检材料、样本保持一致。这是为了保证检材、样本的客观性和真实性，防止通过非法手段获取的证据进入刑事审判，导致错案的产生。

3. 对鉴定程序的审查。鉴定程序的规范、合法也是保障鉴定意见可靠性的重要内容，具体的审查可以参考《司法鉴定管理决定》的相关规定。

4. 对鉴定结果的审查。主要是对鉴定意见文书的形式要件的审查，比如鉴定意见是否有鉴定人的签名、盖章，是否注明了鉴定过程和鉴定方法等。此外，还应审查鉴定意见的相关性问题，即是否与案件事实具有关联性以及鉴定意见是否能与其他证据形成证据链条。

除了这些形式性审查之外，为了对鉴定意见的可靠与否有更为深入的认识，法官还需要对鉴定意见进行实质性审查。根据《刑事诉讼法解释》第 84 条第 6 款的规定，法官需要对“鉴定的过程和方法是否符合相关专业的规范要求”进行审查，这就属于对鉴定意见的实质性审查。实质性审查主要是要求法官对鉴定的过程和方法的科学性予以关注，根据相关司法解释的规定，目前的科学性标准就是符合相关的专业技术规范要求。但这一标准也存在一些问题，首先我国司法鉴定领域中还有部分鉴定事项尚未建立统一标准，鉴定人员只是各自按照自己的实践经验和专业习惯进行操作；其次，有些鉴定事项虽然制订了统一标准，建立了相应的专业技术规范，但科学本身具有不确定性。虽然目前被广泛应用于司法鉴定中的鉴定技术和鉴定方法应该都已经发展得比较成熟，但现实中的具体问题是千差万别的，偶然情况、个体差异等情况无法避免，专家也无法保证能够完全准确地认识各种不同因素。而且，要求审查鉴定过程和方法是否符合专业技术规范为鉴定意见书面审查提供了便利，不利于鉴定人出庭的落实，会使审查机制的建立与预期目标相悖。

（二）完善鉴定人、专家辅助人出庭制度

对鉴定意见进行实质性审查的不仅难度大，对法官的要求也更高，法官一般无法独立完成，因此需要充分发挥鉴定人和专家辅助人出庭参与诉讼的作用。法官具有法律素养，在法律适用上具有权威；司法鉴定人和专家辅助人则在专门知识上具有权威。专家辅助人从不同的角度与鉴定人进行专门知识方面的“立体”交流与沟通，共同协助法官审查鉴定意见，以此来保障鉴定意见的可靠性与科学性，从而达到发现事实真相与追求实质真实的目的。鉴定人出庭提供自己的鉴定意见，并具有接受当事人询问的义务；专家辅助人协助当事人对鉴定人的询问，防止鉴定意见的偏向性。鉴定人和专家辅助人的相互质证有助于提高法官审查鉴定意见的能力，真

正使审判科学化。因为法官对鉴定意见缺乏的不是认知方面的能力，而是信息方面的资源，通过信息的“立体化”与“多角度”的交流可以使之提高对鉴定意见审查判断的能力。这种鉴定意见的审查模式，一方面有利于提高法庭询问的质量，提高诉讼效率，促进鉴定质量的提升；另一方面，可以保持法官的中立，充分保障当事人的诉讼权利，减少对鉴定意见无意义的争执；同时又可以增强诉讼的民主化，更好地维护司法公正，实现建设公正、高效、权威的司法制度的目标。①

1. 完善鉴定人出庭规定

(1) 落实鉴定人出庭义务

鉴定人出庭一直是我国诉讼制度改革的重点问题。最高人民法院、最高人民检察院、公安部、国家安全部、司法部联合印发了《关于推进以审判为中心的刑事诉讼制度改革的意见》，其中第12条提出“完善对证人、鉴定人的法庭质证规则。落实证人、鉴定人、侦查人员出庭作证制度，提高出庭作证率。健全证人保护工作机制，对因作证面临人身安全等危险的人员依法采取保护措施。建立证人、鉴定人等作证补助专项经费划拨机制。”鉴定人出庭，一方面是为了保障当事人与对己不利的鉴定人面对面质证的权利，维持审判程序的公平，从而实现程序正义。特别是在刑事诉讼中，被告人没有鉴定启动权，鉴定意见主要由侦查机关内设鉴定机构作出，并且往往被推定为具有较高的证明力。这种情况下更加体现出对质的重要意义，是保障控辩平等的重要因素；另一方面则有利于发现鉴定意见中的错误，帮助法官对鉴定意见进行审查判断。鉴定人的鉴定过程一般处于秘密的状态之下，仅仅对鉴定意见进行书面审查很难发现其中的错误。为了落实鉴定人出庭义务，关键要解决好以下三个问题：

第一，规制法官对鉴定人出庭的决定权。原则上法官应该尊重申请鉴定人出庭的要求，具体应在庭前会议中，通过公正的程序来决定是否通知鉴定人出庭。如果法官不同意鉴定人出庭，应当以书面形式充分说明未损害当事人对质权的理由，并应赋予当事人对该书面决定申请复议的权利。同时，应该规范法官庭外咨询专家、重新启动鉴定的权力。

---

① 参见郭华：《论鉴定结论审查模式的选择——从最高人民法院的一项“管理规定”说起》，载《法学》2008年第5期。

第二，保障鉴定人出庭的相关权益。针对鉴定人出庭所涉及的个人尊严、人身安全、经济报酬等现实问题，应建立一套合理的制度。以鉴定人出庭的费用问题为例，一种观点认为，鉴定人和证人的性质有所不同，法律也未将鉴定人出庭作证的费用承担问题与证人出庭作证的费用问题做统一规定，因此其费用承担必然与证人出庭作证的费用承担不同。另一种观点认为，鉴定人出庭作证的费用已然包含在鉴定费当中，无需另行支付费用。然而，实践中鉴定人出庭作证的费用往往由当事人另行交纳，当事人为实现鉴定人出庭的目的只得额外缴纳高额的出庭费用，损害了其正当权益。对此问题，最高人民法院《关于民事证据的解释（征求意见稿）》第84条有所回应："当事人在收到鉴定人的书面答复后仍有异议的，人民法院应当通知有异议的当事人预交鉴定人出庭的费用，并通知鉴定人出庭。但有异议的当事人明确表示不要求鉴定人出庭的除外。双方当事人对鉴定意见均有异议的，由当事人分摊预交鉴定人出庭的费用。鉴定人出庭费用在委托鉴定时已经包含在鉴定费用中的，人民法院不再通知预交。鉴定人出庭费用按照证人出庭作证费用的标准计算。"该条规定明确了鉴定人出庭费用的预交、计算标准以及费用承担的主体，直面了鉴定人保障机制不完善的问题，有望缓解鉴定人出庭率低的现状，但仍有待完善之处。《法国民事诉讼法》规定，书记员有义务向当事人申明如果不在期限内预付相关费用，则鉴定人的指定将失去效力。德国允许当事人向法院或有关部门申请鉴定费用支付的缓交、免交、分期付款、贷款等。[①] 而我国目前仅规定人民法院指定的期限内无正当理由不预交鉴定费用则对该事实承担举证不能的法律后果，未明确法官的释明义务和鉴定费用预交的减缓制度。[②] 这一规定在公诉案件、行政诉讼以及刑事自诉案件中也可予以借鉴。除刑事公诉案件中，鉴定人的出庭费用应由国家承担，其他案件都应由申请鉴定人出庭方先行垫付。

我们认为，可以考虑制定统一的司法鉴定人出庭作证办法来进行具体

---

① 参见杜志淳、孙大明：《德国司法鉴定在司法中的运作及其借鉴》，载《犯罪研究》2011年第4期。

② 参见宫雪：《比较法视野下鉴定启动权对诉权的保障——兼论新〈民事诉讼法〉第七十六条》，载《中国司法鉴定》2013年第1期。

规范，从细节之处保障鉴定人出庭作证。有些地方法院已经进行了尝试，如 2011 年青海省高级人民法院颁布了《关于鉴定人出庭作证若干问题的规定（试行）》。最高人民法院与司法部等部门应当尽快制定鉴定人出庭的规范性文件来充分保障鉴定人依法出庭、规范作证。

第三，严格鉴定人不出庭的程序后果和责任。强化鉴定人不出庭所需承担的不利法律后果是国际上较为普遍的做法。如《俄罗斯联邦民事诉讼法》第 160 条规定："如果鉴定人由于某些理由未出庭，法院认为其理由不合理，应处以最高 100 倍的法定最低工资的罚款，若法庭对其第二次传唤仍未出庭，就要对其拘传。"我们认为，加强对消极不出庭鉴定人的责任承担是可取的，但结合我国的具体情况来看，鉴定人承担的责任不应超过合理的限度。毕竟鉴定人不同于证人，不具有不可替代性，因此对其采用拘传的手段过于强硬。尤其是在目前对鉴定人及其亲属的人身保护措施尚不健全的情况下，更不能使鉴定人承担过多的责任。

最高人民法院《关于民事证据的解释（征求意见稿）》第 86 条对此作了回应，除鉴定意见不能作为定案根据、返还鉴定费用之外，还可对其罚款，即"建议省级人民政府司法行政部门对鉴定人予以处罚"。此外，对于追责问题，最高人民法院与司法部联合下发的《关于建立司法鉴定管理与使用衔接机制的意见》中指出，"司法行政机关要监督、指导鉴定人依法履行出庭作证义务。对于无正当理由拒不出庭作证的，要依法严格查处，追究鉴定人和鉴定机构及机构代表人的责任。"由法院提出司法建议的方式一定程度上能够对鉴定人恶意不出庭产生威慑力，但能否发挥实效还需要取决于司法行政机关的努力，需要其切实履行好监督职责。对到庭后消极不作证的鉴定人，应视具体情节追究其行政责任，并建议取消其司法鉴定人资格或从司法鉴定人名册中除名。另外，可以将鉴定人应当出庭而不出庭归入程序违法。如果一审发生鉴定人应当出庭而没有出庭的，二审应撤销原判、发回重审。

(2) 明确鉴定人出庭的质证规则

鉴定人出庭义务落实之后，还需要建立和完善一系列相关制度和程序规则，才能保证鉴定人在庭审中发挥应有作用，具体包括对抗式的诉讼体制、庭前证据交换制度、交叉询问程序规则等。

现有研究更多地关注鉴定人的低出庭率和鉴定人出庭义务的落实，较少着眼于鉴定人出庭后参与诉讼的情况。如果没有一个完善的针对鉴定人的质证规则，即使应当出庭的鉴定人都能出庭参与庭审，也难以实现制度的初衷。如果鉴定人难以在庭前进行充分准备，当事人和法官也不知如何应对。鉴定人出庭作证的真正意义在于接受法官或当事人对鉴定意见的实质或核心内容进行的询问，否则，鉴定人出庭也仅仅是“摆设”，只能流于形式，无法发挥实质作用，且还要付出一些额外成本。所以，应当明确鉴定人出庭的具体质证程序和质证内容。鉴定人应当对鉴定意见的主要内容及其形成过程进行陈述，回答、解释鉴定意见不利方提出的质疑，或者对自己的鉴定意见予以进一步说明。鉴定人充分接受质证，以鉴定意见的不利方对鉴定意见的问题为基础，围绕支撑鉴定意见的相关科学原理、方法、手段、具体操作过程、检验结果及其评价等展开质证，有利于充分解决关于鉴定意见的争议。否则，鉴定人出庭仅仅是宣读鉴定意见也丧失了其应有的意义。

从国外的立法经验看，应当通过设计完善的交叉询问或质证程序对鉴定意见本身的科学性进行审查。首先应当保证对鉴定意见有异议的当事人具有针对鉴定意见向鉴定人发问的权利。发问的内容应当与鉴定内容相关。法官对不当发问如不具关联性、诱导性提问或侮辱性发问应当予以制止，鉴定人也有权提出异议。另外，法官应当向当事人积极释明，必要时法官可直接向鉴定人发问。其次，借鉴英美法系的交叉询问规则合理设计发问顺序，先由鉴定意见申请方主询问，再由另一方当事人反询问，再进行主询问。在出现多头鉴定的情况下，还可安排鉴定人之间的相互对质。最后，应当尽快进行统一的鉴定意见采纳标准以及鉴定人出庭庭审细则或制定专门的鉴定人出庭作证程序规则，对鉴定人出庭作证接受询问进行规范，更好地实现立法目的。①

2. 完善专家辅助人制度

完善专家辅助人制度能够增强鉴定意见审查的对抗性，弥补诉讼参与一方的专业不足，对鉴定意见进行更好地质证，从而防止质量不高甚至是

① 参见李祖军、吕辉：《鉴定人出庭作证制度立法解读与完善进路——以2012年民事诉讼法为背景》，载《河北法学》2014年第1期。

错误的鉴定意见作为定案根据。通过专家辅助人制度的实施，即专家辅助人对鉴定意见提出质疑，能够帮助和影响法官对鉴定意见的认证，有助于贯彻直接言词原则，实现庭审的实质化。但目前关于专家辅助人的规定仅仅“点到为止”，对专家辅助人的地位、权利、义务、出庭质证规则等问题都还需要进一步地研究与落实。[①]

(1) 明确“专家辅助人”概念

司法实践对“专家证人”与“专家辅助人”的混用致使该制度在诉讼实践中的完善出现迷思，是应当超越原有制度设置另外嫁接国外的“专家证人”，还是在不疏远司法实践和现有证据制度基础上将其明确为“专家辅助人”？从相关文件和解释来看，立法部门以及最高人民法院秉持着“有专门知识的人”的诉讼角色不是专家证人的鲜明立场。在完善诉讼中的鉴定制度中，有必要从其角色功能上厘清有专门知识的人与专家证人的界限，明确其专家辅助人的地位和功能，以免司法实践在实施此制度时误入歧途，影响其作为一项制度的应有诉讼地位与实际效果。

“有专门知识的人”出庭主要是解决鉴定人出庭的有效质证问题，在法庭上的任务“是专门就对方的鉴定意见挑毛病、提问题，用以指出对方鉴定意见在科学性方面的破绽和问题，或者就对方提出的专门性问题进行回答，以此加强庭审质证。”[②] 从严格意义上说，目前的“有专门知识的人”应当是专家辅助人制度，在性质上属于当事人的协助“专家”，并不是真正意义上的美国式的“专家证人”。从立法部门对此问题的解释与说明来分析，立法部门认为，对一些无法或者无须通过鉴定解决，“但对于审理案件、认定案件事实又具有一定甚至决定性的作用，比如，某一发明专利是否与另一专利采取的方法相类似，建筑、机械、金融或者网络等领域中某一专业词语如何理解是准确的等问题”，有专门知识的人可以“提出自己的意见”。也就是说，我国《民事诉讼法》规定的“专业问题”主要是鉴定无法解决的问题，或者有些专业性词语及其原理根本无需鉴定，只要专业人员出庭就此作出解释就可被作为法律专家的法官或者作为普通人的当事人

① 参见胡铭、冯姣：《鉴定意见与刑事错案——兼论鉴定意见的审查规则》，载《山东警察学院学报》2013年第5期。

② 黄太云：《刑事诉讼法修改释义》，载《人民检察》2012年第8期。

认识与理解的情形。沿着此种思路进行分析，这种有专门知识的人“就专业问题提出意见”仅仅是对涉及某些领域内的专业概念、专业术语、行业惯例以及科技的原理、基本构造等专业问题的解释、阐释与说明。从制度设置的目的来看，它与鉴定制度不存在交叉或者重叠，也不是一种与鉴定制度并行或者涵盖鉴定制度的专家证人制度，而是仅仅作为鉴定制度在专业问题不能满足诉讼需要时的补充，是代表申请出庭一方对专业问题表达的意见，其解释与说明不是证据制度意义上的证据。

另外，从最高人民法院对《民事诉讼法》的适用解释来分析。最高人民法院认为，《民事诉讼法》第79条规定的“‘有专门知识的人’与英美法系国家的专家证人相比，确有相似之处。”这种“相似是表面化的，二者存在实质性差别。这种差别主要体现在两者功能不同。”“这种‘有专门知识的人’的功能和目的只是辅助当事人充分有效地完成诉讼任务，他并不具有法官的‘专业助手’的功能”。“专家证人与‘有专门知识的人’这种功能上的差异，决定了‘有专门知识的人的性质’和诉讼地位不是专家证人。”[①] 可以说，最高人民法院的释义对有专门知识的人作为专家证人的否定态度是旗帜鲜明的，其立场也是昭然若揭的。另外，《民事诉讼法解释》第122条第2款规定：“具有专门知识的人在法庭上就专业问题提出的意见，视为当事人的陈述。”最高人民法院在对解释进行释义时指出：“专家辅助人是《证据规定》创设的一种专家证据形式，被2012年《民事诉讼法》修改所吸收。”“专家辅助人在实践中经常被错误理解为专家证人，但事实上二者性质上并不相同，”“专家辅助人与专家证人功能上的差异，决定了二者不同的性质和诉讼地位”。“我国民事诉讼制度在已经遵循大陆法国家的做法确立了鉴定制度的同时，再设立专家证人制度，欠缺必要性与合理性，也不符合法律规则创设的内在逻辑。”[②] 从此释义中再次发现最高人民法院就“有专门知识的人”作为专家证人持否定态度。最高人民法院在审理“奇虎360诉腾讯”案件时尽管在法庭设立了“专家证人”席位，

---

① 奚晓明主编：《中华人民共和国民事诉讼法修改条文理解与适用》，人民法院出版社2012年版，第198～199页。

② 杜万华主编：《最高人民法院民事诉讼法司法解释实务指南》，中国法制出版社2015年版，第211～212页。

但在判决书中却没有再次将其表述为“专家证人”，也未采用法条规定的“有专门知识的人”，而是直接表述为“专家辅助人”。最高人民法院适用民事诉讼法的解释与最高人民法院的司法实践均反映出最高人民法院不支持采用专家证人的称谓。我们认为，应当将“有专门知识的人”明确限定为“专家辅助人”，主要原因有以下几点：

①对于我国诉讼法规定的“有专门知识的人”而言，无论在理论上还是在实践中，抑或媒体报道均将其视为对英美法系国家专家证人制度的吸收与借鉴，这种观点符合我国诉讼制度改革的现状。由于我国审判方式改革吸收了英美法系国家对抗制的成分，而作为在对抗诉讼制度土壤成长起来的专家证人制度也应当在吸收之列。况且，我国的有专门知识的人也是由双方当事人聘用的，是帮助聘请他的一方当事人进行诉讼，这一地位决定了他们在法庭上的陈述难免具有倾向性，可能选择性地运用专业知识和专业经验，与专家证人向法庭陈述有利于该方当事人的意见相类似。由于我国诉讼制度中的证人不同于英美法系国家宽泛的证人，我国的证人不仅不包括当事人，也不包括作为专家的鉴定人，仅指除当事人以外的了解案件情况向办案机关陈述亲身感知事实的第三人。司法实践一直要求“证人应当客观陈述其亲身感知的事实。”“不得使用猜测、推断或者评论性的语言。”“证人的猜测性、评论性、推断性的证言，不得作为证据使用。”如果将这种带有倾向性的有专门知识的人作为证人，其提出的意见作为证人证言，就会产生与上述有关证言的规定不协调的问题，同时还存在如何质证的问题。根据相关规定，证据应当在法庭上出示，并由当事人相互质证。对“视为当事人的陈述”的专家意见还需要当事人询问以及因其涉及“专业问题”还需要其他专家出庭协助。这种逻辑会造成制度设计上的程序循环，从而破坏证人制度在我国证据体系中的完整性与该制度的可行性，倘若不需要质证则又与法律规定不相一致。

②从鉴定制度来看，专家鉴定制度和专家证人制度是两大法系各自用来查明专业问题或者技术争议的不同方法，有必要消弭术语上的误识。倘若将这种有专门知识的人作为专家证人会因其资格没有严格的限制，导致专家证人替代鉴定人，“使得我们的诉讼降格为一个博弈的王国。”如果我国法庭成为专家的博弈场所，诉讼制度要求鉴定人中立的制度安排也就会

落空，甚至会引发司法鉴定秩序的混乱，不仅影响诉讼效率，更为严重的是会危及司法的实体公正。南京“虐童案”的“皮下”与“皮内”是否属于挫伤的争议则是较好的例证。“如果我国民事诉讼制度在已经遵循大陆法国家的做法确立了鉴定制度的同时，再设置专家证人制度，欠缺必要性与合理性，也不符合法律规则创设的内在逻辑”，甚至会造成法律制度的内部冲突与混乱。

③我国实行专家证人制度面临难以控制的风险。由于当事人聘请的专家均从各自当事人的角度提出专家意见，专家基于经济利益的考虑使得“当事人不是在选择最好的专家，而是在选择最好的证人”，专家丧失作为专家捍卫对科学负责的底线，法庭也就会演变为专家“同室操戈”的“乱战”领地。在此种背景下，不仅会出现英美法系国家诉讼成本的大量投入或拖延诉讼的弊端，而且还会因当事人经济条件的差异造成在专家使用上的新的诉讼不公平，使裁判者难以对专门性问题作出判断，致使实行专家证人制度的国家一直力图克服专家证人的偏向性的顽症在我国重演。

④当事人“申请‘有专门知识的人’即专家辅助人出庭，这一制度设计既借鉴了欧美专家证人制度又具有强烈的中国特色。其强烈的中国特色就在于有专门知识的人参与诉讼不是作为“专家证人”，否则，该制度也难以谈得上中国特色，而仅仅是对国外专家证人制度生硬的套用，其邯郸学步的结果也必然会丢失自我特色。我国《民事诉讼法》没有像《刑事诉讼法》那样将有专门知识的人规定在“一审程序”中，而是规定在“总则”的“证据”章中，但其作用仍仅限于庭审过程，其功能在于弥补当事人及其代理人在“专门性”或者“专业”问题上质疑能力的不足，其制度意义更多地体现在借助于当事人的权利保障来“解决法官因知识结构的局限和特殊专门经验的贫乏性对于正确认定案件事实所产生的不利影响。”

我国的这种制度与我国学者一贯主张的意大利技术顾问制度存在活动范围的不同。我国的这种专家没有庭外调查的权利，其活动范围仅限于法庭。不可否认我国在有专门知识的人制度上的创新的确吸收了英美法系国家专家证人制度的合理成分，然而这种合理成分仅仅是“为了充分保障当事人的诉讼权利，维护当事人的正当权益，有助于法官居中裁判和对事实的正确认定，”而非是移植英美法系国家的专家证人制度。实践中采用专家证人的称谓以及按照专家证人的方式进行活动，实属对我国有专门知识的人出庭制度的误解，亟待理论与司法实践对此正本清源。所以，将“有专门知识的人”理解为诉讼辅助人是恰当的，符合立法和司法解释的本意和“有专门知识的人”的特点。专家辅助人这一称谓能够准确反映“有专门知识的人”的本质。

但还需明确一个问题，即如何理解《民事诉讼法》规定的“有专门知识的人”在没有鉴定意见情形下也可以出庭就“专业问题提出意见”，这种就专业问题提出的意见是否属于专家证言？专家在法庭上针对鉴定人的质证意见和对专业问题提出意见是否存在本质上的不同，如果存在不同，是否会反制其实践中的诉讼角色扮演？从法理解释的视角对此进行分析，我国《民事诉讼法》对“有专门知识的人”进行角色定位不应因其提出意见针对的对象不同，即是鉴定意见还是专业问题而在界定其诉讼角色上存在差异。倘若将就鉴定意见提出意见的有专门知识的人称为“专家辅助人”，而就专业问题提出意见的有专门知识的人称为“专家证人”，则同一条款的“有专门知识的人”具有不同含义就会有违对其进行性质界定的解释逻辑。

综上所述，应当将“有专门知识的人”的诉讼地位确定为专家辅助人，在司法实践中避免适用“专家证人”概念，以避免产生不必要的语义纷争。这个问题亟待最高人民法院根据法律规定的术语提炼出简练的司法用语，以免影响其功能的正常发挥。[①]

（2）完善专家辅助人出庭制度

一是完善申请专家辅助人出庭的规定与专家库建设。首先要尽快建立当事人聘请专家辅助人的便捷渠道，帮助其迅速找到专业对口、符合资质要求的专家辅助人。专家辅助人的资格认定，目前法律尚未作出规定，应当由司法部和最高人民法院共同研究，制定认可办法。省级以上的司法行政机关和人民法院，对于本地区和全国范围内能担任此项任务的鉴定专家和其他特殊专业的专家，可通过调查、考核，建立“专家库”，并颁发相应的资格证书，在鉴定网上公布，供相关部门或当事人查询和选择。[②] 其次

---

① 郭华：《对抗抑或证据：专家辅助人功能的重新审视——兼论最高法院审理“奇虎360诉腾讯”案》，载《证据科学》2016年第2期。

② 参见邹明理：《专家辅助人出庭协助质证实务探讨》，载《中国司法鉴定》2014年第1期。

要明确法院许可专家辅助人出庭的条件。专家辅助人能否出庭的决定权由法庭掌握，专家辅助人出庭的申请应在开庭3日以前向法庭提出，同时向法庭提供证明所聘人员具备相关领域专业水平的资料。法院对被告人和辩护人的申请进行审查，主要应当考虑专家辅助人是否符合一定的资质，除未证明所聘人员具备相关领域的一般专业水平、或其专业领域与鉴定意见的专业领域不相关以外，一般应准许其出庭。另外应当适当考虑是否会造成诉讼的过分拖延，权衡专家辅助人出庭对鉴定意见提出意见对庭审拖延的程度。[①] 法庭是否准许的决定应在3日内作出。如果法庭审理结束前进行了重新鉴定或者补充鉴定，当事人一方收到该鉴定意见后，应在3日内告知法庭是否申请专家辅助人出庭，法庭认为有出庭必要的，当事人应在10日内提交拟出庭专家辅助人的资质材料及对鉴定意见的相关意见。最后，关于出庭专家辅助人人数的问题，因一份鉴定意见往往涉及不只一个专业领域，因此应明确被告方并非针对一份鉴定意见只能聘请不超过2名专家辅助人出庭，而是鉴定意见每涉及一个专业领域，即可聘请不超过2名专家辅助人出庭。

二是明确专家辅助人出庭的要求。专家辅助人制度作为近年来我国诉讼法确立的一项新制度，专家辅助人的专家身份应当如何审查以及审查认定的标准等问题一直没有明确的规定。因此，专家辅助人出庭后要体系化、规范化地阐明对鉴定意见的意见，需要有详尽、确实的数据和事实材料作为支撑。法庭对专家辅助人也应当予以严格审查。

专家辅助人的审查标准应当包括形式标准和实质标准两个方面，形式标准主要是学历、学位、职称等衡量专业知识、业务能力和技术水平的标准。从狭义上来看，作为专家辅助人必须是受过高等教育，长期从事某一具体工作，具有相应工作丰富知识和经验的专家。一般具有司法鉴定资格证，即可视为其具有专家辅助人资格的形式要件，但这并不是绝对的。实质标准是指由法官根据专家辅助人在庭前和庭上的表现进行裁量，主要考察其具有的知识范围、掌握的专业知识是否与该案涉及的专门问题相对应，以及其对专业知识掌握的程度。在美国，专家证人的资格是法庭首先要考

① 参见左宁：《我国刑事专家辅助人制度基本问题论略》，载《法学杂志》2012年第12期。

察的问题，一个人提出其专家证言之前，必须要说服法庭相信他有能力来就某一专业问题发表自己的意见。资格审查程序应当设置在庭前会议和庭审程序中，庭前会议程序中应当明确增加申请专家辅助人出庭的一方，其需要开示证明专家辅助人资质的相关资料和专家辅助人的相关意见，对方当事人可以在庭前会议上进行审查、提问。在庭审过程中，法庭应当对专家辅助人进行几个方面的资格审查，既包括形式审查，也包括实质审查：①专家及其专业的资格证书等证件；②具有中立性，不属于依法回避的情形；③专家质证经历、能力资格及专家受聘及出庭通知证明。同时应在法庭质证保证书上作出承诺并签名。如果对专家辅助人出庭的申请或者反对被驳回，应当保障其获得救济的权利，允许上诉或复议。①

三是完善专家辅助人出庭的质证规则。法庭调查阶段中，当审判长按程序指定鉴定人发言后，相对方可向法庭申请专家辅助人出庭。对于专家辅助人发言的顺序和内容，应先说明对鉴定意见的审查情况和所发现的问题。然后进行交叉询问，刑事审判的质证先由辩方的专家辅助人向控方鉴定人提问；民事审判法庭质证，先是由鉴定被申请方的专家辅助人向鉴定人提问。专家辅助人应围绕鉴定结论的准确性进行发问，可从鉴定的程序、方法、原理、依据等方面对鉴定意见进行质疑，对专家辅助人的合理发问，鉴定人有回答的义务。如有必要，经当事人申请和法庭许可，专家辅助人可以对负责物证提取、保管、送检的侦查和技术人员进行发问。专家辅助人发问完毕后，公诉人、民事诉讼中另一方当事人及鉴定人可以对专家辅助人进行反询问。之后，法官可以对专家辅助人进行发问。上述质证程序进行完毕，法官宣布专家辅助人、鉴定人退庭。不同案件由于情况特殊，鉴定意见的交叉询问顺序，法庭可作适当调整，专家辅助人、鉴定人都应服从法庭安排。②

另外，专家辅助人是否应当提交书面意见，还需要进一步考虑。一方面专家辅助人向法庭提供意见应贯彻直接言词原则，书面意见可能会使专

---

① 参见刘鑫、王耀民：《论专家辅助人资格的审查》，载《证据科学》2014 年第 6 期。

② 参见杨涛：《刑事诉讼中专家辅助人出庭制度的实践与完善——以“念斌案”和“复旦投毒案”为样本的分析》，载《法律适用》2015 年第 10 期；邹明理：《专家辅助人出庭协助质证实务探讨》，载《中国司法鉴定》2014 年第 1 期。

家辅助人的出庭质证丧失意义；另一方面，专家辅助人意见专业性较强，需要书面意见作为补充，帮助法官了解专业问题的争议焦点，使对方及时了解专业辅助人委托方对鉴定意见的质疑意见，从而做好充足准备，使庭审中的质证更有效率。据此，我们认为，专家辅助人可在庭审前提交简略的书面意见，概括阐述其对鉴定意见和专业问题的主要观点，这样一方面能够避免法官对书面意见过于依赖；另一方面又便于对方准备反询问的资料，同时能够为法官决定专家辅助人是否应当出庭提供实质性的依据。

四是明确专家辅助人的诉讼地位及其意见的属性作用。就专家辅助人具有何种诉讼地位这一问题，有观点认为，专家辅助人在诉讼中居于附属性地位，没有独立的诉讼主体地位。因为《刑事诉讼法》和《民事诉讼法》有关“诉讼参与人”的规定中没有专家辅助人，专家辅助人也显然不是当事人、法定代理人或诉讼代理人。但是我们认为，不能因为立法上的问题直接否定专家辅助人在诉讼中应有的地位。应当明确，专家辅助人也是诉讼参与人之一。专家辅助人之所以会参与诉讼活动，是受一方当事人的聘请或委托，旨在协助其委托人充分有效地行使相关的诉讼权利，为诉讼的顺利进行提供服务和帮助。因此，专家辅助人与诉讼参与人中的辩护人或诉讼代理人、鉴定人等在本质上是类似的。应当看到，专家辅助人与其他诉讼参与人存在明显的区别。首先，专家辅助人不同于证人。我国的证人概念是狭义的，具有不可选择性和不可替代性，其证言为体验性的客观陈述。而专家辅助人是接受当事人委托介入诉讼的，其对案件专门性问题和鉴定意见的解释、说明是一种推断性的意见陈述。其次，专家辅助人不同于鉴定人，两者在参诉方式和诉讼立场上存在很大差异。最后，专家辅助人也不同于诉讼代理人、辩护人。专家辅助人与诉讼代理人、辩护人虽均基于当事人的委托，且其工作不得超出委托的范围，但两者介入诉讼的方式不同。专家辅助人不能以委托人的名义进行诉讼活动，而仅限于与鉴定事项有关的问题向鉴定人进行询问，其权利范围小于诉讼代理人，但在诉讼中仍具有独立的诉讼地位。[①] 也有观点认为，对认定案件事实起到关键性作用且存在多个不同鉴定意见的案件，当事人无力委托专家辅助人的，

① 参见李学军、朱梦妮：《专家辅助人制度研析》，载《法学家》2015年第1期。

人民法院有义务为其指定专家辅助人，协助其询问鉴定人，保障其询问权得到有效行使。因此，从专家辅助人以自己的名义参加诉讼和法院必要时有义务为当事人指定专家辅助人来分析，这一模式类似于刑事诉讼的辩护人，但又不同于辩护人，专家辅助人负有对专门性问题说明、解释的责任和接受法庭或当事人询问的义务，经法庭许可，当事人双方委托的专家辅助人也可以相互对质。因此，专家辅助人应当属于一种特殊的诉讼参与人。专家辅助人制度设计的初衷是由其来协助法庭从证伪方面对鉴定提出专业意见，但实践中专家辅助人主要发挥辅助当事人质疑鉴定意见的作用。

专家辅助人的诉讼地位明确后，应当进一步明确其所作法庭质证意见的属性和作用。专家辅助人意见未被列入法定证据种类，在诉讼中不具有独立地位，不能作为证据使用。专家辅助人意见并非可用于证明案件事实的材料，而是用于增强或者减弱法官对鉴定意见的内心确信的说明，是对鉴定意见作出判断的辅助材料。而且因专家辅助人自身地位的从属性，其意见应当归于委托一方当事人的意见。因此，专家辅助人意见的作用主要包括三个方面：①代表委托方，从科学技术角度将鉴定意见涉及的相关问题向法庭进行客观真实的反映，指出鉴定中合理与不合理、积极与消极方面的问题，供诉讼主体、审判主体辩论、澄清。②从专业角度向鉴定人提问并要求其说明与解释，参加法庭就鉴定意见的辩论、评断，引导鉴定意见质证的深入和强化，将鉴定中主要技术问题的是非查明，有助于法官对鉴定意见的审查认证增强内心确认。③专家辅助人的法庭质证意见虽不能在裁判文书中作为证据表述，但应当将该意见作为控辩一方的意见进行审查、判断，并在裁判文书中予以回应。[①]

五是完善专家辅助人意见的审查规则。专家辅助人意见的属性明确为从属于委托方的意见，不具有诉讼法上的证据地位，但是其对法官的自由心证影响较大，应当对其进行审查，明确相应的审查规则，否则不利于法官对专家辅助人意见作出适当的判断。其他国家的立法和实践对此已有深入研究。如美国在 2000 年对《联邦证据规则》第 702 条进行了修改，专家证言的采纳必须达到三个标准：第一，证据基于充分的事实或者数据，即

---

① 邹明理：《专家辅助人出庭协助质证实务探讨》，载《中国司法鉴定》2014 年第 1 期。

专家对其证言有足够的铺垫；第二，证言是可靠的原理和方法的产物，即专家证人的方法应当具有可靠性；第三，专家证人将这些原理和方法可靠地适用于案件的事实。也就是说，可靠的方法不足以保证可靠的证言，可靠的方法还需要可靠的适用于特定案件的事实。我国由于一直对专家辅助人意见的属性有所争议，所以没有建立相关审查判断的标准。①

专家辅助人意见主要是针对鉴定意见进行质疑，因此应当侧重于审查专家辅助人意见是否对鉴定意见的科学性、准确性和可靠性提出了有效的质疑意见，专家辅助人的质疑意见应当是根据充分的理由、科学的方法、符合逻辑的推理得出的确定结论。我们认为，可以借鉴美国的上述审查标准，重点审查以下几个方面：一是专家辅助人意见中对鉴定意见的质疑是否具有充分的依据；二是运用的相关方法是否科学，是否经过充分验证并获得了业界的广泛承认；三是专家辅助人的推理是否成立，得出的结论是否可靠。另外，应当明确专家辅助人意见的功能在于证伪，其不必达到证明鉴定意见完全错误的程度，而只需证明鉴定意见的准确性存在疑问即可。

（三）完善对鉴定意见证明力的审查

对鉴定意见的审查既包括对证据能力的审查，又包括对证明力的审查。在对鉴定意见进行审查和采信时，有时存在多个证据能力没有问题的鉴定意见相互不一致的情况。这时就需要对鉴定意见有无证明力及其证明力大小进行比较审查。在判断鉴定意见证明力大小的时候，应该在充分考虑鉴定意见内在质的规定性之外，考虑其与案件事实之间的关联性、与其他证据之间相互印证的情况以及鉴定意见中分析论证的充分性等因素。司法实践中往往会出现法官面临多个不一致的鉴定意见的情况，当这些鉴定意见的鉴定主体的资质合法、鉴定程序符合规定、依据的材料合法有效、鉴定文书的形式也符合规定的，法官就很难对其进行取舍。2012 年湛江市经济技术开发区人民法院审理的一起故意伤害案件中就存在着两份都具有证据能力的鉴定意见。被告人何某某与被害人王某某在宅基地问题上产生纠纷，后发生了肢体冲突。针对王某某的损伤程度，湛江市公安局物证鉴定所和

① 参见胡铭：《专家辅助人：模糊身份与短缺证据——以新〈刑事诉讼法〉司法解释为中心》，载《法学论坛》2014 年第 1 期。

广东中博法医临床司法鉴定所先后作出了两个鉴定意见。公安物证鉴定所的鉴定意见认为王某某右肩关节的损伤程度为轻伤，而中博法医鉴定所作出的鉴定意见则认为王某某全身多处软组织致伤，是人为殴打所致，构成轻微伤；王某某右肩关节自主活动受限，属于原发病变，是因本次被打诱发加重所致。这两份鉴定意见均由有资质的鉴定机构作出，鉴定程序合法，所依据的材料均合法有效，证据能力方面不存在问题。最后法院采信了中博法医鉴定所出具的鉴定意见，就是对两份鉴定意见的证明力大小进行了比较之后进行的选择。首先从鉴定意见与案件事实的关联性来看，法院认为公安物证鉴定所的鉴定意见难以解释被害人为何在案发后十多天仍未发觉肩部伤情，也难以解释被害人的肩患为何直至时隔两年多的案件审理阶段仍未痊愈；而中博法医鉴定所认为的被害人在被打前就患有肩周炎的结论能够合理解释以上两个问题，所以中博法医鉴定所出具的鉴定意见与案件中的客观事实联系更为紧密；其次，从鉴定意见分析论证的充分性来看，公安物证鉴定所的鉴定意见欠缺具体的分析论证过程，其径直得出被害人构成轻伤的结论，缺乏说服力；而中博鉴定所的分析论证过程十分详尽，令人有理由相信其论证结果。从鉴定意见与其他证据相互印证的情况来看，本案其他证据只能证明王某某的手臂被何某某“拉过”，而且检查结果反映王某某的肩伤未伤及肌肉及神经，中博法医鉴定所出具的鉴定意见与这些证据能够相互印证。[①] 所以，在很多疑难案件中，需要法院对鉴定意见进行全面的实质审查，才能有理有据地进行取舍和采信，体现司法鉴定的可靠性与公正性。

除此之外，有学者提出鉴定作出的时间、鉴定人员的专业性、鉴定机构设备条件等也会对鉴定意见的证明力大小有所影响。对于鉴定作出的时间，一般来说，事故发生之后最先进行的鉴定具有的证明力比较高，特别是对于检材、样本保存时效较短的鉴定；对于鉴定人的专业性，鉴定人的知识构成与待鉴定事项的相关性越大，那么其出具的鉴定意见的证明力就越大。专业性与学历、职称等没有必然联系；对于鉴定机构的设备条件，一般认为鉴定机构设备的先进程度对鉴定准确性也会有所影响。但是应当

① 参见广东省湛江市中级人民法院（2012）湛中法刑一终字第130号刑事裁定书。

明确这些因素都不是孤立的，在具体案件中，法官需要对这些因素进行权衡和综合考量，但对其本质问题与非本质因素应作区分。[①]

为了提高法院采信鉴定意见的透明度，法院应该在裁判文书中充分论述是否选择鉴定意见作为证据使用以及选择何种鉴定意见作为定案根据的理由。在司法实践中，法官很少会在裁判文书中论述采信鉴定意见的理由。鉴定意见如何取舍，对案件事实认定的作用如何，当事人和社会公众都无法得知。如果控辩双方对于鉴定存在巨大的争议，但法官却不在裁判文书中说明对于鉴定意见的采信标准、采信理由，就无法让当事人和社会公众真正信服法院的裁判结果，也不利于争议的真正解决，会影响审判定分止争功能的实现。所以法官对鉴定意见的采信应当更加公开透明，接受专家的评价与社会的监督，增强司法鉴定的公信力、促进鉴定公正，提高裁判权威。

五、完善鉴定错案预防与纠正机制的设想

鉴定意见作为证据难免出现差错：一是专门知识或者科学技术的不确定性，特别是探索性技术被误用为稳定的技术，导致鉴定意见出错；二是鉴定意见本质上是鉴定人的主观认识，任意性较大，在很大程度上依赖于个人的经验进行判断。鉴定人的知识背景、专门知识的获得程度、工作态度等都有可能对鉴定意见的正确与否产生影响；三是鉴定材料的问题导致鉴定意见出错，鉴定是基于相关的检材进行的，检材的选取、保存、距离案发时间的远近等情况都会影响鉴定结果的准确性。从司法鉴定角度出发，我们需要维护鉴定的可靠性、可信性，为案件事实的认定提供可靠的证据，从而查明事实真相，同时还应当避免鉴定意见错误导致错案的发生。为了有效避免错案的发生，需要弄清司法鉴定出现问题并诱发错案的机理，我们在审视鉴定出现问题和鉴定意见导致错案的具体原因之后，还应当完善诉讼中鉴定导致错案的预防机制，从源头上防止或者降低司法鉴定问题导致错案发生的可能性。

除了一方面要防止错误的产生；另一方面也要重视纠错机制。鉴定意

---

① 参见胡铭、冯姣：《鉴定意见与刑事错案——兼论鉴定意见的审查规则》，载《山东警察学院学报》2013年第5期。

见的错误不可能完全避免，鉴定意见的使用错误也无法完全消灭。因此，需要建立完善的纠错机制，在错案发生之后及时地纠正，这样才能实现“匡扶正义，使公民对司法公正有获得感”，还应当充分发挥鉴定意见纠正错案的功效。司法鉴定制度是解决诉讼涉及的专门性问题、帮助司法机关查明案件事实的司法保障制度。诉讼中对鉴定意见的应用是现代科技发展所带来的不可抗拒的趋势，我们在接受司法鉴定带来的科学和便利的同时，也应当正视它可能存在的问题，并尽可能地提供解决办法。完善诉讼中司法鉴定制度的防错和纠错机制，有赖于司法制度、诉讼制度、鉴定体制等多方面的共同进步。

（一）完善诉讼中司法鉴定制度的防错机制

诉讼中司法鉴定致错一般有两种情况：一种是鉴定意见本身错误。调研中反映了鉴定意见在诉讼中极高的采信率，鉴定意见总是以“科学的法官”的面目进入诉讼程序中，致使错误的鉴定意见直接成为法官认定事实的根据，最终导致错案的发生。另一种是鉴定意见使用错误，即本身正确的鉴定意见因为司法人员在理解和使用中出现了偏差，导致对案件事实的认定造成了错误的影响。基于此，我们提出了一些预防鉴定问题导致错案的方法，完善诉讼中司法鉴定制度的防错机制。

1. 完善司法鉴定错误率研究，为鉴定的使用提供警示

预防鉴定错误首先需要对实践中鉴定错误的总体情况进行了解，通过错误率研究，可以发现鉴定错误存在的普遍程度以及不同种类的鉴定出现错误的概率。在此基础上分析出哪些鉴定项目错误率较高，需要进一步提升可靠性，从而为完善鉴定制度提供数据支持。其次，结合案件类型进行统计可以发现不同案件中各种鉴定错误的分布情况，了解案件类型与鉴定错误之间的联系，分析某种案件中出现哪种鉴定错误的可能性较大，为不同类型的案件中鉴定错误的预防提供有效的指导。另外，按照鉴定人主观过错的不同，鉴定错误可分为故意错鉴、过失错鉴和无过错鉴三类。错误率研究应当对这三种错误进行区分，了解其在实践中的占比，发现鉴定管理中存在的问题。这一研究能够为鉴定人和鉴定机构管理提供指导，推动司法鉴定管理体制的完善。无过错鉴是指因现有技术水平、认识水平的限制，鉴定人无主观过错而作出错误鉴定的情形。例如 DNA 鉴定技术本身

存在着一定的局限性，不同个体的DNA结构有偶然重合的可能性。DNA鉴定是选择DNA链上的某些特殊的具有多态性的基因位点进行鉴定。经过鉴定，如果这些基因位点相同，则作出“认定”结论。但这一结论有可能存在错误，因为从DNA鉴定技术理论上说，仅仅是进行了鉴定的这些基因位点的结构相同，而不是全部的DNA结构相同，因此还存在着二者某些基因位点结构相同是因为偶然重合，而并非事实上来自同一个体的可能，这在DNA鉴定技术中被称为“偶合概率”。就目前最新的DNA鉴定技术而言，这种“偶合概率”是非常低的，只有$1/10^{16}$，所以绝大多数情况下DNA鉴定的“认定”结论是可靠的，但在利用DNA技术进行大范围排查犯罪嫌疑人时，如果犯罪嫌疑人的数量很多，就可能会出现错误。这种鉴定错误便是鉴定技术本身的局限性造成的，随着技术水平的不断发展，偶合概率会越来越小，准确率也会越来越高，但这种鉴定错误是无法完全避免的。除了无过错鉴之外，故意错鉴和过失错鉴都属于人为因素导致的错误，可以通过加强诉讼中的程序功能予以规避。

故意错鉴，主要指鉴定造假，鉴定人与社会“掮客”勾结，通过虚假鉴定谋求不正当利益的情况在实践中并不少见，造成了极恶劣的影响。对此，应当进一步完善鉴定人责任制度，制定更为严格的鉴定人责任追究条款。一旦发现鉴定人造假，鉴定管理机关应当责令鉴定人暂停从事业务。如果情节恶劣或造成严重后果的，应当撤销登记。过失错鉴中鉴定人没有错误的故意，主观恶性较小，但毕竟存在过失，应当承担一定的责任，接受警告、责令改正、暂停从事业务等不同程度的处罚措施。实践中，司法鉴定行业内部应当按照谁签字、谁负责的原则落实责任承担，强化鉴定人的责任，防止互相推诿。同时对每一个鉴定环节进行严格规范，对不同的鉴定错误分类处理，对鉴定人违反法律规定，出具虚假鉴定或因重大过失导致的鉴定错误以及产生的负面影响进行评估，按照法律规定追究鉴定人的责任。

2. 加强错案中鉴定意见研究，完善诉讼中预防错案机制

司法鉴定导致错案的情形反映出诉讼中的相关制度缺位，现有的防错机制未能发挥其应有作用：一种情况是诉讼中司法人员未能及时发现错误鉴定；另一种情况是诉讼中司法人员未能合理使用正确的鉴定意见。所以

要对已知错案中的鉴定意见进行比对研究，分析鉴定意见导致错案的具体原因，如果是鉴定本身错误没有被发现，则需要研究未被发现的原因、司法人员的工作是否存在纰漏等；如果是鉴定意见存在使用错误，则需要研究在哪个诉讼阶段容易发生使用错误、发生使用错误的原因以及使用错误如何导致错案等问题。

对这些问题进行深入研究后，才能更好地在诉讼中完善鉴定意见防错机制。一方面要加强各个诉讼阶段对鉴定意见的实质审查，侦查人员、检察人员、法官都应当按照规定对鉴定意见进行审查，及时发现错误鉴定，阻止其进入下一个阶段。同时应当慎重对待当事人对鉴定意见的质疑，合理地启动重新鉴定。这样能够保证即使在鉴定出现纰漏或者错误情况下，也可以通过后续审查发现和纠正鉴定错误。另一方面是鉴定本身正确的情况下，避免司法人员在使用过程中出现错误，例如任意扩大种属认定证明力、片面认识鉴定意见等。错误使用鉴定意见的原因有很多，首先是对科学技术的误解，例如将同一认定与种属认定相互混淆，这属于能力不足的情况，应当教育司法人员了解和掌握那些影响或能改进司法工作的科学知识和审查方法。其次是办案人员各种心理偏差的影响，也可能会造成办案人员对鉴定意见的使用不当。正如英国学者所说，只有当办案人认为他们需要时，科学证据（鉴定）才会产生，而从鉴定人作出鉴定的那一刻起，鉴定就和其他证据一样，成为办案人眼中追诉犯罪的工具。鉴定使用错误的预防关键还是要依靠庭审，完善庭审发现错误的机制，把好诉讼的最后一道关。整个诉讼中的鉴定使用情况就都会反映在案卷中，庭审法官应当总览全案证据，注重对鉴定意见本身和鉴定意见使用情况的审查。为了帮助法官进行有效的审查，首先需要完善鉴定意见质证程序，落实异议鉴定的鉴定人出庭制度，同时加强庭审对抗，积极听取辩方对于鉴定方面的意见，特别是发挥专家辅助人的作用，发挥其证伪功能，加深庭审法官对鉴定意见本身以及鉴定使用情况的认识，保证其作出正确的判断。

3. 完善鉴定管理与使用衔接机制，促进鉴定管理与使用良性互动

《关于建立司法鉴定管理与使用衔接机制的意见》强调，建立司法鉴定管理与使用衔接机制，规范司法鉴定工作，提高司法鉴定质量，是发挥司法鉴定作用、适应以审判为中心的诉讼制度改革的重要举措。人民法院和

司法行政机关要充分认识司法鉴定管理与使用衔接机制对于促进司法公正、提高审判质量与效率的重要意义，立足各自的职能定位，加强沟通协调，共同推动司法鉴定工作的健康发展，确保审判活动的顺利进行，促进司法鉴定管理与使用的良性互动。

鉴定错误的预防需要司法鉴定管理与使用的共同进步，保证鉴定过程与诉讼程序之间形成良性循环，防止因衔接不畅引发不应有的鉴定问题。司法行政机关作为司法鉴定管理部门，应当加强对鉴定资质的审查，严格管理鉴定机构和鉴定人准入机制和淘汰退出机制，开展鉴定机构资质等级评估和鉴定人执业评价，规范鉴定行为。还要对鉴定事项进行科学分类，保证公安机关、检察机关、人民法院等办案机关对名册的便利使用。司法机关要根据工作需要，规范鉴定委托的相关程序和内容，从名册上选择适合的鉴定机构进行鉴定，完善鉴定材料的提取、保存、移交程序，确保委托鉴定工作能够公正、公开、高效地进行，尽量避免因程序问题带来的鉴定争议。

完善司法鉴定管理与使用衔接机制还需要进一步理顺司法活动与行政管理的关系，通过常态化的沟通协调机制，开展定期和不定期沟通会商，协调解决司法鉴定的委托与受理、鉴定人出庭作证等实践中的突出问题，不断健全完善相关制度。为了保证有效的沟通协调，需要积极推动信息化建设，建立信息交流机制，开展有关司法鉴定程序规范、名册编制、公告等政务信息和相关资料的交流传阅，加强鉴定机构和鉴定人执业资格、能力评估、奖惩记录、鉴定人出庭作证等信息共享机制，推动司法鉴定管理与使用相互促进。

（二）完善错案的发现与纠正机制

总的来说，导致我国目前错案纠正困难的原因固然很多，但 DNA 检测技术没有在发现和纠正错案方面发挥应有的功能则是其一。我国证据保管方面存在诸多问题，使得通过 DNA 技术发现错案的功能未能成为现实，对此可借鉴国外在此方面的经验予以完善。

1. 国外鉴定纠正错案的考察与启示

在一个国家的司法实践中，错案的存在是不可避免的，但是不可放弃的则是对错案尽早地进行纠正，这是实现公平正义的必然要求。美国作为法治发达国家，无论是法律制度还是法治实践都处于全球领先地位，但是错案的情况也十分严重。为了及时发现和纠正冤案，美国发展了定罪后DNA检测的方法。根据美国学者关于错案的研究报告，自1989年至2003年，美国发现的被无辜定罪的人中，42%的无辜者是通过DNA检测发现的。

在美国，DNA技术出现以后，一些法律界人士和专家成立了“无辜者计划”组织。已经被判入狱的犯人只要提出自己是冤枉的，就可以申请DNA检测。“无辜者计划”从1989年开始成立以来，发现的错案数据是很惊人的，仅通过定罪后DNA检测就发现316人被错误定罪，平均服刑时间是13.6年，其中有18人是死刑犯。发现被错误定罪后，有些案件还找到了真正的作案人。[①] 后来，定罪后DNA检测得到了立法的保障，1994年美国国会通过了DNA法案，并专门设立了DNA技术委员会，负责分析DNA技术的最新进展、DNA的检测标准以及DNA作为法庭证据的运用等。2004年国会全票通过了《美国无辜者保护法案》。截止到现在，美国除俄克拉荷马州外，其余49个州和哥伦比亚特区都已经通过了相关法律，赋予被定罪者DNA检测申请权。如果被定罪者提出申请，检方有义务向其提供相关的物证，以便进行DNA检验。美国定罪后DNA检测立法中对检测程序、检测结果的处理等内容进行了规定，还明确了定罪后DNA检测的保障制度，包括律师援助、检材的保护以及财政方面的支持，有利于保障这一制度的有效实施，从而及时发现和纠正错案。

冤假错案的存在使无罪的人受到惩罚是对公平正义的践踏，保证被定罪者在定罪后获得有效的救济是司法公正的应有之意。传统的刑事诉讼理论对此有所疏漏，其仅仅关注审前以及审判阶段中司法公正的实现，而对于定罪后被定罪者怎样获得有效的救济则关注甚少。现有法律只规定了“因错案而获得赔偿的权利”，对于被判刑人在发现错案、纠正误判方面享有的权利则没有规定。综观美国定罪后DNA检测立法，其目的是为了尽可能地给被判刑人提供有效救济，这在理论上拓宽了司法公正的外延。我们也有必要对定罪后被判刑人的有效救济问题给予必要关注。只有这样，

---

① 参见罗亚平：《刑事技术与错案预防》，载《证据学论坛》（第十八卷），法律出版社2013年版。

才能有效降低冤假错案对刑事司法公正的负面影响。[①] 所以，我们在完善防止鉴定意见出错机制的同时，也要建立良好的纠错机制，一旦错案发生必须严格执行，及时改正错误。长期实践下去能够在一定程度上防止相同错误的重复发生，推动鉴定技术的良性发展。美国通过定罪后 DNA 检测发现和纠正错案的机制已经取得了一定成就，虽然在我国现有的社会环境和司法制度下，定罪后 DNA 检测制度的建立尚有一定难度，仍需积极探索我国的错案纠正机制，为被定罪者提供有效的救济机制。

2. 构建错案鉴定机制，为错案纠正提供证据支持

目前我国的错案纠正尚未形成完备的体系，一般是通过当事人的申诉、司法机关复查案件以及机关、团体、企事业单位和新闻媒体对生效裁判提出意见等方式启动再审程序。当事人的申诉是推动错案被发现和纠正的最重要的途径，但申诉引发再审程序需要满足一定的条件，在刑事案件中关键是看申诉是否具有《刑事诉讼法》第 242 条规定的情形。[②] 司法实践中，申诉是否成功多数情况下取决于有无“新的证据”。而如果没有证据加以支持，指望有关部门通过对其他再审事由的审查来纠正错案是不具有现实性的。美国“无辜者计划”实行后的良好效果证明了 DNA 技术的运用对于纠正错案的重大推动作用。在我国司法实践中，DNA 鉴定也已经成为很多错案翻案的关键性证据。但并不是所有的案件中都能依靠 DNA 鉴定翻案，这种翻案机会大都发生在杀人和强奸案件中。实际上，不仅是 DNA 鉴定，其他鉴定也应当在案件复查过程中被广泛应用，以便精准地发现错案、为错案的纠正提供证据支持。

我国也应当建立错案鉴定机制，为纠正错案提供证据支持。建立错案鉴定机制是为了将采用技术手段预防错案的方法常态化、规范化，提高错案预防的力度，最大程度地避免错案的发生。错案鉴定机制的有效运行一方面应当依靠当事人的力量，在立法中明确赋予被生效判决确定有罪者必

---

① 参见陈学权：《发现冤案的新方法——美国定罪后 DNA 检测立法及启示》，载《当代法学》2013 年第 5 期。

② 《刑事诉讼法》第 242 条规定：“第二百四十二条当事人及其法定代理人、近亲属的申诉符合下列情形之一的，人民法院应当重新审判：（一）有新的证据证明原判决、裁定认定的事实确有错误，可能影响定罪量刑的；（二）据以定罪量刑的证据不确实、不充分、依法应当予以排除，或者证明案件事实的主要证据之间存在矛盾的；（三）原判决、裁定适用法律确有错误的；（四）违反法律规定的诉讼程序，可能影响公正审判的；（五）审判人员在审理该案件的时候，有贪污受贿，徇私舞弊，枉法裁判行为的。”

要的权利，包括申请进行定罪后的DNA检测或者其他关键鉴定的权利。这一权利要落到实处，首先需要完善物证管理制度。按照《美国无辜者保护法案》的规定，对于判处监禁刑的罪犯，犯罪侦查和公诉中收集到的生物证据应当予以保存。这是进行冤案鉴定的前提性条件。但我国目前的物证管理制度无论是在法律法规，还是在有关部门的内部制度上都显得十分薄弱；另一方面也应当依靠专家的作用，实践中很多冤案的发现和纠正离不开鉴定专家的积极参与，但这种情况大多出现在社会影响较大的热点案件中。我们应当建立常态化的专家参与错案纠正的机制，专家较之司法人员而言具有专门知识上的优势，其不仅能够在错案复查中及时、准确地发现原有鉴定中的问题，而且能够参与或监督冤案鉴定，帮助司法机关准确、高效地完成冤案纠正工作。国外很多国家有各种类型的错误定罪研究中心、无辜者项目等研究机构或者志愿者组织，这些组织对于错案的发现和纠正起到了很大的作用，这一做法对我国具有借鉴意义。

3. 改变“自错自纠”的再审体制，完善错案纠正的程序机制

目前我国错案的纠正之所以依赖于“偶然”因素，与目前“自错自纠”的再审体制之间关系紧密。由错误制造者自己纠正错误的机制本身就不具备可行性。在完善纠错机制上应当实现错误制造者与错误纠正者的分离，这样才能保证被定罪者救济权利的有效实现、确保申请再审者获得公平的对待，最大限度地减少错案纠正的人为阻力。这就需要按照程序正义的基本要求，充分借鉴其他国家的经验，打破这种与案件的处理结果存在利害关系的司法机关确认“存在错误”并启动再审程序的制度设计。[①] 对此，学者们的建议应当引起足够重视。

---

① 参见李奋飞：《刑事误判纠正依赖“偶然”之分析》，载《法学家》2015年第4期。

结 语

司法鉴定在诉讼中对于案件事实的认定发挥了重要作用，尽管其涉及的案件总量占诉讼案件总数不多，但在部分案件中对发现案件事实和实现司法公正起到了关键性的作用。有些案件之所以久拖不决以至于引发争议，甚至促使争议转化为影响社会稳定的上访事件，与鉴定在诉讼中的制度安排不合理有关。对上述问题，我们通过调研，借助于几个不同地区司法鉴定的情况以及一个公安机关的鉴定工作在诉讼中的问题进行对比与分析发现，诉讼中，司法鉴定中存在的有些问题并非是制度问题，难以通过完善制度予以解决，但依靠司法鉴定制度的完善可以减少问题的发生几率，如当事人对鉴定意见的争议；有些问题是制度问题，可通过制度完善解决，但完全解决还需要其他相关制度的互相协调，仅通过完善司法鉴定制度自身无法实现。对此，本书总结出四个方面的问题。

一是鉴定的质量有待提高，这一问题主要与鉴定管理的准入制度有关，需要完善司法鉴定管理制度。由于这一问题不是诉讼中鉴定的主要问题，我们对此未作深入的研究与探讨。

二是与鉴定在诉讼中的使用制度、机制以及采纳机制有关。对于此问题，一方面应当完善鉴定的委托（启动）机制，特别是法院决定权与当事人申请权之间的联系，“审判案件的法官”与法院司法技术部门以及鉴定机构、鉴定人之间的关系，沟通法律规定的“委托鉴定人”与实践中“委托鉴定机构”之间的情况，保证在启动程序公正和机制有效运行的前提下，借助于对当事人诉权的维护来最大限度地委托符合条件的鉴定人来完成鉴定，保障科学、可靠的鉴定意见作为定案根据，排除问题鉴定进入诉讼中，影响诉讼的效率和公正。因为诉讼寻求司法鉴定的目的仍是最大限度地发现真实，追求案件的实体公正。

三是充分发挥法院司法技术部门在司法鉴定中的作用，完善其发挥作用的机制，尤其是司法鉴定委托、鉴定意见的初步审查机制，保障审判法官与鉴定人之间的有效沟通，防止问题鉴定流入诉讼程序，避免因鉴定意见错误导致冤假错案的发生。

四是完善鉴定意见的判断机制，尽管鉴定人具有专门知识，甚至在专门性问题上是专家，但其依然存在错误的可能。需要通过完善鉴定人出庭的程序机制，借助专家辅助人的力量来防止错误的鉴定误导法官，避免冤案出现。另外，也需要完善庭审机制，打破程序对司法鉴定的过度依赖，从而最大限度地降低司法鉴定对事实裁判的误导。

另外，还需要构建错鉴发现机制，使作为定案根据的错误鉴定意见及时被纠正，避免问题鉴定在审判程序中不受限制和不经质疑，进而成为定案根据，酿造冤假错案。

附录一

公安机关鉴定规则

（2017 年 2 月 16 日　公通字〔2017〕6 号）

第一章　总　则

第一条　为规范公安机关鉴定工作，保证鉴定质量，维护司法公正，根据《中华人民共和国刑事诉讼法》、《中华人民共和国民事诉讼法》、《中华人民共和国行政诉讼法》、《全国人民代表大会常务委员会关于司法鉴定管理问题的决定》和有关法律法规，结合公安机关工作实际，制定本规则。

第二条　本规则所称的鉴定，是指为解决案（事）件调查和诉讼活动中某些专门性问题，公安机关鉴定机构的鉴定人运用自然科学和社会科学的理论成果与技术方法，对人身、尸体、生物检材、痕迹、文件、视听资料、电子数据及其它相关物品、物质等进行检验、鉴别、分析、判断，并出具鉴定意见或检验结果的科学实证活动。

第三条　本规则所称的鉴定机构，是指根据《公安机关鉴定机构登记管理办法》，经公安机关登记管理部门核准登记，取得鉴定机构资格证书并开展鉴定工作的机构。

第四条　本规则所称的鉴定人，是指根据《公安机关鉴定人登记管理办法》，经公安机关登记管理部门核准登记，取得鉴定人资格证书并从事鉴定工作的专业技术人员。

第五条　公安机关的鉴定工作，是国家司法鉴定工作的重要组成部分。公安机关鉴定机构及其鉴定人依法出具的鉴定文书，可以在刑事司法和行政执法活动，以及事件、事故、自然灾害等调查处置中应用。

第六条　公安机关鉴定机构及其鉴定人应当遵循合法、科学、公正、独立、及时、安全的工作原则。

第七条 公安机关应当保障所属鉴定机构开展鉴定工作所必需的人员编制、基础设施、仪器设备和有关经费等。

第二章 鉴定人的权利与义务

第八条 鉴定人享有下列权利：

（一）了解与鉴定有关的案（事）件情况，开展与鉴定有关的调查、实验等；

（二）要求委托鉴定单位提供鉴定所需的检材、样本和其他材料；

（三）在鉴定业务范围内表达本人的意见；

（四）与其他鉴定人的鉴定意见不一致时，可以保留意见；

（五）对提供虚假鉴定材料或者不具备鉴定条件的，可以向所在鉴定机构提出拒绝鉴定；

（六）发现违反鉴定程序，检材、样本和其他材料虚假或者鉴定意见错误的，可以向所在鉴定机构申请撤销鉴定意见；

（七）法律、法规规定的其他权利。

第九条 鉴定人应当履行下列义务：

（一）遵守国家有关法律、法规；

（二）遵守职业道德和职业纪律；

（三）遵守鉴定工作原则和鉴定技术规程；

（四）按规定妥善接收、保管、移交与鉴定有关的检材、样本和其他材料；

（五）依法出庭作证；

（六）保守鉴定涉及的国家秘密、商业秘密和个人隐私；

（七）法律、法规规定的其他义务。

第三章 鉴定人的回避

第十条 具有下列情形之一的，鉴定人应当自行提出回避申请；没有自行提出回避申请的，有关公安机关负责人应当责令其回避；当事人及其法定代理人也有权要求其回避：

（一）是本案当事人或者当事人的近亲属的；

（二）本人或者其近亲属与本案有利害关系的；

（三）担任过本案证人、辩护人、诉讼代理人的；

（四）担任过本案侦查人员的；

（五）是重新鉴定事项的原鉴定人的；

（六）担任过本案专家证人，提供过咨询意见的；

（七）其他可能影响公正鉴定的情形。

第十一条　鉴定人自行提出回避申请的，应当说明回避的理由；口头提出申请的，公安机关应当记录在案。

当事人及其法定代理人要求鉴定人回避的，应当提出申请，并说明理由；口头提出申请的，公安机关应当记录在案。

第十二条　鉴定人的回避，由县级以上公安机关负责人决定。

第十三条　当事人及其法定代理人对鉴定人提出回避申请的，公安机关应当在收到回避申请后二日以内作出决定并通知申请人；情况复杂的，经县级以上公安机关负责人批准，可以在收到回避申请后五日以内作出决定。

第十四条　当事人或者其法定代理人对驳回申请回避的决定不服的，可以在收到驳回申请回避决定书后五日以内向作出决定的公安机关申请复议。

公安机关应当在收到复议申请后五日以内作出复议决定并书面通知申请人。

第十五条　在作出回避决定前，申请或者被申请回避的鉴定人不得停止与申请回避鉴定事项有关的检验鉴定工作。在作出回避决定后，申请或者被申请回避的鉴定人不得再参与申请回避鉴定事项相关的检验鉴定工作。

第四章　鉴定的委托

第十六条　公安机关办案部门对与案（事）件有关需要检验鉴定的人身、尸体、生物检材、痕迹、文件、视听资料、电子数据及其它相关物品、物质等，应当及时委托鉴定。

第十七条　本级公安机关鉴定机构有鉴定能力的，应当委托该机构；超出本级公安机关鉴定机构鉴定项目或者鉴定能力范围的，应当向上级公安机关鉴定机构逐级委托；特别重大案（事）件的鉴定或者疑难鉴定，可以向有鉴定能力的公安机关鉴定机构委托。

第十八条　因技术能力等原因，需要委托公安机关以外的鉴定机构进行鉴定的，应当严格管理。各省级公安机关应当制定对外委托鉴定管理办法以及对外委托鉴定机构和鉴定人名册。

第十九条　委托鉴定单位应当向鉴定机构提交：

（一）鉴定委托书；

（二）证明送检人身份的有效证件；

（三）委托鉴定的检材；

（四）鉴定所需的比对样本；

（五）鉴定所需的其他材料。

委托鉴定单位应当指派熟悉案（事）件情况的两名办案人员送检。

第二十条　委托鉴定单位提供的检材，应当是原物、原件。

无法提供原物、原件的，应当提供符合本专业鉴定要求的复印件、复制件。所提供的复印件、复制件应当有复印、复制无误的文字说明，并加盖委托鉴定单位公章。

送检的检材、样本应当使用规范包装，标识清楚。

第二十一条　委托鉴定单位及其送检人向鉴定机构介绍的情况、提供的检材和样本应当客观真实，来源清楚可靠。委托鉴定单位应当保证鉴定材料的真实性、合法性。

对受到污染、可能受到污染或者已经使用过的原始检材、样本，应当作出文字说明。

对具有爆炸性、毒害性、放射性、传染性等危险的检材、样本，应当作出文字说明和明显标识，并在排除危险后送检；因鉴定工作需要不能排除危险的，应当采取相应防护措施。不能排除危险或者无法有效防护，可能危及鉴定人员和机构安全的，不得送检。

第二十二条　委托鉴定单位及其送检人不得暗示或者强迫鉴定机构及其鉴定人作出某种鉴定意见。

第二十三条　具有下列情形之一的，公安机关办案部门不得委托该鉴定机构进行鉴定：

（一）未取得合法鉴定资格证书的；

（二）超出鉴定项目或者鉴定能力范围的；

（三）法律、法规规定的其他情形。

第五章 鉴定的受理

第二十四条 鉴定机构可以受理下列委托鉴定：

（一）公安系统内部委托的鉴定；

（二）人民法院、人民检察院、国家安全机关、司法行政机关、军队保卫部门，以及监察、海关、工商、税务、审计、卫生计生等其他行政执法机关委托的鉴定；

（三）金融机构保卫部门委托的鉴定；

（四）其他党委、政府职能部门委托的鉴定。

第二十五条 鉴定机构应当在公安机关登记管理部门核准的鉴定项目范围内受理鉴定事项。

第二十六条 鉴定机构可以内设专门部门或者专门人员负责受理委托鉴定工作。

第二十七条 鉴定机构受理鉴定时，按照下列程序办理：

（一）查验委托主体和委托文件是否符合要求；

（二）听取与鉴定有关的案（事）件情况介绍；

（三）查验可能具有爆炸性、毒害性、放射性、传染性等危险的检材或者样本，对确有危险的，应当采取措施排除或者控制危险。

（四）核对检材和样本的名称、数量和状态，了解检材和样本的来源、采集和包装方法等；

（五）确认是否需要补送检材和样本；

（六）核准鉴定的具体要求；

（七）鉴定机构受理人与委托鉴定单位送检人共同填写鉴定事项确认书，一式两份，鉴定机构和委托鉴定单位各持一份。

第二十八条 鉴定事项确认书应当包括下列内容：

（一）鉴定事项确认书编号；

（二）鉴定机构全称和受理人姓名；

（三）委托鉴定单位全称和委托书编号；

（四）送检人姓名、职务、证件名称及号码和联系电话；

（五）鉴定有关案（事）件名称、案件编号；

（六）案（事）件情况摘要；

（七）收到的检材和样本的名称、数量、性状、包装，检材的提取部位和提取方法等情况；

（八）鉴定要求；

（九）鉴定方法和技术规范；

（十）鉴定机构与委托鉴定单位对鉴定时间以及送检检材和样本等使用、保管、取回事项进行约定，并由送检人和受理人分别签字。

第二十九条　鉴定机构对检验鉴定可能造成检材、样本损坏或者无法留存的，应当事先征得委托鉴定单位同意，并在鉴定事项确认书中注明。

第三十条　具有下列情形之一的，鉴定机构不予受理：

（一）超出本规则规定的受理范围的；

（二）违反鉴定委托程序的；

（三）委托其他鉴定机构正在进行相同内容鉴定的；

（四）超出本鉴定机构鉴定项目范围或者鉴定能力的；

（五）检材、样本不具备鉴定条件的或危险性未排除的；

（六）法律、法规规定的其他情形。

鉴定机构对委托鉴定不受理的，应当经鉴定机构负责人批准，并向委托鉴定单位出具《不予受理鉴定告知书》。

第六章　鉴定的实施

第三十一条　鉴定工作实行鉴定人负责制度。鉴定人应当独立进行鉴定。

鉴定的实施，应当由两名以上具有本专业鉴定资格的鉴定人负责。

第三十二条　必要时，鉴定机构可以聘请本机构以外的具有专门知识的人员参与，为鉴定提供专家意见。

第三十三条　鉴定机构应当在受理鉴定委托之日起十五个工作日内作出鉴定意见，出具鉴定文书。法律法规、技术规程另有规定，或者侦查破案、诉讼活动有特别需要，或者鉴定内容复杂、疑难及检材数量较大的，鉴定机构可以与委托鉴定单位另行约定鉴定时限。

需要补充检材、样本的，鉴定时限从检材、样本补充齐全之日起计算。

第三十四条　实施鉴定前，鉴定人应当查看鉴定事项确认书，核对受理鉴定的检材和样本，明确鉴定任务和鉴定方法，做好鉴定的各项准备工作。

第三十五条　鉴定人应当按照本专业的技术规范和方法实施鉴定，并全面、客观、准确地记录鉴定的过程、方法和结果。

多人参加鉴定，鉴定人有不同意见的，应当注明。

第三十六条　具有下列情形之一的，鉴定机构及其鉴定人应当中止鉴定：

（一）因存在技术障碍无法继续进行鉴定的；

（二）需补充鉴定材料无法补充的；

（三）委托鉴定单位书面要求中止鉴定的；

（四）因不可抗力致使鉴定无法继续进行的；

（五）委托鉴定单位拒不履行鉴定委托书规定的义务，被鉴定人拒不配合或者鉴定活动受到严重干扰，致使鉴定无法继续进行的。

中止鉴定原因消除后，应当继续进行鉴定。鉴定时限从批准继续鉴定之日起重新计算。

中止鉴定或者继续鉴定，由鉴定机构负责人批准。

第三十七条　中止鉴定原因确实无法消除的，鉴定机构应当终止鉴定，将有关检材和样本等及时退还委托鉴定单位，并出具书面说明。

终止鉴定，由鉴定机构负责人批准。

第三十八条　根据鉴定工作需要，省级以上公安机关可以依托所属鉴定机构按鉴定专业设立鉴定专家委员会。

鉴定专家委员会应当根据本规则规定，按照鉴定机构的指派对辖区有争议和疑难鉴定事项提供专家意见。

第三十九条　鉴定专家委员会的成员应当具有高级专业技术资格或者职称。

鉴定专家委员会可以聘请公安机关外的技术专家。

鉴定专家委员会组织实施鉴定时，相同专业的鉴定专家人数应当是奇数且不得少于三人。

第四十条　对鉴定意见，办案人员应当进行审查。

对经审查作为证据使用的鉴定意见，公安机关应当及时告知犯罪嫌疑人、被害人或者其法定代理人。

第四十一条　犯罪嫌疑人、被害人对鉴定意见有异议提出申请，以及办案部门或者办案人员对鉴定意见有疑义的，公安机关可以将鉴定意见送交其他有专门知识的人员提出意见。必要时，询问鉴定人并制作笔录附卷。

第七章　补充鉴定、重新鉴定

第四十二条　对有关人员提出的补充鉴定申请，经审查，发现有下列情形之一的，经县级以上公安机关负责人批准，应当补充鉴定：

（一）鉴定内容有明显遗漏的；

（二）发现新的有鉴定意义的证物的；

（三）对鉴定证物有新的鉴定要求的；

（四）鉴定意见不完整，委托事项无法确定的；

（五）其他需要补充鉴定的情形。

经审查，不存在上述情形的，经县级以上公安机关负责人批准，作出不准予补充鉴定的决定，并在作出决定后三日以内书面通知申请人。

第四十三条　对有关人员提出的重新鉴定申请，经审查，发现有下列情形之一的，经县级以上公安机关负责人批准，应当重新鉴定：

（一）鉴定程序违法或者违反相关专业技术要求的；

（二）鉴定机构、鉴定人不具备鉴定资质和条件的；

（三）鉴定人故意作出虚假鉴定或者违反回避规定的；

（四）鉴定意见依据明显不足的；

（五）检材虚假或者被损坏的；

（六）其他应当重新鉴定的情形。

重新鉴定，应当另行指派或者聘请鉴定人。

经审查，不存在上述情形的，经县级以上公安机关负责人批准，作出不准予重新鉴定的决定，并在作出决定后三日以内书面通知申请人。

第四十四条　进行重新鉴定，可以另行委托其他鉴定机构进行鉴定。鉴定机构应当从列入鉴定人名册的鉴定人中，选择与原鉴定人专业技术资格或者职称同等以上的鉴定人实施。

第八章　鉴定文书

第四十五条　鉴定文书分为《鉴定书》和《检验报告》两种格式。

客观反映鉴定的由来、鉴定过程，经过检验、论证得出鉴定意见的，出具《鉴定书》。

客观反映鉴定的由来、鉴定过程，经过检验直接得出检验结果的，出具《检验报告》。

鉴定后，鉴定机构应当出具鉴定文书，并由鉴定人及授权签字人在鉴定文书上签名，同时附上鉴定机构和鉴定人的资质证明或者其他证明文件。

第四十六条　鉴定文书应当包括：

（一）标题；

（二）鉴定文书的唯一性编号和每一页的标识；

（三）委托鉴定单位名称、送检人姓名；

（四）鉴定机构受理鉴定委托的日期；

（五）案件名称或者与鉴定有关的案（事）件情况摘要；

（六）检材和样本的描述；

（七）鉴定要求；

（八）鉴定开始日期和实施鉴定的地点；

（九）鉴定使用的方法；

（十）鉴定过程；

（十一）《鉴定书》中应当写明必要的论证和鉴定意见，《检验报告》中应当写明检验结果；

（十二）鉴定人的姓名、专业技术资格或者职称、签名；

（十三）完成鉴定文书的日期；

（十四）鉴定文书必要的附件；

（十五）鉴定机构必要的声明。

第四十七条　鉴定文书的制作应当符合以下要求：

（一）鉴定文书格式规范、文字简练、图片清晰、资料齐全、卷面整洁、论证充分、表述准确；使用规范的文字和计量单位。

（二）鉴定文书正文使用打印文稿，并在首页唯一性编号和末页成文日期上加盖鉴定专用章。鉴定文书内页纸张两页以上的，应当在内页纸张正面右侧边缘中部骑缝加盖鉴定专用章。

（三）鉴定文书制作正本、副本各一份。正本交委托鉴定单位，副本由鉴定机构存档。

（四）鉴定文书存档文件包括：鉴定文书副本、审批稿、检材和样本照片或者检材和样本复制件、检验记录、检验图表、实验记录、鉴定委托书、鉴定事项确认书、鉴定文书审批表等资料。

（五）补充鉴定或者重新鉴定的，应当单独制作鉴定文书。

第四十八条　鉴定机构应当指定授权签字人、实验室负责人审核鉴定文书。审批签发鉴定文书，应当逐一审验下列内容：

（一）鉴定主体是否合法；

（二）鉴定程序是否规范；

（三）鉴定方法是否科学；

（四）鉴定意见是否准确；

（五）文书制作是否合格；

（六）鉴定资料是否完备。

第四十九条　鉴定文书制作完成后，鉴定机构应当及时通知委托鉴定单位领取，或者按约定的方式送达委托鉴定单位。

委托鉴定单位应当在约定时间内领取鉴定文书。

鉴定文书和相关检材、样本的领取情况，由领取人和鉴定机构经办人分别签字。

第五十条　委托鉴定单位有要求的，鉴定机构应当向其解释本鉴定意见的具体含义和使用注意事项。

第九章　鉴定资料和检材样本的管理

第五十一条　鉴定机构和委托鉴定单位应当在职责范围内妥善管理鉴定资料和相应检材、样本。

第五十二条　具有下列情形之一的，鉴定完成后应当永久保存鉴定资料：

（一）涉及国家秘密没有解密的；

（二）未破获的刑事案件；

（三）可能或者实际被判处有期徒刑十年以上、无期徒刑、死刑的案件；

（四）特别重大的火灾、交通事故、责任事故和自然灾害；

（五）办案部门或者鉴定机构认为有永久保存必要的；

（六）法律、法规规定的其他情形。

其他案（事）件的鉴定资料保存三十年。

第十章　出庭作证

第五十三条　公诉人、当事人或者辩护人、诉讼代理人对鉴定意见有异议，经人民法院依法通知的，公安机关鉴定人应当出庭作证。

第五十四条　鉴定人出庭作证时，应当依法接受法庭质证，回答与鉴定有关的询问。

第五十五条　公安机关应当对鉴定人出庭作证予以保障，并保证鉴定人的安全。

第十一章　鉴定工作纪律与责任

第五十六条　鉴定人应当遵守下列工作纪律：

（一）不得擅自受理任何机关、团体和个人委托的鉴定；

（二）不得擅自参加任何机关、团体和个人组织的鉴定活动；

（三）不得违反规定会见当事人及其代理人；

（四）不得接受当事人及其代理人的宴请或者礼物；

（五）不得擅自向当事人及其代理人或者其他无关人员泄露鉴定事项的工作情况；

（六）不得违反检验鉴定技术规程要求；

（七）不得以任何形式泄露委托鉴定涉及的国家秘密、商业秘密和个人隐私；

（八）不得在其他面向社会提供有偿鉴定服务的组织中兼职。

第五十七条　鉴定机构及其鉴定人违反本规则有关规定，情节轻微的，按照《公安机关鉴定机构登记管理办法》、《公安机关鉴定人登记管理办法》有关规定处理。

第五十八条　鉴定人在鉴定工作中玩忽职守、以权谋私、收受贿赂，或者故意损毁检材、泄露鉴定意见情节、后果严重的，或者故意作虚假鉴定、泄露国家秘密的，依据有关法律、法规进行处理；构成犯罪的，依法追究刑事责任。

第五十九条　送检人具有以下行为的，依照有关规定追究相应责任：

（一）暗示、强迫鉴定机构、鉴定人作出某种鉴定意见，导致冤假错案或者其他严重后果的；

（二）故意污染、损毁、调换检材的；

（三）因严重过失致使检材污染、减损、灭失，导致无法鉴定或者作出错误鉴定的；

（四）未按照规定对检材排除风险或者作出说明，危及鉴定人、鉴定机构安全的。

第十二章　附　则

第六十条　本规则自发布之日起施行。此前有关规定与本规则不一致的，以本规则为准。

附录二

司法鉴定程序通则

（2016年3月2日　司法部令第132号）

第一章　总　则

第一条　为了规范司法鉴定机构和司法鉴定人的司法鉴定活动，保障司法鉴定质量，保障诉讼活动的顺利进行，根据《全国人民代表大会常务委员会关于司法鉴定管理问题的决定》和有关法律、法规的规定，制定本通则。

第二条　司法鉴定是指在诉讼活动中鉴定人运用科学技术或者专门知识对诉讼涉及的专门性问题进行鉴别和判断并提供鉴定意见的活动。司法鉴定程序是指司法鉴定机构和司法鉴定人进行司法鉴定活动的方式、步骤以及相关规则的总称。

第三条　本通则适用于司法鉴定机构和司法鉴定人从事各类司法鉴定业务的活动。

第四条　司法鉴定机构和司法鉴定人进行司法鉴定活动，应当遵守法律、法规、规章，遵守职业道德和执业纪律，尊重科学，遵守技术操作规范。

第五条　司法鉴定实行鉴定人负责制度。司法鉴定人应当依法独立、客观、公正地进行鉴定，并对自己作出的鉴定意见负责。司法鉴定人不得违反规定会见诉讼当事人及其委托的人。

第六条　司法鉴定机构和司法鉴定人应当保守在执业活动中知悉的国家秘密、商业秘密，不得泄露个人隐私。

第七条　司法鉴定人在执业活动中应当依照有关诉讼法律和本通则规定实行回避。

第八条 司法鉴定收费执行国家有关规定。

第九条 司法鉴定机构和司法鉴定人进行司法鉴定活动应当依法接受监督。对于有违反有关法律、法规、规章规定行为的，由司法行政机关依法给予相应的行政处罚；对于有违反司法鉴定行业规范行为的，由司法鉴定协会给予相应的行业处分。

第十条 司法鉴定机构应当加强对司法鉴定人执业活动的管理和监督。司法鉴定人违反本通则规定的，司法鉴定机构应当予以纠正。

第二章 司法鉴定的委托与受理

第十一条 司法鉴定机构应当统一受理办案机关的司法鉴定委托。

第十二条 委托人委托鉴定的，应当向司法鉴定机构提供真实、完整、充分的鉴定材料，并对鉴定材料的真实性、合法性负责。司法鉴定机构应当核对并记录鉴定材料的名称、种类、数量、性状、保存状况、收到时间等。

诉讼当事人对鉴定材料有异议的，应当向委托人提出。

本通则所称鉴定材料包括生物检材和非生物检材、比对样本材料以及其他与鉴定事项有关的鉴定资料。

第十三条 司法鉴定机构应当自收到委托之日起七个工作日内作出是否受理的决定。对于复杂、疑难或者特殊鉴定事项的委托，司法鉴定机构可以与委托人协商决定受理的时间。

第十四条 司法鉴定机构应当对委托鉴定事项、鉴定材料等进行审查。对属于本机构司法鉴定业务范围，鉴定用途合法，提供的鉴定材料能够满足鉴定需要的，应当受理。

对于鉴定材料不完整、不充分，不能满足鉴定需要的，司法鉴定机构可以要求委托人补充；经补充后能够满足鉴定需要的，应当受理。

第十五条 具有下列情形之一的鉴定委托，司法鉴定机构不得受理：

（一）委托鉴定事项超出本机构司法鉴定业务范围的；

（二）发现鉴定材料不真实、不完整、不充分或者取得方式不合法的；

（三）鉴定用途不合法或者违背社会公德的；

（四）鉴定要求不符合司法鉴定执业规则或者相关鉴定技术规范的；

（五）鉴定要求超出本机构技术条件或者鉴定能力的；

（六）委托人就同一鉴定事项同时委托其他司法鉴定机构进行鉴定的；

（七）其他不符合法律、法规、规章规定的情形。

第十六条　司法鉴定机构决定受理鉴定委托的，应当与委托人签订司法鉴定委托书。司法鉴定委托书应当载明委托人名称、司法鉴定机构名称、委托鉴定事项、是否属于重新鉴定、鉴定用途、与鉴定有关的基本案情、鉴定材料的提供和退还、鉴定风险，以及双方商定的鉴定时限、鉴定费用及收取方式、双方权利义务等其他需要载明的事项。

第十七条　司法鉴定机构决定不予受理鉴定委托的，应当向委托人说明理由，退还鉴定材料。

第三章　司法鉴定的实施

第十八条　司法鉴定机构受理鉴定委托后，应当指定本机构具有该鉴定事项执业资格的司法鉴定人进行鉴定。

委托人有特殊要求的，经双方协商一致，也可以从本机构中选择符合条件的司法鉴定人进行鉴定。

委托人不得要求或者暗示司法鉴定机构、司法鉴定人按其意图或者特定目的提供鉴定意见。

第十九条　司法鉴定机构对同一鉴定事项，应当指定或者选择二名司法鉴定人进行鉴定；对复杂、疑难或者特殊鉴定事项，可以指定或者选择多名司法鉴定人进行鉴定。

第二十条　司法鉴定人本人或者其近亲属与诉讼当事人、鉴定事项涉及的案件有利害关系，可能影响其独立、客观、公正进行鉴定的，应当回避。

司法鉴定人曾经参加过同一鉴定事项鉴定的，或者曾经作为专家提供过咨询意见的，或者曾被聘请为有专门知识的人参与过同一鉴定事项法庭质证的，应当回避。

第二十一条　司法鉴定人自行提出回避的，由其所属的司法鉴定机构决定；委托人要求司法鉴定人回避的，应当向该司法鉴定人所属的司法鉴定机构提出，由司法鉴定机构决定。

委托人对司法鉴定机构作出的司法鉴定人是否回避的决定有异议的，可以撤销鉴定委托。

第二十二条 司法鉴定机构应当建立鉴定材料管理制度，严格监控鉴定材料的接收、保管、使用和退还。

司法鉴定机构和司法鉴定人在鉴定过程中应当严格依照技术规范保管和使用鉴定材料，因严重不负责任造成鉴定材料损毁、遗失的，应当依法承担责任。

第二十三条 司法鉴定人进行鉴定，应当依下列顺序遵守和采用该专业领域的技术标准、技术规范和技术方法：

（一）国家标准；

（二）行业标准和技术规范；

（三）该专业领域多数专家认可的技术方法。

第二十四条 司法鉴定人有权了解进行鉴定所需要的案件材料，可以查阅、复制相关资料，必要时可以询问诉讼当事人、证人。

经委托人同意，司法鉴定机构可以派员到现场提取鉴定材料。现场提取鉴定材料应当由不少于二名司法鉴定机构的工作人员进行，其中至少一名应为该鉴定事项的司法鉴定人。现场提取鉴定材料时，应当有委托人指派或者委托的人员在场见证并在提取记录上签名。

第二十五条 鉴定过程中，需要对无民事行为能力人或者限制民事行为能力人进行身体检查的，应当通知其监护人或者近亲属到场见证；必要时，可以通知委托人到场见证。

对被鉴定人进行法医精神病鉴定的，应当通知委托人或者被鉴定人的近亲属或者监护人到场见证。

对需要进行尸体解剖的，应当通知委托人或者死者的近亲属或者监护人到场见证。

到场见证人员应当在鉴定记录上签名。见证人员未到场的，司法鉴定人不得开展相关鉴定活动，延误时间不计入鉴定时限。

第二十六条 鉴定过程中，需要对被鉴定人身体进行法医临床检查的，应当采取必要措施保护其隐私。

第二十七条 司法鉴定人应当对鉴定过程进行实时记录并签名。记录可以采取笔记、录音、录像、拍照等方式。记录应当载明主要的鉴定方法和过程，检查、检验、检测结果，以及仪器设备使用情况等。记录的内容应当真实、客观、准确、完整、清晰，记录的文本资料、音像资料等应当存入鉴定档案。

第二十八条　司法鉴定机构应当自司法鉴定委托书生效之日起三十个工作日内完成鉴定。

鉴定事项涉及复杂、疑难、特殊技术问题或者鉴定过程需要较长时间的，经本机构负责人批准，完成鉴定的时限可以延长，延长时限一般不得超过三十个工作日。鉴定时限延长的，应当及时告知委托人。

司法鉴定机构与委托人对鉴定时限另有约定的，从其约定。

在鉴定过程中补充或者重新提取鉴定材料所需的时间，不计入鉴定时限。

第二十九条　司法鉴定机构在鉴定过程中，有下列情形之一的，可以终止鉴定：

（一）发现有本通则第十五条第二项至第七项规定情形的；

（二）鉴定材料发生耗损，委托人不能补充提供的；

（三）委托人拒不履行司法鉴定委托书规定的义务、被鉴定人拒不配合或者鉴定活动受到严重干扰，致使鉴定无法继续进行的；

（四）委托人主动撤销鉴定委托，或者委托人、诉讼当事人拒绝支付鉴定费用的；

（五）因不可抗力致使鉴定无法继续进行的；

（六）其他需要终止鉴定的情形。

终止鉴定的，司法鉴定机构应当书面通知委托人，说明理由并退还鉴定材料。

第三十条　有下列情形之一的，司法鉴定机构可以根据委托人的要求进行补充鉴定：

（一）原委托鉴定事项有遗漏的；

（二）委托人就原委托鉴定事项提供新的鉴定材料的；

（三）其他需要补充鉴定的情形。

补充鉴定是原委托鉴定的组成部分，应当由原司法鉴定人进行。

第三十一条　有下列情形之一的，司法鉴定机构可以接受办案机关委托进行重新鉴定：

（一）原司法鉴定人不具有从事委托鉴定事项执业资格的；

（二）原司法鉴定机构超出登记的业务范围组织鉴定的；

（三）原司法鉴定人应当回避没有回避的；

（四）办案机关认为需要重新鉴定的；

（五）法律规定的其他情形。

第三十二条　重新鉴定应当委托原司法鉴定机构以外的其他司法鉴定机构进行；因特殊原因，委托人也可以委托原司法鉴定机构进行，但原司法鉴定机构应当指定原司法鉴定人以外的其他符合条件的司法鉴定人进行。

接受重新鉴定委托的司法鉴定机构的资质条件应当不低于原司法鉴定机构，进行重新鉴定的司法鉴定人中应当至少有一名具有相关专业高级专业技术职称。

第三十三条　鉴定过程中，涉及复杂、疑难、特殊技术问题的，可以向本机构以外的相关专业领域的专家进行咨询，但最终的鉴定意见应当由本机构的司法鉴定人出具。

专家提供咨询意见应当签名，并存入鉴定档案。

第三十四条　对于涉及重大案件或者特别复杂、疑难、特殊技术问题或者多个鉴定类别的鉴定事项，办案机关可以委托司法鉴定行业协会组织协调多个司法鉴定机构进行鉴定。

第三十五条　司法鉴定人完成鉴定后，司法鉴定机构应当指定具有相应资质的人员对鉴定程序和鉴定意见进行复核；对于涉及复杂、疑难、特殊技术问题或者重新鉴定的鉴定事项，可以组织三名以上的专家进行复核。

复核人员完成复核后，应当提出复核意见并签名，存入鉴定档案。

第四章　司法鉴定意见书的出具

第三十六条　司法鉴定机构和司法鉴定人应当按照统一规定的文本格式制作司法鉴定意见书。

第三十七条　司法鉴定意见书应当由司法鉴定人签名。多人参加的鉴定，对鉴定意见有不同意见的，应当注明。

第三十八条　司法鉴定意见书应当加盖司法鉴定机构的司法鉴定专用章。

第三十九条　司法鉴定意见书应当一式四份，三份交委托人收执，一份由司法鉴定机构存档。司法鉴定机构应当按照有关规定或者与委托人约定的方式，向委托人发送司法鉴定意见书。

第四十条　委托人对鉴定过程、鉴定意见提出询问的，司法鉴定机构和司法鉴定人应当给予解释或者说明。

第四十一条　司法鉴定意见书出具后，发现有下列情形之一的，司法鉴定机构可以进行补正：

（一）图像、谱图、表格不清晰的；

（二）签名、盖章或者编号不符合制作要求的；

（三）文字表达有瑕疵或者错别字，但不影响司法鉴定意见的。

补正应当在原司法鉴定意见书上进行，由至少一名司法鉴定人在补正处签名。必要时，可以出具补正书。

对司法鉴定意见书进行补正，不得改变司法鉴定意见的原意。

第四十二条　司法鉴定机构应当按照规定将司法鉴定意见书以及有关资料整理立卷、归档保管。

第五章　司法鉴定人出庭作证

第四十三条　经人民法院依法通知，司法鉴定人应当出庭作证，回答与鉴定事项有关的问题。

第四十四条　司法鉴定机构接到出庭通知后，应当及时与人民法院确认司法鉴定人出庭的时间、地点、人数、费用、要求等。

第四十五条　司法鉴定机构应当支持司法鉴定人出庭作证，为司法鉴定人依法出庭提供必要条件。

第四十六条　司法鉴定人出庭作证，应当举止文明，遵守法庭纪律。

第六章　附　则

第四十七条　本通则是司法鉴定机构和司法鉴定人进行司法鉴定活动应当遵守和采用的一般程序规则，不同专业领域对鉴定程序有特殊要求的，可以依据本通则制定鉴定程序细则。

第四十八条　本通则所称办案机关，是指办理诉讼案件的侦查机关、审查起诉机关和审判机关。

第四十九条　在诉讼活动之外，司法鉴定机构和司法鉴定人依法开展相关鉴定业务的，参照本通则规定执行。

第五十条 本通则自2016年5月1日起施行。司法部2007年8月7日发布的《司法鉴定程序通则》（司法部第107号令）同时废止。

附录三

最高人民法院对外委托鉴定、评估、拍卖等工作管理规定

（2007年8月23日 法办发〔2007〕5号）

第一章 总 则

第一条 为规范最高人民法院对外委托鉴定、评估、拍卖等工作，保护当事人的合法权益，维护司法公正，根据《中华人民共和国刑事诉讼法》、《中华人民共和国民事诉讼法》、《中华人民共和国行政诉讼法》、《全国人大常委会关于司法鉴定管理问题的决定》和《最高人民法院关于地方各级人民法院设立司法技术辅助工作机构的通知》的规定，结合最高人民法院对外委托鉴定、评估、拍卖等工作实际，制定本规定。

第二条 对外委托鉴定、评估、拍卖等工作是指人民法院审判和执行工作中委托专门机构或专家进行鉴定、检验、评估、审计、拍卖、变卖和指定破产清算管理人等工作，并进行监督协调的司法活动。

第三条 最高人民法院司法辅助工作部门负责统一办理审判、执行工作中需要对外委托鉴定、检验、评估、审计、拍卖、变卖和指定破产清算管理人等工作。

第四条 涉及到举证时效、证据的质证与采信、评估基准日、拍卖保留价的确定，拍卖撤回、暂缓与中止等影响当事人相关权利义务的事项由审判、执行部门决定。

第五条 对外委托鉴定、评估、拍卖等工作按照公开、公平、择优的原则，实行对外委托名册制度，最高人民法院司法辅助工作部门负责《最高人民法院司法技术专业机构、专家名册》（以下简称《名册》）的编制和对入册专业机构、专家的工作情况进行监督和协调。

第二章　收　案

第六条　最高人民法院的审判、执行部门在工作中对需要进行对外委托鉴定、检验、评估、审计、拍卖、变卖和指定破产清算管理人等工作的，应当制作《对外委托工作交接表》（格式表附后），同相关材料一起移送司法辅助工作部门。

地方各级人民法院和专门人民法院需要委托最高人民法院对外委托鉴定、评估、拍卖等工作的，应当层报最高人民法院。

第七条　对外委托鉴定、检验、评估、审计、变卖和指定破产清算管理人等工作时，应当移交以下材料：

（一）相关的卷宗材料；

（二）经法庭质证确认的当事人举证材料；

（三）法院依职权调查核实的材料；

（四）既往鉴定、检验、评估、审计、变卖和指定破产清算管理人报告文书；

（五）申请方当事人和对方当事人及其辩护人、代理人的通讯地址、联系方式，代理人的代理权限；

（六）与对外委托工作有关的其他材料。

第八条　对外委托拍卖的案件移送时应当移交以下材料：

（一）执行所依据的法律文书；

（二）拍卖财产的评估报告副本和当事人确认价格的书面材料；

（三）拍卖标的物的相关权属证明复印件；

（四）拍卖标的物的来源和瑕疵情况说明；

（五）拍卖财产现状调查表；

（六）当事人授权书复印件；

（七）当事人及其他相关权利人的基本情况及联系方式；

（八）被执行人履行债务的情况说明。

第九条　对外委托的收案工作由司法辅助工作部门的专门人员负责，按以下程序办理：

（一）审查移送手续是否齐全；

（二）审查、核对移送材料是否齐全，是否符合要求；

（三）制作案件移送单并签名，报司法辅助工作部门负责人签字并加盖部门公章。由司法辅助工作部门和审判、执行部门各存一份备查；

（四）进行收案登记。

第十条　司法辅助工作部门负责人指定对外委托案件的监督、协调员。监督、协调员分为主办人和协办人。

主办人负责接收案件，保管对外委托的卷宗等材料，按照委托要求与协办人办理对外委托工作；协办人应积极配合主办人完成工作。

第十一条　主办人接到案件后应在3个工作日内提出初审意见，对不具备委托条件的案件应制作《不予委托意见书》说明理由，报司法辅助工作部门负责人审批后，办理结案手续，并于3个工作日内将案件材料退回审判、执行部门。

第三章　选择专业机构与委托

第十二条　选择鉴定、检验、评估、审计专业机构，指定破产清算管理人实行协商选择与随机选择相结合的方式。选择拍卖专业机构实行随机选择的方式。

凡需要由人民法院依职权指定的案件由最高人民法院司法辅助工作部门按照随机的方式，选择对外委托的专业机构，然后进行指定。

第十三条　司法辅助工作部门专门人员收案后，除第十一条第二款的情况外，应当在3个工作日内采取书面、电传等有效方式，通知当事人按指定的时间、地点选择专业机构或专家。

第十四条　当事人不按时到场，也未在规定期间内以书面形式表达意见的，视为放弃选择专业机构的权利。

第十五条　选择专业机构在司法辅助工作部门专门人员的主持下进行，选择结束后，当事人阅读选择专业机构笔录，并在笔录上签字。

第十六条　协商选择程序如下：

（一）专门人员告知当事人在选择程序中的权利、义务；

（二）专门人员向当事人介绍《名册》中相关专业的所有专业机构或专家的情况。当事人听取介绍后协商选择双方认可的专业机构或专家，并告知专门人员和监督、协调员；

（三）当事人协商一致选择名册以外的专业机构或专家的，司法辅助工作部门应对选择的专业机构进行资质、诚信、能力的程序性审查，并告知双方应承担的委托风险；

（四）审查中发现专业机构或专家没有资质或有违法违规行为的，应当要求双方当事人重新选择；

（五）发现双方当事人选择有可能损害国家利益、集体利益或第三方利益的，应当终止协商选择程序，采用随机选择方式：

（六）有下列情形之一的，采用随机选择方式：

1、当事人都要求随机选择的；

2、当事人双方协商不一致的；

3、一方当事人表示放弃协商选择权利，或一方当事人无故缺席的。

第十七条　随机选择程序主要有两种：

（一）计算机随机法

1、计算机随机法应当统一使用最高人民法院确定的随机软件；

2、选择前，专门人员应当向当事人介绍随机软件原理、操作过程等基本情况，并进行操作演示：

3、专门人员从计算机预先录入的《名册》中选择所有符合条件的专业机构或专家列入候选名单；

4、启动随机软件，最终选定的候选者当选。

（二）抽签法

1、专门人员向当事人说明抽签的方法及相关事项：

2、专门人员根据移送案件的需要，从《名册》中选出全部符合要求的候选名单，并分别赋予序号；

3、当事人全部到场的，首先确定做签者和抽签者，由专门人员采用抛硬币的方法确定一方的当事人为做签者，另外一方当事人为抽签者。做签者按候选者的序号做签，抽签者抽签后当场交给专门人员验签。专门人员验签后应当将余签向当事人公示；

4、当事人一方不能到场的，由专门人员做签，到场的当事人抽签。当事人抽签后，专门人员当场验签确定，并将余签向当事人公示。

第十八条　名册中的专业机构仅有一家时，在不违反回避规定的前提下，即为本案的专业机构。

第十九条 专业机构或专家确定后，当事人应当签字确认。对没有到场的当事人应先通过电话、传真送达，再邮寄送达。

第二十条 采用指定方法选择的，司法辅助工作部门负责人到场监督，专门人员应向当事人出示《名册》中所有相关专业机构或专家的名单，由专门人员采用计算机随机法、抽签法中的一种方法选择专业机构或专家。

第二十一条 指定选择时，对委托要求超出《名册》范围的，专门人员应根据委托要求从具有相关专业资质的专业机构或专家中选取，并征求当事人意见。当事人也可以向本院提供相关专业机构或专家的信息，经专门人员审查认为符合委托条件的，应当听取其他当事人意见。

第二十二条 重大、疑难、复杂案件的委托事项，选择专业机构或专家时，应邀请院领导或纪检监察部门和审判、执行部门人员到场监督。

第二十三条 应当事人或合议庭的要求，对重大、疑难、复杂或涉及多学科的专门性问题，司法技术辅助工作部门可委托有资质的专业机构组织相关学科的专家进行鉴定。

组织鉴定由3名以上总数为单数的专家组组成。

第二十四条 专业机构确定后，监督、协调员应在3个工作日内通知专业机构审查材料，专业机构审查材料后同意接受委托的，办理委托手续，并由专业机构出具接受材料清单交监督、协调员存留。审查材料后不接受委托的，通知当事人在3个工作日内重新选择或者由司法辅助工作部门重新指定。

第二十五条 向非拍卖类专业机构出具委托书时，应当明确委托要求、委托期限、送检材料、违约责任，以及标的物的名称、规格、数量等情况。

向拍卖机构出具委托书时，应当明确拍卖标的物的来源、存在的瑕疵、拍卖保留价、保证金及价款的支付方式、期限，写明对标的物瑕疵不承担担保责任，并附有该案的民事判决书、执行裁定书、拍卖标的物清单及评估报告复印件等文书资料。

委托书应当统一加盖最高人民法院司法辅助工作部门对外委托专用章。

第二十六条 司法精神疾病鉴定在正式对外委托前，监督、协调员应当根据委托要求和专业机构鉴定所需的被鉴定人基本情况，做委托前的先期调查工作，将所调查的材料与其它委托材料一并交专业机构。监督、协调员应在调查材料上签名。

第二十七条　监督、协调员向专业机构办理移交手续后，应于3个工作日内通知双方当事人，按指定时间、地点在监督、协调员主持下与专业机构商谈委托费用。委托费用主要由当事人与专业机构协商，委托费用数额应结合案件实际情况，以参照行业标准为主，协商为辅的方式进行，监督、协调员不得干涉。报价悬殊较大时，监督、协调员可以调解。对故意乱要价的要制止。确定委托费用数额后，交费一方当事人于3个工作日内将委托费用交付委托方。

对于当事人无故逾期不缴纳委托费用的，可中止委托，并书面告知专业机构；当事人即时缴纳委托费用的，仍由原专业机构继续进行鉴定。

第二十八条　对于商谈后不能确定委托费用的，监督、协调员应告知双方当事人可重新启动选择专业机构程序，重新选择专业机构。

公诉案件的对外委托费用在人民法院的预算费用中支付。

第四章　监督协调

第二十九条　专业机构接受委托后，监督、协调员应当审查专业机构专家的专业、执业资格，对不具有相关资质的应当要求换人。专业机构坚持指派不具有资质的专家从事委托事项的，经司法辅助工作部门负责人批准后撤回对该机构的委托，重新选择专业机构。

第三十条　对外委托的案件需要勘验现场的，监督、协调员应提前3个工作日通知专业机构和当事人。任何一方当事人无故不到场的，不影响勘验工作的进行。勘验应制作勘验笔录。

第三十一条　需要补充材料的，应由监督、协调员通知审判或执行部门依照法律法规提供。补充的材料须经法庭质证确认或主办法官审核签字。当事人私自向专业机构或专家个人送交的材料不得作为鉴定的依据。

第三十二条　专业机构出具报告初稿，送交监督、协调员。需要听证的，监督、协调员应在3个工作日内通知专业机构及当事人进行听证，并做好记录。对报告初稿有异议的当事人，应在规定期限内提出证据和书面材料，期限由监督、协调员根据案情确定，最长不得超过10个工作日。

第三十三条　对当事人提出的异议及证据材料，专业机构应当认真审查，自主决定是否采纳，并说明理由。需要进行调查询问时，由监督、协调员与专业机构共同进行，专业机构不得单独对当事人进行调查询问。

第三十四条 专业机构一般应在接受委托后的30个工作日内完成工作，重大、疑难、复杂的案件在60个工作日内完成。因委托中止在规定期限内不能完成，需要延长期限的，专业机构应当提交书面申请，并按法院重新确定的时间完成受委托工作。

第三十五条 专业机构在规定时间内没有完成受委托的工作，经二次延长时间后仍不能完成的，应终止委托，收回委托材料及全部委托费用，并通知当事人重新选择专业机构。对不能按时完成委托工作的专业机构，一年内不再向其委托。

第三十六条 对外委托拍卖案件时，监督、协调员应当履行以下职责：

（一）审查拍卖师执业资格；

（二）监督拍卖展示是否符合法律规定；

（三）监督拍卖机构是否按照拍卖期限发布拍卖公告；并对拍卖公告的内容进行审核；

（四）检查拍卖人对竞买人的登记记录；

（五）审查拍卖人是否就拍卖标的物瑕疵向竞买人履行了告知义务；

（六）定向拍卖时审查竞买人的资格或者条件；

（七）审查优先购买权人的权利是否得到保障；

（八）拍卖多项财产时，其中部分财产卖得的价款足以清偿债务和支付相关费用的，审查对剩余财产的拍卖是否符合规定；对不可分或分别拍卖可能严重减损其价值的，监督拍卖机构是否采用了合并拍卖的方式；

（九）审查是否有暂缓、撤回、停止拍卖的情况出现；

（十）拍卖成交后，监督买受人是否在规定期限内交付价款；

（十一）审核拍卖报告的内容及所附材料是否全面妥当；

（十二）监督拍卖机构是否有其他违反法律法规的行为。

第五章 结 案

第三十七条 对外委托案件应当以出具鉴定报告、审计报告、评估报告、清算报告等报告形式结案，或者以拍卖成交、流拍、变卖、终止委托或不予委托的方式结案。

第三十八条 以出具报告形式结案的，监督、协调员应在收到正式报告后5个工作日内制作委托工作报告，载明委托部门或单位、委托内容及要求、选择专业机构的方式方法、专业机构的工作过程、对其监督情况等事项，报告书由监督、协调员署名；经司法辅助工作部门负责人签发后加盖司法辅助工作部门印章；填写案件移送清单，与委托材料、委托结论报告、委托工作报告等一并送负责收案的专门人员，由其移送委托方。

第三十九条　具有下列情形之一，影响对外委托工作期限的，应当中止委托：

（一）确因环境因素（如台风、高温）暂时不能进行鉴定工作的：

（二）暂时无法进行现场勘验的；

（三）暂时无法获取必要的资料的；

（四）其他情况导致对外委托工作暂时无法进行的。

第四十条　具有下列情形之一的，应当终结对外委托：

（一）无法获取必要材料的；

（二）申请人不配合的：

（三）当事人撤诉或调解结案的；

（四）其它情况致使委托事项无法进行的。

第四十一条　中止对外委托和终结对外委托的，都应向审判、执行部门出具正式的说明书。

第六章　编制与管理人民法院专业机构、专家名册

第四十二条　法医、物证、声像资料三类鉴定的专业机构名册从司法行政管理部门编制的名册中选录编制。其他类别的专业机构、专家名册由相关行业协会或主管部门推荐，按照公开、公平、择优的原则选录编制。

名册中同专业的专业机构应不少于3个，同专业的专业机构不足3个的除外。

第四十三条　司法辅助工作部门应对名册中的专业机构、专家履行义务的情况进行监督。对不履行法定义务或者违反相关规定的专业机构，司法辅助工作部门应当及时予以指正，视情节轻重，停止其一次至多次候选资格；对乱收鉴定费、故意出具错误鉴定结论、不依法履行出庭义务的，撤销其入册资格，通报给司法行政管理部门和行业协会或行业主管部门；对情节恶劣，造成严重后果的，应报有关部门追究其法律责任。

第七章 回 避

第四十四条 监督、协调员有下列情形之一的，应当主动申请回避，当事人也有权申请回避：

（一）是本案的当事人或者当事人的近亲属的；

（二）本人或其近亲属和本案有利害关系的；

（三）本人或其近亲属担任过本案的证人、鉴定人、勘验人、辩护人或诉讼代理人的；

（四）本人的近亲属在将要选择的相关类专业机构工作的；

（五）向本案的当事人推荐专业机构的；

（六）与本案当事人有其他关系，可能影响对案件进行公正处理的。

第四十五条 监督、协调员有第四十四条规定的回避情形的，应在1个工作日内主动提出回避申请，报司法辅助工作部门负责人审批。

第四十六条 发现专业机构有需要回避的情形时，监督、协调员应向司法辅助工作部门负责人提出重新选择专业机构的建议，由司法辅助工作部门负责人批准后重新选择专业机构。专业机构的承办人员有回避情形的，监督、协调员应当要求专业机构更换承办人员。

第八章 附 则

第四十七条 法院工作人员在对外委托司法辅助工作中有以下行为的，按照《人民法院违法审判责任追究办法（试行）》和《人民法院审判纪律处分办法（试行）》追究责任：

（一）泄露审判机密；

（二）要求当事人选择某一专业机构；

（三）与专业机构或当事人恶意串通损害他人合法权益；

（四）接受当事人或专业机构的吃请、钱物等不正当利益；

（五）违反工作程序或故意不作为；

（六）未经司法辅助工作部门擅自对外委托；

（七）其他违法违纪行为。

构成犯罪的，依法追究其刑事责任。

第四十八条 本规定自2007年9月1日施行。

（附表略）

附录四

最高人民法院、司法部关于建立司法鉴定管理与使用衔接机制的意见

（2016年10月9日　司发通〔2016〕98号）

各省、自治区、直辖市高级人民法院、司法厅（局）解放军军事法院，新疆维吾尔自治区高级人民法院生产建设兵团分院，新疆生产建设兵团司法局：

为贯彻落实党的十八届四中、五中全会精神，充分发挥司法鉴定在审判活动中的积极作用，最高人民法院、司法部根据《全国人民代表大会常务委员会关于司法鉴定管理问题的决定》（以下简称《决定》），就建立司法鉴定管理与使用衔接机制提出以下意见。

一、加强沟通协调，促进司法鉴定管理与使用良性互动

建立司法鉴定管理与使用衔接机制，规范司法鉴定工作，提高司法鉴定质量，是发挥司法鉴定作用，适应以审判为中心的诉讼制度改革的重要举措。人民法院和司法行政机关要充分认识司法鉴定管理与使用衔接机制对于促进司法公正、提高审判质量与效率的重要意义，立足各自职能定位，加强沟通协调，共同推动司法鉴定工作健康发展，确保审判活动的顺利进行。

司法行政机关要严格按照《决定》规定履行登记管理职能，切实加强对法医类、物证类、声像资料、环境损害司法鉴定以及根据诉讼需要由司法部商最高人民法院、最高人民检察院确定的其他应当实行登记管理的鉴定事项的管理，严格把握鉴定机构和鉴定人准入标准，加强对鉴定能力和质量的管理，规范鉴定行为，强化执业监管，健全淘汰退出机制，清理不符合规定的鉴定机构和鉴定人，推动司法鉴定工作依法有序进行。

人民法院要根据审判工作需要，规范鉴定委托，完善鉴定材料的移交程序，规范技术性证据审查工作，规范庭审质证程序，指导和保障鉴定人出庭作证，加强审查判断鉴定意见的能力，确保司法公正。

人民法院和司法行政机关要以问题为导向，进一步理顺司法活动与行政管理的关系，建立常态化的沟通协调机制，开展定期和不定期沟通会商，协调解决司法鉴定委托与受理、鉴定人出庭作证等实践中的突出问题，不断健全完善相关制度。

人民法院和司法行政机关要积极推动信息化建设，建立信息交流机制，开展有关司法鉴定程序规范、名册编制、公告等政务信息和相关资料的交流传阅，加强鉴定机构和鉴定人执业资格、能力评估、奖惩记录、鉴定人出庭作证等信息共享，推动司法鉴定管理与使用相互促进。

二、完善工作程序，规范司法鉴定委托与受理

委托与受理是司法鉴定的关键环节，是保障鉴定活动顺利实施的重要条件。省级司法行政机关要适应人民法院委托鉴定需要，依法科学、合理编制鉴定机构和鉴定人名册，充分反映鉴定机构和鉴定人的执业能力和水平，在向社会公告的同时，提供多种获取途径和检索服务，方便人民法院委托鉴定。

人民法院要加强对委托鉴定事项特别是重新鉴定事项的必要性和可行性的审查，择优选择与案件审理要求相适应的鉴定机构和鉴定人。

司法行政机关要严格规范鉴定受理程序和条件，明确鉴定机构不得违规接受委托；无正当理由不得拒绝接受人民法院的鉴定委托；接受人民法院委托鉴定后，不得私自接收当事人提交而未经人民法院确认的鉴定材料；鉴定机构应规范鉴定材料的接收和保存，实现鉴定过程和检验材料流转的全程记录和有效控制；鉴定过程中需要调取或者补充鉴定材料的，由鉴定机构或者当事人向委托法院提出申请。

三、加强保障监督，确保鉴定人履行出庭作证义务

鉴定人出庭作证对于法庭通过质证解决鉴定意见争议具有重要作用。人民法院要加强对鉴定意见的审查，通过强化法庭质证解决鉴定意见争

议，完善鉴定人出庭作证的审查、启动和告知程序，在开庭前合理期限以书面形式告知鉴定人出庭作证的相关事项。人民法院要为鉴定人出庭提供席位、通道等，依法保障鉴定人出庭作证时的人身安全及其他合法权益。经人民法院同意，鉴定人可以使用视听传输技术或者同步视频作证室等作证。刑事法庭可以配置同步视频作证室，供依法应当保护或其他确有保护必要的鉴定人作证时使用，并可采取不暴露鉴定人外貌、真实声音等保护措施。

鉴定人在人民法院指定日期出庭发生的交通费、住宿费、生活费和误工补贴，按照国家有关规定应当由当事人承担的，由人民法院代为收取。

司法行政机关要监督、指导鉴定人依法履行出庭作证义务。对于无正当理由拒不出庭作证的，要依法严格查处，追究鉴定人和鉴定机构及机构代表人的责任。

四、严处违法违规行为，维持良好司法鉴定秩序

司法鉴定事关案件当事人切身利益，对于司法鉴定违法违规行为必须及时处置，严肃查处。司法行政机关要加强司法鉴定监督，完善处罚规则，加大处罚力度，促进鉴定人和鉴定机构规范执业。监督信息应当向社会公开。鉴定人和鉴定机构对处罚决定有异议的，可依法申请行政复议或者提起行政诉讼。人民法院在委托鉴定和审判工作中发现鉴定机构或鉴定人存在违规受理、无正当理由不按照规定或约定时限完成鉴定、经人民法院通知无正当理由拒不出庭作证等违法违规情形的，可暂停委托其从事人民法院司法鉴定业务，并告知司法行政机关或发出司法建议书。司法行政机关按照规定的时限调查处理，并将处理结果反馈人民法院。鉴定人或者鉴定机构经依法认定有故意作虚假鉴定等严重违法行为的，由省级人民政府司法行政部门给予停止从事司法鉴定业务三个月至一年的处罚；情节严重的，撤销登记；构成犯罪的，依法追究刑事责任；人民法院可视情节不再委托其从事人民法院司法鉴定业务；在执业活动中因故意或者重大过失给当事人造成损失的，依法承担民事责任。

人民法院和司法行政机关要根据本地实际情况，切实加强沟通协作，

根据本意见建立灵活务实的司法鉴定管理与使用衔接机制，发挥司法鉴定在促进司法公正、提高司法公信力、维护公民合法权益和社会公平正义中的重要作用。

最高人民法院　司法部

2016 年 10 月 9 日